U0883881

《广州大典》普及书系

主编　陈建华

一代文宗的金声玉振

阮元作品选读

阮衍喜◎编著

广州新华出版发行集团
广州出版社

图书在版编目（CIP）数据

一代文宗的金声玉振：阮元作品选读 / 阮衍喜编著. — 广州：广州出版社，2022.12

（《广州大典》普及书系 / 陈建华主编）

ISBN 978-7-5462-3586-8

Ⅰ. ①一… Ⅱ. ①阮… Ⅲ. ①中国文学—古典文学—作品综合集—清代 Ⅳ. ①I214.92

中国版本图书馆CIP数据核字（2022）第258023号

书　　名　一代文宗的金声玉振：阮元作品选读
Yidai Wenzong de Jinsheng Yuzhen：Ruanyuan Zuopin Xuandu

出版发行　广州出版社
（地址：广州市天河区天润路87号9、10楼　邮政编码：510635
网址：www.gzcbs.com.cn）

出 品 人　柳宗慧

责任编辑　田宇星　周　秦

责任校对　王俊婕

装帧设计　肖晓文

印刷单位　佛山市浩文彩色印刷有限公司
（地址：佛山市南海区狮山科技工业园A区　电话：0757-86631906
邮编：528225）

规　　格　787 mm × 1092 mm　1/16

印　　张　21.5

字　　数　279千

版　　次　2022年12月第1版

印　　次　2022年12月第1次

书　　号　ISBN 978-7-5462-3586-8

定　　价　68.00元

如发现印装质量问题，影响阅读，请与承印厂联系调换。

《广州大典》普及书系编辑委员会

主　　　任：陈建华

副　主　任：曾伟玉　刘瑜梅　刘炬培

委　　　员：郭德焱　李若岚　李怀恩　方家忠

刘平清　柳宗慧　席　涛　张玉华

赵新良　赵晓涛

主　　　编：陈建华

执 行 主 编：刘平清　柳宗慧

执行副主编：赵晓涛

编　　　务：蒋　方　刘东楚

关于“广府名人读本”系列
编选出版的几点说明

一、本书属于《广州大典》普及书系“广府名人读本”系列。

二、“广府名人读本”系列作为《广州大典》普及书系的开篇，将分为若干辑出版，成熟一辑，出版一辑。

三、因书系以《广州大典》所收文献为编选基础，故个人著述不存世或存世稀少者不纳入“广府名人读本”系列。

四、考虑到《广州大典》（民国篇）正在编纂和不少近代广府名人著述活动时段跨越清末民初的实际情况，“广府名人读本”系列会适当拓宽选录范围。

《广州大典》普及书系
编辑出版缘起

广州自古以来就是岭南地区的政治、经济、文化中心，是首批国家历史文化名城之一。自秦始皇三十三年（前214）广州建城至今已有2200余年，大量珍贵的地方文献翔实地反映了广州文化不断发展、不断繁荣的悠久历程。

《广州大典》（一期）是由中共广州市委宣传部、广东省文化厅策划并组织研究编纂，旨在系统搜集整理和抢救保护广州文献典籍、传播广州历史文化的大型地方文献丛书，是千年羊城的“根”和“魂”。《广州大典》（一期）收录文献的时间范围截至1911年（个别门类延至民国时期），地域范围包括清代中期广州府所辖各县，内容范围包括广州人士（含寓贤）著述、有关广州历史文化的著述及广州版丛书，依经、史、子、集、丛五部分类，共计收录文献4064种，编成520册，于2015年影印出版。

2015年4月，广州大典研究中心成立，继续推进《广州大典》（一期）的推广与研究，并启动《广州大典》（二期）民国篇的编纂出版。2019年11月，《广州大典》（一期）集部曲类文献专辑以《广州大典·曲类》之名单行出版，共计收录文献1589种，编成43册。此外，近年来中心陆续推出《广州大典总目》、《广州大典概要》、《广州大典研究》集刊（1~8辑）、《广州大典·民国广东公报丛编》（初编）100册等。

习近平总书记指出，“要讲清楚中华优秀传统文化的历史渊源、发展脉络、基本走向，讲清楚中华文化的独特创造、价值理念、鲜明特色，增强文化自信和价值观自信。”要做到这两个“讲清楚”，既要在学术上做到深入，也要在普及上做到浅出。《广州大典》（一期）所收录的文献不仅卷帙浩繁，而且均由繁体字、文言文书写，没有经过点校整理，这在客观上造成了当今读者与其之间的隔阂，阻碍了广州这一历史文化宝库在更广大的层面上发挥社会影响力。为此，广州大典研究中心、广州出版社决定联合编纂出版《广州大典》普及书系，努力将书系打造成集学术性、知识性和可读性于一体的优秀出版物。

书系以《广州大典》为文献基础（根据实际情况，适当拓宽选录范围），组织一批专家学者从《广州大典》中精选出最具代表性、最具可读性的文献，进行普及性的内容整理、发掘，形成《广州大典》普及书系。书系初步计划分为广府名人读本系列、地方风物读本系列、地方游记读本系列、西学东渐读本系列、小说读本系列、戏曲曲艺读本系列等。书系每种读本均包括导读、代表性作品选编（含注释、翻译、评析或解题、延伸阅读等）和相关资料附录，作者均为学有专长、研究有素的专家学者。每种读本均尽量吸收、反映学界最新研究成果，并力求做到图文并茂、雅俗共赏。因此，《广州大典》普及书系可视作《广州大典》的延伸，且与已有的《岭南文库》的延伸“岭南文化知识书系”“广东历史文化名人丛书”等普及性读物既桴鼓相应，又各具匠心，可谓和而不同、美美与共。

知所从来，方明所往。《广州大典》普及书系既是一项重要的文化惠民工程，也是推动城市文化综合实力出新出彩，特别是“读懂广州”的切实举措。

志合者，不以山海为远。我们诚挚邀请更多的相关专家学者积极支持和参与书系各辑相关工作，推动书系各辑逐年面世。

食髓知味，小书不小。我们相信，书系的陆续出版，将充分展示广州历史文化底蕴，擦亮广州历史文化品牌，并有助于中华优秀文化的传承和发展。

《广州大典》普及书系编辑委员会

目录

五言律诗 / 221

七言古诗 / 239

导读

一

阮元像

阮元，字伯元，号云台（一作芸台），六十岁后又号揅经老人、节性老人、怡性老人，谥“文达”，扬州的阮氏后人习惯尊其为文达公祖。他生于清乾隆二十九年（1764），康乾盛世时期；卒于道光二十九年（1849），道咸衰世之际。虽然史籍均记载他的籍贯为江苏省扬州府仪征县，但是阮元出生于扬州西门白瓦巷旧第（今扬州大学附属中学内），他自己也说：“元但通籍仪征而已，实扬州郡城北湖人也。元家在北湖九龙冈。”[①]北湖九龙冈，指的就是扬州北湖公道桥镇（今公道镇），清初属江都县，雍正九年（1731）拆分江都县后属甘泉县。阮元的从弟阮亨，在《瀛舟笔谈》里更直接地说：“吾家阮氏之在扬州北湖公道桥甚众，仪征向为虚籍，宗族庐墓皆不在焉。”笔者早在1986年作《阮元籍贯正》[②]，提出了为科举考试而占籍仪征的说法。近年，又通过对光绪九年（1883）《扬州阮氏族谱》稿本[③]等史料分析解读，发现最早在康熙年间，阮元的曾祖父阮时衡就已经从公道桥回迁居住于扬州郡城，但在公道桥的庄园、田地一直存续到民国时期。祖父阮玉堂就是以仪征虚籍康熙五十年

① 《揅经室集》二集卷二，收入《文选楼丛书》，广陵书社，2011。

② 《扬州师院学报》，1986年第3期。

③ 《光绪九年〈扬州阮氏族谱〉稿本》2008年影印于美国犹他州家谱图书馆，《扬州学研究》2019年、2020年、2021年分别载有《〈扬州阮氏族谱〉稿本的特点与文献价值》《阮元家族封赠述论——〈扬州阮氏族谱〉解读之二》《阮元家族墓地记载的归纳及价值探究——光绪九年〈扬州阮氏族谱〉解读之三》。

（1711）中式武举人，而阮元出生于扬州西门白瓦巷旧第，所以他的籍贯应该是扬州北湖公道桥镇。

扬州北湖的阮氏，明代以武起家，清代前期继续以武丕振家声，先后出了三个武进士以及众多的武举人，出仕多位参将、守备等武官。阮元的祖父阮玉堂，为康熙五十四年（1715）武进士，智勇双全，屡建功勋，只是性格刚介，命途多舛，最后病死在钦州营游击任上。阮元一直为自己的祖父感到骄傲，常作诗怀念北湖边上祖父少时读书的草堂（见《八念（之三）：珠湖草堂》）。

祖父卒后，家道中落。父亲阮承信少善读书，又能骑射挽强，但为侍养祖母，决意不求仕进。虽是闭户守贫，父亲依然轻财仗义，曾在渡口捡得一囊，里面装满白银，他坐等到半夜直至归还失主。父亲喜好研究《左传》，熟读《资治通鉴》，常对阮元谈成败治乱、战阵谋略，尤其教阮元读书要"明体达用"。因与扬州盐商江春家族三代连续结亲的特殊关系，父亲后随江春堂弟江昉经商客游。母亲林氏，原出福建莆田，后迁甘泉县西山陈家集，与北湖公道桥山水相望。林氏通书史，明大义，勤于课子，慈以兼严。嘉庆帝曾推恩封赠，诏文特别强调阮元的成长"归功于母教"。

阮元小时体弱，只得弃武习文，五岁便随母识字，六岁入姑父贾天宁的书塾就学。据他自己回忆，当时他患有口吃，读《孟子》"孟施舍守气"等章节，总是"期期不能上口"[①]，从书塾散学归家常常急得哭泣。是母亲耐心诱导，一遍遍带读，让他终于悟得其理，背诵畅如流水。母亲还让他读王维、孟浩然、高适、岑参的四家诗，讲授平仄、音韵等作诗的技巧。他八岁随甘泉老儒胡廷森就学，吟诵出佳句

① 《揅经室集》二集卷一，《诰封光禄大夫户部左侍郎显考湘圃府君显妣一品夫人林夫人行状》。

“雾重疑山远，潮平觉岸低”，让老先生激赏不已，立即给他讲授中国最早的文学总集《昭明文选》（见《胡西棽先生墓志铭》）。阮元最早显露出来的才华，是让人惊叹的诗才。

一年后，阮元举家迁至弥陀寺巷（今名弥陀巷），新家距胡宅较远，他便听从贾天宁之命，又师从名儒乔书酉。十五岁这年，即乾隆四十三年（1778），他第一次应童子试（俗称考秀才），初试（即县试）未能通过。第二年再试，依然铩羽而归。母亲为他再寻名师，又拜到进士李道南门下。李道南与乔书酉一样，都是“绩学砥行”“特立独行”的名儒，阮元深以能师之为幸（见《李晴山乔书酉二先生合传》）。

虽然童子试两试不顺，但他擅作时文的才气已经显露出来。据焦循回忆，他的岳父阮承勋字庚尧，居公道桥，按辈当为阮元的堂伯父，一日酒酣之后，诵读阮元的文章，大呼：“此子必昌吾宗。”当时焦循似乎有点不太服气，遂问道：“其文诚绝类轶群乎？”[①]阮承勋十分肯定地说：“固也。”[②]同样，阮承勋在焦循八岁时也看出此子不凡，后以女妻之。他一人能够早早识见北湖两大文化巨匠，其慧眼识人的能力可谓极高。

两试不顺后，接着就遇丁忧。阮元十八岁时母亲林氏病故，直到二十岁这年的冬天才期满除服。考秀才如此不顺，家里人想到了改名。据阮元晚年回忆，他原名是由母舅江太守，按阮氏“文秉枢衡、武承嗣荫”的排行，起大名为“嗣缙”，起小名为“上元”。“十数年小考不利”（按：阮元晚年时间记忆有误），“嗣缙”不进，不如“小名改大名”，由此才诞生了一个阮氏最响亮的名字——阮元。[③]

---

① 《雕菰集》卷二十一《阮湘圃先生别传》，收入《焦循诗文集》，广陵书社，2009。

② 同上。

③ 黄奭《端绮集》卷二十三《收道光二十五年阮元书信》，王章涛《黄奭编〈端绮集〉中阮元佚文解读——兼论阮、黄之交》，《扬州文化研究论丛》第10辑，第53页。

改名之后似乎真的一顺百顺，阮元二十一岁县试入学补附生，二十二岁科试一等第一名，补廪生，江苏学政谢墉惊赏不已，识拔为“解经第一人，复以诗文冠一邑”[①]；二十三岁南京乡试，中式第八名举人，又被时任礼部侍郎的主考官朱珪“奇赏”[②]。虽然二十四岁第一次会试下第，但两年后的恩科会试中式第二十八名，殿试二甲第三名，二十六岁入翰林院为庶吉士，充国史馆武英殿纂修官。等到散馆考、翰詹考更是独占鳌头，两次均是一等第一。阮元就这样开始了长达五十余年的早达久显的仕宦生涯，成就了清代中期的一代名臣伟业；政务之暇不废学术，主持风会，著述大家，又成就了他一代文宗的辉煌。

二

作为一代名臣，阮元历乾隆、嘉庆、道光三朝，先后任山东、浙江两地的学政，浙江、江西、河南三省的巡抚，漕运、湖广、两广、云贵的总督等职，他自己扼要归纳为“三朝阁老、九省疆臣”。论者每每认为他一生宦途显赫，三朝都受宠遇，但阮元自己并不认同。他在晚年的诗中，回望自己的一生，以四十六岁（1809）浙江巡抚任上的刘凤诰案为转折点，把自己经历的两个宦海轮回，比作两世。笔者在《阮元山水诗赏读集》[③]中，将他六十年的生平，分为“早通达，再高显，晚恩荣”三个阶段：乾隆五十四年至嘉庆十四年（1789—1809），早通达，京城詹事至巡抚浙江；再高显，总督漕运至总督两广；晚恩荣，总督云贵至致仕归扬。就三朝皇帝对阮元的恩遇，泛泛

① 《定香亭笔谈》卷三，中华书局，1985。

② 陈康祺《郎潜纪闻初笔》卷十四《朱石君衡文之精》。

③ 《阮元山水诗赏读集》上册，广陵书社，2018。

而谈也可以说是皆圣眷优渥，但要真切地去感受历史的脉搏，细微地把握他诗文中的情感变化，就必须明白，三朝皇帝的圣眷有很大区别，用一句直白的话概括，那就是乾隆“真恩宠”，嘉庆“能重用”，道光只能说是“够尊重”了。

乾隆的“真恩宠”，可谓圣恩浩荡。乾隆帝似乎与阮元特别有眼缘，乾隆五十四年（1789），乾隆钦点他为翰林院庶吉士；次年散馆大考，钦取他为一等第一名，授翰林院编修；乾隆五十六年（1791）翰詹大考（即翰林、詹事的升级考），阅卷大臣原本已将他定为第二名，又是乾隆，说“第二名阮元比一名好，疏更好，是能作古文者”[①]，亲擢阮元为一等第一名，升少詹事，命南书房行走，兼直懋勤殿。少詹事虽是虚职，但却是四品衔官；“南书房行走”更体现出“君恩之重”，毕竟南书房“非崇班贵檩、上所亲信者不得入”。一同入直的大臣沈初，五十多岁了，曾颇为羡慕地对他说“吾等荐直懋勤殿，数年后才在南书房行走”“由上亲擢超迁，直入南书房，屡召对，君恩之重，当自知也”。[②]今人津津乐道的一段乾隆夸阮元的话——“阮元人明白老实，像个有福的，不意朕八旬外又得一人”。[③]就出自阮元升少詹事的第二天，乾隆对军机大臣阿桂所谕。没几个月，乾隆又升他为詹事府詹事，正三品，另奉旨补文渊阁直阁事，此时阮元年仅二十八岁。

虽得如此恩宠，阮元其实另有烦恼。除了旁人妒意，风言“云台如此速迁，以后无官可做”，再除去他自己颇为瘦弱，“自惧不寿”（见《夕阳楼》），他最大的烦恼就是京城传言他与权贵和珅关系非同一般。《清稗类钞》等数本笔记，都记载一传闻，说他翰詹大考眼镜诗

① 《雷塘庵主弟子记》，简称《弟子记》，转载于王章涛《阮元年谱》，中华书局，1995。

② 《〈西清笔记〉序》，转载于王章涛《阮元年谱》，中华书局，1995。

③ 《弟子记》卷一。

做得好，“眸瞭宁须此，瞳重不恃他。圣人原未御，目力寿征多”[①]，借重瞳之典夸得乾隆心花怒放，原是得益于和珅暗透消息。这一传闻也惊扰到阮元，他不得不郑重地纠正说，不是因为眼镜诗好，而是他廷试所作的疏更好，从古今“三不同”上盛赞乾隆的丰功伟绩，“实因三不同最合圣意”[②]。京城还流传和珅生日，翰林中只有阮元一人悄悄前去拜寿，以至于和珅感动地说：“翰林来拜寿者，君是第一人。”[③]其实，阮元对和珅执弟子礼，既是循惯例，因为和珅曾为庶吉士教习，也缘于与阮氏三代姻亲的江家与和珅的关系。真正与阮元情投意合的，是他的乡试座师，同时也是嘉庆帝的老师朱珪。无论为人、为官，还是治学，他与座师最为相投，可是座师与和珅水火不容，在京城路人皆知。面对这样棘手的情况，阮元选择了坚守清操，离京甘当“冷官”，出任山东学政。常顶撞和珅的大学士王杰，由衷地称赞道：“吾不能强子改冷官，子愿之甚善。”不过，乾隆对阮元的宠爱未减，三年后浙江学政任上，升他为内阁学士兼礼部侍郎，由此他才能称为三朝“阁老”。到了第四年，也就是嘉庆四年（1799），乾隆驾崩，嘉庆亲政，开启了对阮元“能重用”的新阶段。

嘉庆的“能重用”，以座师朱珪病卒为转折点，经历了两个时期。前期，因为朱珪，君臣无须磨合，顺利地从乾隆的“真恩宠”，过渡到嘉庆的“能重用”。阮元随朱珪在南书房，同为会试正副考官，而“大兴朱公属先生一人披阅”，这是阮元作为会试官最为得意的一次，“名士经生多从此出，论者谓得士如鸿博科，洵空前绝后也”。[④]查处了和珅后，嘉庆很快让他署理浙江巡抚，此时阮元年仅三十六岁，算得上

① 《揅经室集》四集诗卷一。

② 《弟子记》卷一，阮祜补案。

③ 刘禺生《世载堂杂忆》。

④ 《弟子记》卷一。

是清代最为年轻的封疆大吏之一。在这一任上，嘉庆夸奖不断，如“闻卿在浙颇能整饬，守正才优，朕心深慰”“浙省吏治大有起色”“浙江巡抚阮元有守有为，清俭持躬”，甚至期望他“为国宣力，成一代伟人”[①]。不料嘉庆十年（1805），阮元因父丧丁忧，第二年朱珪也病逝，嘉庆帝与阮元之间君臣关系最为遇合的状况陡然结束。

后期，从阮元服满入都开始，君臣之间似乎需要补上磨合期。阮元二任浙江巡抚，平定海盗眼看大功将成，嘉庆却突然处处不满，为小事连连责难，“阮元此任，大不似前，诸事因循，不能整饬”，威胁再“阳奉阴违，仍致透漏，朕惟执法从事。恐该督抚等不能当此重咎”[②]。嘉庆不仅仅停留在口头威胁，而且抓住浙江学政刘凤诰案，派钦差托津查案，很快将阮元免职，交部严加议处。进京后的第二天，嘉庆又念“官声尚好，且学问素优”，才“加恩”赏给编修衔[③]。这样一来，他又回到了二十年前的起点，这一切让阮元有点晕头转向，所以他晚年才感慨说自己历经两个宦海轮回，犹如活过两世。新的轮回，阮元用了三年时间爬职级，又从编修、少詹事升至侍郎，自愿要求入国史馆，每天“修史深情向旧儒”[④]；用了六年时间做朝廷的救火队长，到山西、河南两次当钦差，到天津接任漕运总督，到南昌接任江西巡抚，到开封接任河南巡抚，到汉阳接任湖广总督。嘉庆二十二年（1817）任两广总督后，嘉庆才让阮元消停了三年。三年后，即1820年，突然龙驭上宾，他不由哀叹道：“臣官几何年，两遇此大事。”[⑤]

道光的“够尊重”，体现其在即位十二年后，即1832年，开始

---

① 《弟子记》卷一、卷二。

② 《仁宗实录》卷二百一十六，转载于王章涛《阮元年谱》。

③ 《弟子记》卷三。

④ 《阮元山水诗赏读集》（下）第七章《辛未初秋，移寓阜成门内上冈新居，有小园树石之趣，题壁四首》。

⑤ 《揅经室集》四集诗卷十一《庚辰岭南除夕》。

给阮元各种荣誉性的恩典，升协办大学士、充体仁阁大学士，晋加太子太保衔、太傅衔，直到道光二十九年（1849）阮元病逝加谥文达，看似恩赐无以复加，其实这种“够尊重”，只是道光在“秀”一种对三朝阁老的礼遇。而对阮元的两次调动表明这种“礼遇”实质是一种“冷遇”。第一次调动时，阮元任两广总督已经十年，在大清最为前沿的海防重地干得风生云起，哪怕阮元此时已经暗示想回京都，“北斗天边近，遥遥思帝乡”[①]，道光仍未调他进京入阁，却在道光六年（1826），将他调至更为边远的地方，任清九大总督之末的云贵总督。离开广州之际，他带了四马车的书，为以后清闲的日子做好准备，“正宜理陈编，青灯坐清夜”[②]。第二次调动，是在云贵总督任上第十年，七十二岁的老人终于调入京城，却被闲置冷衙三年，做的是不外乎祭庙、捧表、监射、轮宿这一类的事，连其四子阮祜在《弟子记》中都已经懒得再写了，“岁岁有之，亦不具录”。笔者将云贵总督任职、晚年京城任职与致仕归里的扬州十年这三个时期，合并为一个阶段，是着眼于这一阶段的一个共同特点—— 一边荣誉性的恩典叠加，一边冷遇性的闲置高阁。面对道光的“冷遇”，阮元坚决求归，托病反复奏请解任致仕，终于在道光十八年（1838），回到了他日思夜想的扬州北湖草堂，直至十一年后辞世。这最后十余年的岁月，他徜徉在北湖水边、长江州上，终于得遂长伴山水的夙愿。

三

纵观其一生，阮元应该最庆幸乾隆对其有特别的眼缘，也庆幸嘉庆的“能重用”、道光的“够尊重”，使他能够远离“唯诺成风”

① 《揅经室集》续集卷七《夜泊》。

② 《揅经室集》续集卷七《检书》。

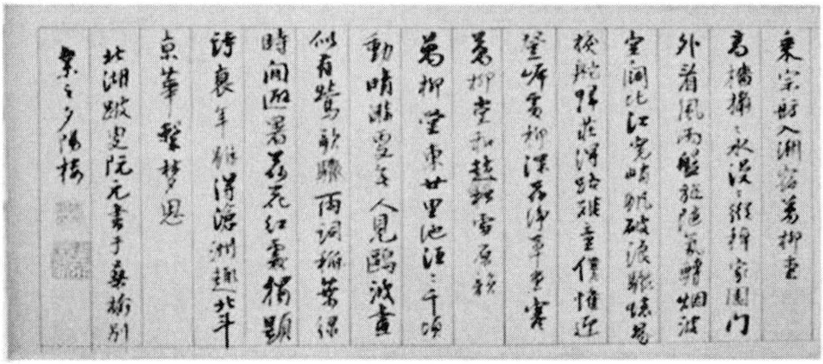

人生最后十年，阮元徜徉在北湖水边，尝有诗文以自遣

的朝廷，躲开曹振镛、穆彰阿之流“多磕头、少说话”的一帮“庸官”，成就他一代名臣的丰功伟业。九省疆臣所到之处，政令宽简，吏治一新，兴利除弊，扶助农商，他用自己的嘉言懿行促进社会改革，可谓那个时期改革最富成效的先行者：他在浙江的“官声政绩非前后各抚臣所可跂及”[①]；他在两广的十年是两广最为富足宁靖的十年；他知人善任，大施仁政，崇俭黜奢，赈灾济贫，在浙江把慈善、赈灾视作最大的善政，凡逢灾情往往数月广设粥厂，粥要浓稠到“立箸不倒，裹巾不渗”（见《〈硖川煮赈图〉后跋》），而且自己带头捐银数万两；他振兴文教，大办教育，以弘扬文化为己任，在杭州创建诂经精舍，在广州创建学海堂，这不但是清代书院发展史上的转折点和里程碑，还对开启两地及清中晚期的学术新风有深远的影响；他文武双全，表现出卓越的军事、外交才能，在浙江剿灭勾结安南等势力猖獗数十年的东南海盗，在两广强化海防，威镇英夷，严驭洋商，成为查禁鸦片的先驱。

特别是总督两广的这十年，使他三十年封疆大吏的文治武功达到最高峰，在两广乃至晚清历史上的影响随着时间发展愈来愈深远，正

① 《光绪二年礼部为准浙江巡抚杨昌濬请建阮元专祠奏本》，转载于王章涛《阮元年谱》。

如当时的越华书院山长刘彬华所说："我朝百九十年来，名卿宰相帅广之久于其位，而盛名足以压倒百蛮，明略足以训群吏，慈惠足以洽黎庶，学问足以式秀髦，威令足以整帅旅，系人去思不已者，惟宫保大司马阮公为最。"①他让人首先称道的政绩，就是面对英美列强，有力维护了国家主权，采取对英夷"镇以威"的战略，上任第二年就新修大黄窖、大虎山两炮台（见《广州大虎山新建炮台碑铭》《登沙角炮台阅水师毕，即乘水师提督之兵船过零丁外洋，看大崙山、望老万山，回澳门阅香山兵，因题船额曰"瀛舟"》），持续强化海防；对外夷凶手严惩不贷，数次不惜以停止贸易来维护国体、捍卫尊严，终其任内，外国兵船不敢入粤；尤其先于林则徐二十年实施禁烟，严饬夷商洋商，并奏请摘去总商伍敦元三品顶戴（见《洋商伍敦元徇隐夷船夹带鸦片，请摘去所得顶戴并责令严禁杜绝折》），严禁烟船入口，从此烟船只能在伶仃洋上游弋。他在两广另一个让人怀念的政绩，则是对内缉盗平乱，课银猛增，"近数年海洋全肃清，内地盗贼亦渐稀少，惠潮械斗亦清，两省仓库亦皆满实"②，他治下的十年是当时两广最为繁盛承平的十年。

阮元对两广的文化更有开一代新风之功。他在广州辑刻的大型典籍《皇清经解》，集清代经学考据、校勘之大成，对研究古代经史、小学以及历代典章制度都具有重要参考价值；他主持修纂的《广东通志》，被推为清代数百通志中最佳者，梁启超称赞"广东阮志其价值久为学界所公认"③。此外，他创办的学海堂书院，采取八学长制、季课制和刊刻制（见《〈学海堂集〉序》《乙酉春夏间屡登粤秀山憩坐学海堂因题》），重视实学和通经致用蔚然成风，当时成为岭南文化

① 《弟子记》卷六。

② 《弟子记》卷六。

③ 梁启超《中国近三百年学术史》，商务印书馆，2011。

学术的中心。其后百年，该书院为两广培养了大批人才，对清末的学术界、教育界产生了深远的影响。梁启超盛赞“广东近百年的学风，由他一手开出”[①]。

四

从政之余，不废学问，既是重臣，又为通儒，阮元可以算得上是清代治政与治学结合最为完美的大吏。他一生淹贯群书，著述宏丰，在经学、史学、文学、金石学、训诂学、文字学、校勘学、地理学等方面，都取得了杰出的学术成就。以往的研究论述，多从他是汉学最后一位重要人物、为汉学作了学术和思想上的总结这个角度，突出他作为一代文宗的领袖作用、殿军地位以及集大成之功，“身历乾嘉文物鼎盛之时，主持风会数十年，海内学者奉为山斗焉”[②]，“其名位、著述，足以弁冕群材，领袖一世，实清代经学名臣最后一重镇”[③]，“扮演了总结18世纪汉学思潮的角色”[④]。著述上的主要成就，除前所述《皇清经解》一千四百余卷外，还有主持校勘的《十三经注疏》四百一十六卷，是“十三经”所有注疏中最为完整的全集；主编的《经籍纂诂》一百零六卷，是我国古书训诂的集大成者；《山左金石志》《两浙金石志》等，开近代考古学先河；《积古斋钟鼎彝器款识》，代表了乾嘉时期吉金研究的最高水平；其编撰的中国天文学史、数学史巨著《畴人传》，是中国第一部科学家传记；其个人诗文集《揅经室集》六十四卷，是他思想与学术成就、文学成就的

① 梁启超《中国近三百年学术史》，商务印书馆，2011。

② 《清史稿·阮元本传》。赵尔巽等：《清史稿》，中华书局，1977，第11424页。

③ 钱穆《中国近三百年学术史》，九州出版社，2011。

④ 侯外庐《中国思想通史》第五卷，人民出版社，1957。

集中体现。

后来的研究论述，更注重从传统学术向近代学术跨越的转折角度，从阮元一生所坚持的“推明古训、实事求是”的学术宗旨及其实践（见《〈揅经室集〉自序》），阐发其学术思想与成就。“推明古训”，就是由训诂入手，探究恢复经典古义，他对古代名物、典制、地理、金石、文字等进行了广泛的考释，训诂学的成就一直得到高度的赞扬，在训诂方面多有比较重要的发明或发现成就，尤其通过厚实的经典考证，抉发儒家元典的确切内涵，“阮元的《性命古训》《〈论语〉论仁论》《〈孟子〉论仁论》《〈大学〉格物说》等”［见《性命古训（节选）》《〈论语〉论仁论（节选）》］，“其文字考证的背后，实蕴涵着对经典和道统纯洁化的价值诉求”，显示了“借由‘通经明道之钥’的训诂考据，来传承和弘扬中华传统文化之道的一种鲜明的文化自觉”[①]；“实事求是”的思想，则体现在他更注重阐发经典所藏的义理价值，赋予经典以“经世致用”的新历史内涵，“与乾嘉学者治经普遍认同的尊崇原始材料、从事鸠集众书加以归类和鉴别版本异同以校勘的‘实事求是’工作已有本质区别”“实可视为乾嘉汉学在跨入近代转折点上的一次质变”[②]。此外，“阮元的经学思想不仅总结了乾嘉经学，而且已经在孕育着一些新的思想”，“他在全面总结乾嘉经学的基础上，积极地酝酿和倡导新的突破。因此，他在一定程度上引导了乾嘉经学的新方向”[③]。

阮元的文学成就，主要体现在诗歌创作上。即使他谦称“愚于诗不能专工”[④]，诗名也确为学名所掩，他仍然很早就被推举为有清

① 以上皆引自林存阳、孔定芳《文化自觉与清代学人的“明道”追求》，《光明日报》2018年10月8日。

② 以上皆引自陈居渊《焦循阮元评传》，南京大学出版社，2011。

③ 以上皆引自李成良《阮元思想研究》，四川人民出版社，1997。

④ 张宗泰《鲁岩所学集·阮云台先生书》。

一代经术深湛兼能诗者及“巨公能诗者”[1]，是清代中晚期学人诗的宗师（见《嵩山三石阙歌》）。他的诗，思想内容比较丰富，最突出的是关心民生疾苦，充溢着忧民济世的情怀。有不少诗，直接或间接地反映了百姓尤其是灾民的苦难，表达深切的同情（见《纡代赈（节选）》《早行》等）。很多诗都表现出对雨雪气象的一种特殊敏感，因为雨雪对农民的生活影响极大，“一年农事最关心，较雨量晴直到今”（见《冬日昭通道中》），最著名的便是“雨停湿气蒸夜林，晓程起望犹浓阴。大凡一片墨云下，总有万家欢喜心”[2]，还有很多喜雨（见《春雨》）、喜雪的诗，可见诗人心系耕织民生，时时在为百姓祈愿风调雨顺。

阮元的诗是学人之诗，他的文章也是典型的学者之文。就其文学性而言，以赋铭一类的韵文、传与记一类的散文为高。前者，他自己也很看重，称之为近于“古人所谓文者”（见《〈揅经室集〉自序》《蔷薇赋》《赤壁赋》），特地与诗一起编在《揅经室集》的第四集（后又编《揅经室续集》第四集、《揅经室再续集》第四集，其中亦有少量铭文）。后者，他的很多人物传的文学性体现在以情节表现人物，注重细节描写（见《净因道人传》）；不少杂记类，多载于《小沧浪笔谈》《定香亭笔谈》，集议论、抒情和叙述于一体，语言生动，意境空灵，可与优美的小品文媲美（见《小沧浪》《蝶梦园记》）。他的论说类文体作品更多，分为说经之作、近于史之作、近于子之作，分别编于《揅经室集》一、二、三集，《揅经室续集》《揅经室再续集》的一、二、三集。编于第一集的说经之作，集中体现了他经学与小学的成就，多用释、训、论、序、书（信）等体裁，

① 钱仲联《梦苕盦诗话》，齐鲁书社，1986。

② 《揅经室集》四集《诗卷》卷九《正定喜雨》。

深入阐述孝悌观、仁学观、性命观等经学思想［见《〈论语〉论仁论（节选）》《性命古训（节选）》］，以声音为本大量训释同源词（见《释敬》），并对训诂理论进行了“振聋发聩、卓识千古”[①]的探索。编于第二集、第三集的近于史之作、近于子之作，多用考、论、序跋等体裁，分别论说了他的文笔文韵说（见《〈文言〉说》）、碑学书派说［见《南北书派论（节选）》］、金石证经说（见《〈积古斋钟鼎彝器款识〉序》）以及文学、史志、教育、科技等多方面的学说。总体来看，他的论述类散文，既具有很强的思想性，能够让我们领略到他的经国济世、实事求是的思想，为他赢得了思想家乃至哲学家的赞誉；又具有很强的学术性，他的很多专题论述总能溯本求源，高屋建瓴，说理精辟，创见卓然，对后来的学术史产生了多方面的巨大影响。因此，要了解晚清的学术与文化，阮元的论述类散文是不能不读的。

五

阮元诗歌的成就，主要体现在山水诗上。所存诗歌总数一千二百余首，大半为山水诗，含蓄蕴藉的山水诗是他抒发感情最常用的文学样式。六十年“身行万里半天下”，他的山水诗里既有各地巡回出试、巡察阅兵的沿途景色，又有与学人诗友交游雅集的曲水流觞，更有他一生的宦游行踪、性灵情怀。山东学政任上的三年，是他山水诗创作的第一个密集期，山东渤海的风光让他的诗始有雄壮阔大的境界（见《莱州蜉蝣岛》《登蓬莱阁》《题〈海滨独立图〉》）。浙江前后近十年，是他创作山水诗的喷发期。雁荡山系列篇重写实，真切描

① 顾之川《阮元的小学成就及治学方法》，《青海师范大学学报（社会科学版）》，1991年第2期。

写“奇险怪僻”之幽境（见《大龙湫歌》）；天台山系列篇重写意，洋溢着出世凌虚之仙意。浙江四水，钱塘之壮、西湖之秀、富春江之美、瓯江之奇，在他笔下皆令人神往（见《八月望后至海宁州登海塘观潮》《苏堤春晓》《秋日西湖泛舟》）。两广的诗，写水以漓江系列、郁江系列最为精彩纷呈，《〈清漓石壁图〉歌》是他最著名的桂林山水诗；写海的诗数量不多，但气势不减（见《乙酉仲冬望日阅碣石镇水陆兵，全海肃清，夜看海月》）。云贵十年，他在总督府搭高台眺望西山作诗，描写碧鸡、太华诸山及滇池的美景；在总督署宜园耽于蔬圃之乐，吟诗五十余首，表达自我澄静、融于自然的追求（见《梅花蜜》）。回到北京的几年，感慨多寄寓于北万柳堂与小园的系列诗［见《小园杂诗（其二）》］。致仕归里后，他在北湖的珠湖草堂旧址种柳万棵，后将珠湖草堂改名为南万柳堂，短短的四五年间，诗心如北湖波涛汹涌，喷发而成其晚年山水田园诗的又一高潮。

在这六十年间，阮元山水诗的风格，除了总体上体现出“真厚和雅”，不同的阶段又有明显的变化——早年，更多雄壮；晚年，更多冲淡。也可以说，雅厚是其总体基调，清丽、冲淡、豪放是其风格的变调，是诗人在不同的诗境奏出的副旋律。他诗中的雅正之气，来自他的天性、学识、品格，正如清代吴嵩梁《石溪舫诗话》所说，“（其经术）深博无涯矣，诗亦从经术、性情中流出，金和玉节，卓然正声。”从经术中流出，便是“卓然正声”，真厚和雅，让人感觉“根柢盘深，俯视一切”；从性情中流中，便是“金和玉节”，清丽温润。他又能够博采众长，追踪汉魏，得晋人之旨，受魏晋山水田园诗乃至汉魏七言古诗的影响；步武唐宋，“镕铸韩、杜、李、苏”[①]，

① 朱为弼《蕉声馆诗集》补遗卷一《题阮中丞师自书诗卷》。

“歌行出入东坡、放翁，晚涉诚斋，近体风格亦近中唐”[①]。阮元正是在博采众长、熔铸一体的基础上，以真厚清丽、冲淡自然、豪爽阔大的风格，卓然自成一代雅正之宗。

对于阮元的诗，已经有很多的论述，从“诗文学术总持人”的角度，赞扬其在清代诗歌发展史上不寻常的意义和作用，如严迪昌在《清诗史》中将他视为“清代中期学人诗最后一位宗师”，“欲和衷共济而又不失所持的封建末世的诗文学术总持人”；刘靖渊称他为“清代诗歌发展史上最后一位以高官身份而具有广泛影响力的地方风雅总持”[②]。而笔者在《阮元山水诗赏读集》中，则从他山水诗的抒情风貌、审美价值及艺术风格方面，揭示其在清代、在中国整个山水诗发展过程中的特殊地位及意义。

阮元的山水诗，在表现山水上，呈现出两种不同的抒情风貌，既继承发扬了中国山水诗最初客观摹写山水的传统本真山水诗风格，通过展示自然本真的美好寄托诗人的高逸情怀、净土向往，并把魏晋山水诗的“畅神”说发展为“移情”说，将本真山水的审美功能提到了“清心”“去俗”“驰高情”的高度［见《同人登岱至对松山，日暮而返》《冒雨由缙云趋丽水，道出桃花、交青、黄龙诸岭，云气万状，胜于晴时（组诗其二）》］；又吸纳了唐宋以来人格化山水的写意手法，融入了诗人的精神性灵、人文内涵，在自然山水投注人的性灵上，以多种不同的面貌，极大地增强了人化山水诗的丰富性（见《登蓬莱阁》《莱州蜉蝣岛》《南云行》等）。他的山水诗除了深受历代山水诗的滋养，还受到清代各流派诗歌的影响，其抒情风貌折射出中国古代山水诗的晨光余晖。可以说，他的山水诗本身几乎就是中

① 徐世昌《晚晴簃诗汇》，中华书局，1990。

② 刘靖渊《阮元论》，《泰山学院学报》，2003年第4期。

国古代山水诗发展全过程的精华缩微版。而且，恰巧处于封建时代最末的时期，他的山水诗也有自己的新突破，这种新突破就在于兼收并蓄了自建安以来各家的山水诗之长，以自己的创作实践对封建社会山水诗的发展成果做了有力的总结，似乎也起到了对中国封建时代山水诗流派、风格、手法等集大成的作用。所以，他的山水诗毫无疑问是中国封建社会的最后一座山水诗高峰。从这个角度去理解阮元的诗对乾嘉之际以及整个清代诗史的重要意义，应该会对他的诗有一个全新的认识。

六

阮元的著作卷帙浩繁，目前尚未能出版全集。南京大学程章灿教授主编的《阮元集》（15册），入选“2011—2020年国家古籍整理出版规划”，由广陵书社出版，收录阮元著述约480万字，可以算是至今最全的阮元著作集。我们编的这本选读，大概是第一本阮元作品选读，名为“一代文宗的金声玉振”。“金声玉振”，语出《孟子·万章下》“集大成也者，金声而玉振之也”，既喻其德行高尚、经学精深、诗句优美，也赞其作为一代文宗的集大成之功。

这本选读所用的底本为广陵书社2011年出版的《文选楼丛书》影印版《揅经室集》，本书凡言及《揅经室集》而未另注明版本者，皆指此影印本。据有关研究，《揅经室集》广陵书社影印本所影印的，并不是阮亨汇印的《文选楼丛书》原本（阮亨汇印的《文选楼丛书》本为唯一的六十三卷本，现藏于中国国家图书馆和北京大学图书馆，即北大儒藏版《揅经室集》所用底本）；而是甲戌续刊本，北京大学图书馆、中国人民大学图书馆皆有藏，因续集卷一《〈诗书古训〉序》起至卷一结束，版心皆有“甲戌续刊”字，也就是说甲戌年（同治十三年，1874年）刊印并局部补版过。

甲戌续刊本《揅经室集》，一至四集所用底本，当为道光三年（1823）广州刻本（初刻本），四集三十九卷，诗十一卷，此五十卷有道光三年（1823）阮元自序；又有外集五卷，有道光二年（1822）阮福卷首记。《揅经室续集》十一卷所用底本，当是用道光十年（1830）增九卷的昆明补刻本、道光十九年（1839）又增两卷的扬州补刻本第二次合刊重印本，卷中无道光十九年扬州补刻本阮元续集自序。《揅经室再续集》六卷所用的底本，与《续修四库全书》五十七卷《揅经室集》本的再续集六卷本为同一本，卷五、卷六的诗作收录截止于道光二十四年（1844）。此前最全的本子当为道光二十六年（1846）的六十三卷本，《揅经室再续集》为七卷本，收录诗作截止于1846年。广陵书社在出版《阮元集》中，《揅经室集》点校者张鑫龙发现陕西省图书馆藏有两部六十四卷本，《揅经室再续集》为八卷本，其中一部或刻于道光二十六年（1846），一部或刻于道光二十七年至二十九年间（1847—1849），这是目前所知卷数最多的《揅经室集》。

选读所选诗文，凡选自《揅经室集》《揅经室续集》《揅经室再续集》的，均在题旨标注具体集、卷；凡选自《小沧浪笔谈》《定香亭笔谈》［见《吴兴杂诗（其四）》］的，亦会在题旨或评述中标明。《小沧浪笔谈》的版本为广陵书社2011年《文选楼丛书》影印版，所影印的是嘉庆七年（1802）浙江节院刻本，同时参阅中华书局1985年《丛书集成初编》四册版《小沧浪笔谈》。《定香亭笔谈》版本，亦为广陵书社2011年《文选楼丛书》影印版，所影印的是嘉庆五年（1800）扬州阮氏琅嬛仙馆初刻本，同时参阅中华书局1985年《丛书集成初编》四册版《定香亭笔谈》。题旨或评述中所说的《弟子记》，即指《雷塘庵主弟子记》，所用皆出自中华书局1995年黄爱平点校本，现该点校本改名为《阮元年谱》，这里为防与王章涛所编著《阮元年谱》混淆，仍用原名《弟子记》。

选读分为文选与诗选两个部分，解读包括题旨、注释、今译和评述四个方面。关于注释，原著原有阮元的自注和其四子阮福的注释，原先皆以小字附于所注诗文后面。现凡单列并标自注的，皆为阮元自注；凡为阮元四子阮福所注（见于《揅经室续集》卷五、卷六、卷七、卷八，起止时间为1823—1828年），皆附列于笔者所注之中。关于翻译，以直译为主要方式，以帮助阅读理解为主要目的，凡原文有韵者注意保留押韵，凡无须全篇翻译的通常就注译合一。关于题旨，着重交代写作的时间与背景，有的则梳理罗列同一体裁的同类作品，扩大阅读面。关于评述，或梳理段落大意，或阐发写作特色，或突出意义与影响，不拘一格，不定一式。选读诗文的句读，参考了北大儒藏版沈莹莹点校的《揅经室集》（以下简称沈校本《揅经室集》）、中华书局1993年邓经元点校本（以下简称邓校本《揅经室集》）。

笔者本着厚植敬祖尊贤的情怀于心，咀嚼英华，铢寸累积，终得完稿，但以诠才末学，讹谬必多，敬请博雅方家、热诚师友不吝赐教匡正。本书稿能够出版问世，感谢《〈广州大典〉普及书系》诸位主编之错爱与指教，尤其赵晓涛博士近四年间密切跟进，尽力帮助。长期以来及在本书稿编写过程中，笔者承蒙赵昌智、李广春、王章涛、伍野春、刘栋、郭院林、罗加岭、方亮、曹云飞等师友专家的悉心指导与殷切关怀，这里一并致谢。

序跋

《兰亭秋禊诗》序

题旨

此序选自《揅经室集》四集卷二。芸台先生虽推崇骈文，却很少作骈体序文，《揅经室集》共收序近百篇，骈体仅有五篇。本序是早期所作，作于嘉庆二年（1797），浙江学政任上。

在昔典午中移，启江东之云岫[1]；瑯邪南徙，持吴会之风流[2]。山林之秘竞呈，觞咏[3]之情咸盛；虽悟老易之旨，犹切彭殇之悲[4]。岂非神州不复，易兴陆沈之叹[5]；中年已往，莫释哀乐之怀。钟情既深，发笔斯畅。是以林表孤亭，结山阴之幽契[6]；定武片石，传永和之逸轨矣[7]。

注释

[1]典午：典，即司，有掌管之义；午，即马，因十二生肖中的马和十二地支中的午相对应。典午原为“司马”的隐语，因晋帝姓司马，后指晋朝。云岫（xiù）：云雾缭绕的峰峦。 [2]瑯邪（yá）：亦作琅琊，本为山东东南的古地名，魏晋时，此地有诸葛氏、颜氏、王氏三大家族，这里的“瑯邪”特指王氏门阀士族，王氏与陈郡的谢氏被合称王谢。吴会（kuài）：东汉分会稽郡为吴、会稽二郡，后泛称此两地为吴会。 [3]觞咏：饮酒赋诗，语出晋王羲之《兰亭集

序》："一觞一咏，亦足以畅叙幽情。" ［4］老易：《老子》与《周易》的并称。彭殇：寿命短长。彭，彭祖，古代传说中的长寿之人；殇，夭折，未成年而死。 ［5］陆沈：即陆沉，陆地无水而沉，本义喻隐居，出自《庄子·则阳》。这里化用成语"神州陆沉"，比喻领土被敌人侵占，典出《世说新语·轻诋》"桓公（温）入洛，过淮、泗，践北境，与诸僚属登平乘楼，眺瞩中原，慨然曰：'遂使神州陆沉，百年丘墟，王夷甫（衍）诸人不得不任其责！'"，《晋书·桓温传》亦载。 ［6］孤亭：指会稽山阴的兰亭。幽契：默契，暗合，即《兰亭集序》所说："每览昔人兴感之由，若合一契，未尝不临文嗟悼，不能喻之于怀。"山阴：绍兴古县名。 ［7］定武片石：在北宋定武（今河北定州）发现的《兰亭集序》刻石，为《兰亭集序》诸刻之冠，传为唐欧阳询受唐太宗命临摹王羲之真迹于石上。逸轨：高洁的轨范（准则）。

今译

往昔琅邪的王氏大族永嘉南渡，来到江东主持三吴的人文风流。山林隐秘的美景向南北的士人们竞相呈现，饮酒吟诗畅叙幽情的风气盛行；他们虽深切体悟到了《老子》《周易》的旨趣，仍然怀着对人生短暂的深切悲悯。既是因为未能收复中原失地，容易引发对国土沉沦的感慨；也是因为中年已过，难以抒发悲哀或快乐的情怀。深切的感情，在笔下自然流淌而出。于是在会稽绍兴林外的孤亭，他们便经常雅集觞咏；定武发现的《兰亭集序》刻石，给我们留下了当年的风流。

元以嘉庆二年八月上巳按部于越[1]，嘉宾在座，簿领既彻[2]，游情共驰，再扬曲水之波，展修秋禊[3]之礼。浴

沂[4]溯典，本无间于春风；采兰赋诗，实有异于溱水[5]。是时清风未戒[6]，白云午晴，幽谷屡转，重山争峻。发崇岩之桂气，起秀麓之松岚。回谿[7]接步，缅陈迹于古人；爽籁入怀，属高情于天表[8]。

注释

[1] 上巳（sì）：上旬的巳日。按部：巡视部属。越：这里专指绍兴一带。 [2] 簿领：官府记事的簿册或文书。 [3] 秋禊：本指七月十四水滨驱除不祥的祭祀旧俗，这里泛指后代文人秋季流觞曲水饮酒赋诗的雅集。 [4] 浴沂（yí）：在沂河水中沐浴，语出《论语·先进》“浴乎沂，风乎舞雩，咏而归”。 [5] 溱（zhēn）水：古水名，源于河南密县（今新密市），与洧（wěi）水汇流。《诗经·郑风》有《溱洧》篇。 [6] 未戒：不加防备，意为随意吹拂。 [7] 回谿（xī）：回曲的溪流。谿，同“溪”。 [8] 爽籁：参差不齐的箫管声，或指清风击物声。高情：高隐超然物外之情。天表：天外。

今译

嘉庆二年（1797）八月，我巡视绍兴。公务已毕，邀请在座嘉宾共发游兴，再荡起弯曲的溪水波澜，施行秋季祈祥的习俗。沐浴于沂河水中，和《论语》所写的“浴乎沂”一样与春风亲密无间；采摘兰花，曲水吟诗，和《诗经·郑风》中所写的溱水确有所不同。这时正是中午，清风随意吹拂，晴空飘浮白云。幽深的山谷几番回转，重叠的山岭争比高峻；高大的岩石散发着桂花香，秀丽的山麓松林上升起雾气。回曲的溪流边众人漫步，缅怀着古人风雅的事迹；悠扬的箫管声入怀，将我们超逸的情怀写到天外。

夫倦心既往者，抚留景而亦悲；撰志咏归[1]者，临萧节而弥适[2]。况今朝野殷阗敬修名教[3]，吾辈游历[4]皆在壮年。白驹未絷[5]，动空谷之雕轮[6]；旅雁群飞，集江湖之素羽。振翰无采[7]，虽愧元长[8]之才；侍晏承恩[9]，曾效广微之对[10]。良会已洽[11]，清吟[12]纷来。内录宾客戚党[13]之诗，外纳僚属生徒所咏，凡有作者，皆著于篇。

注释

[1] 咏归：聚合在一起吟诗作赋。典出《论语·先进》。 [2] 萧：蒿的一种，古时用于祭祀。一说为艾草的别称。弥适：越发舒服、自得。 [3] 殷阗（tián）：繁盛，这里指盛行、热衷。敬修：即修敬，表示敬意。名教：以名分为教，即指以“正名分”为中心的礼教，也就是儒教。 [4] 游历：周游考察，或交游。 [5] 絷（zhí）：拴。 [6] 雕轮：雕花彩饰的车。 [7] 翰：本指长而坚硬的羽毛，借指毛笔，引为文辞。 [8] 元长：南朝诗人王融，字元长，因其博学有文才，尤其擅长写诗，后用为咏诗才之典。 [9] 侍晏：即侍宴，宴享时陪从或侍候于旁。晏，通“宴”。承恩：蒙受恩泽。 [10] 广微：西晋史学家束皙，字广微，阳平元城（今河北大名）人。有《束广微集》，已佚，今存辑本。“广微之对”典见《晋书·束皙传》，晋武帝司马炎曾经问

“三日曲水（三月三日曲水流觞宴饮）之义”，皙进答曰：“昔周公成洛邑，因流水以泛酒，故逸诗云：‘羽觞随波。’又秦照王以三日置酒河曲，见金人奉水心之剑，曰：‘令君制有西夏。’乃霸诸侯，因此立为曲水。二汉相缘，皆为盛集。”“帝大悦，赐皙金五十斤。”　［11］良会：美好的聚会。洽：融洽。　［12］清吟：清美的吟哦。　［13］戚党：亲族。

今译

倦心既往的人，即使面对美好的景色也会悲伤；而雅集畅吟的人，每到佳节越发愉快自得。何况当今朝野都崇文尊儒，我等交游都在壮盛之年。白驹过隙，岁月的雕轮在空谷不停地滚动；旅雁群飞，身披荡涤江湖的洁白羽毛。虽说我没有南朝王元长的咏诗之才，摇动笔毫了无文采，不过也曾效法西晋的束皙面圣应答，陪从宴享蒙受恩泽。美好的聚会已经圆满结束，清雅的吟诗纷至沓来。内录宾客亲友的诗作，外收下属、门徒和学生的吟咏，凡在场作诗的，编集都收录了他的作品。

评述

“祓除畔浴”，本是上古除凶去垢的原始宗教仪式，后来演变为春秋两季的一种民俗活动。人们结伴去水边沐浴，称为“祓禊”。春天谓之春禊，秋天谓之秋禊，已成为汉族的一个重要节日。《诗经》有咏，《论语》有赞，修禊便渐渐成了文人的盛事。更有东晋名士、大书法家王羲之与名士谢安、孙绰等四十一人，于会稽山阴的兰亭水边，作曲水流觞饮酒赋诗的雅集，王羲之为诗集《兰亭集》作序，文采隽美，笔法飘逸，被后世推为“天下第一行书”，后世“永和上巳”、兰亭修禊几乎成为中国文人雅集的代名词。

年轻的芸台先生来到绍兴府，来到山阴县，来到当年王羲之修禊的兰亭林泉边，自然雅兴难抑，用序中的话说，就是“再扬曲水之波，展修秋禊之礼”，“回豁接步，缅陈迹于古人；爽籁入怀，属高情于天表”。《定香亭笔谈》卷三有记载：“丁巳秋，至山阴，邀同人修禊兰亭。高旻萧爽，林泉共清，一时逸兴，不减永和上巳。同人赋秋禊诗，奚铁生为之补图，余作序记之。”

同人赋诗，著名画家奚冈（号铁生）作画，芸台先生为诗集作此骈体序，语言典雅，对仗严整，将文人的觞咏风流和高逸情怀表现得淋漓尽致。尤其描写山阴风景这一段，清风白云，幽谷曲转，桂气松岚，重山争峻，寥寥几句，情景交融，意境优美，成功地表明了骈体文自有较强的艺术感染力。不过，由于追求严整，大量用典，所以本序也较为艰深难读。

本序与《〈叶氏庐墓诗文卷〉序》《四六丛话序》同收于《揅经室集》。《〈四六丛话〉序》是《揅经室集》最长的一篇骈体序文。《四六丛话》顾名思义，旨在推重和弘扬骈文，可以说是骈文理论的集大成之作。芸台先生作序对其大加肯定，目的也不言而喻，意在对骈文大加推崇。晚期的骈体序，是作于两广的《〈学海堂集〉序》。

《积古斋钟鼎彝器款识》序[1]

题旨

此序选自《揅经室集》三集卷三。《积古斋钟鼎彝器款识》是芸台先生研究青铜器铭文的一部重要专著，其自序简要回顾了青铜器研究史，高度肯定彝器铭文的重要价值，深情述说自己对钟鼎彝器及铭文的喜爱，还介绍了该书的体例和目的、拓片的来源和审释的编者。

钟鼎彝器，三代之所宝贵，故分器、赠器，皆以是为先，直与土地并重，且或以为重赂[2]。其造作之精，文字之古，非后人所能及。古器金锡之至精者，其气不外泄，无青绿，其有青绿者，金之不精外泄于土者也。古器铭字多者或至数百字，纵不抵《尚书》[3]百篇，而有过于汲冢[4]者远甚。汉代以得鼎为祥，因之改元[5]，因之立祀。六朝、唐人不多见，学者不甚重之。迨[6]北宋后，古器始多出，复为世重，勒为成书。南宋、元、明以来，流传不少，至我朝《西清古鉴》[7]，美备极[8]矣。且海内好古之士，学识之精，能辨古器，有远过于张敞[9]、郑众[10]者，而古器之出于土田榛莽[11]间者，亦不可胜数。

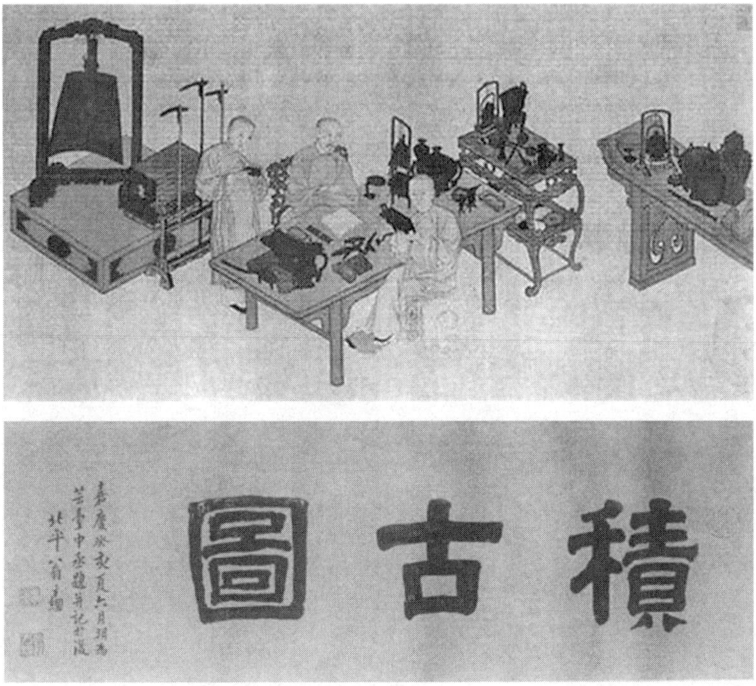

清代画家周瓒《积古图》，现藏于中国国家图书馆。画中阮元（中坐）与同好朱为弼（对坐），在积古斋赏鉴所藏金石文物，站立者为阮元之长子阮常生，画中器物或为阮氏所收藏原件，或为所收藏金石铭文拓本之全形图。翁方纲卷首题“积古图”，卷尾书阮元所著《积古斋记》，并钤有阮元所藏九十一方古人名印

注释

［1］彝器：古代先民盛酒用的器具，泛指古代宗庙常用的祭器。“钟鼎彝器”，为古代青铜器中礼器的通称。款识（zhì）：铭文，即钟鼎器物上所刻文字。　［2］三代：夏、商、周三个朝代的合称。分器：古代天子把宗庙所藏的宝器分与诸侯和宗室，为世守之物。直：简直。重赂：赠送的丰厚财物。　［3］《尚书》：我国最早的一部历史文献汇编，最早书名为《书》，因是儒家五经之一，又

称《书经》。［4］汲冢（jí zhǒng）：西晋武帝时，汲郡（今河南卫辉）一座战国墓中发现一批竹简古书，皆科斗文，被称为“汲冢古文”。冢，坟墓。［5］改元：见《汉书·武帝纪》载，汉武帝“得鼎汾水上”，以为“天祚有德”，改年号为元鼎。［6］迨：等到，及。［7］《西清古鉴》：乾隆年间梁诗正等奉敕纂修，总四十卷，仿效《考古图》《宣和博古图》体例荟辑成编，著录清宫所藏古代铜器一千五百二十九件，绘图精审，考证精当，铭文均钩摹注释，是清代最早的吉金著作，对后世的青铜器研究影响很大。［8］备极：周备至极，形容程度极深。［9］张敞：字子高，西汉茂陵（今陕西兴平）人，即“张敞画眉”主人公。《汉书·郊祀志》载，汉宣帝时，张敞任京兆尹，识读美阳县（今陕西扶风）出土铜鼎，被视为最早研究青铜器铭文的人。［10］郑众：应为“郑玄”。郑众，字仲师，东汉经学家，河南开封人，著有《春秋左氏传条例》，没有其对于青铜器研究的相关记载；郑玄，字康成，东汉末年的经学家，曾利用青铜器来研究礼制。［11］榛（zhēn）莽：丛杂的草木。

今译

钟鼎彝器，在夏、商、周三个朝代都非常受珍视，所以天子要将宗庙所藏宝器分与诸侯和宗室，或赠予友邦，都首选钟鼎彝器，简直视其与土地并重，有人甚至将其视为送礼的最有分量的财宝。其制作之精美，文字之古老，非后人所能及。金锡所铸古器最完美，其元气不外泄，表面没有青绿色。那些已经有青绿色的，是古器不够完美，元气已经外泄于土中了。古器上铭文字数多的，能达到数百字，即便抵不上《尚书》百篇，其价值也远远超过汲冢古文。汉代以在汾水之上得鼎视为祥瑞，因此改年号为“元鼎”，因此立祠以祀。六朝、唐代很少见到古器出土，所以学者不太重视。北宋之后，古器多有出土，重新又为世人所推重，钩摹成书。南宋、元、明以来，有不少这样的书流传，到我朝的《西清古鉴》，精美而著录周备至极。海内喜好古器的士人，学识精深，能明辨古器，有很多远超汉代的张敞、郑玄，而从草丛田间出土的古器也数不胜数。

余心好古文奇字，每摩挲一器，拓释一铭，俯仰之间[1]，辄心往于数千年前，以为此器之作，此文之铸，尚在周公、孔子未生以前，何论秦、汉乎？由简策而卷轴，其竹帛已灰烬矣[2]，此乃岿然独存乎世。人得西岳一碑、定武片纸，即珍如鸿宝，何况三代法物乎[3]？世人得世彩书函、麻沙宋板[4]，即藏为秘册，何况商、周文字乎？友人之与余同好者，则有江侍御德量[5]、朱右甫为弼[6]、孙观察星衍[7]、赵银台秉冲[8]、翁比部树培[9]、秦太史恩复[10]、宋学博葆醇[11]、钱博士坫[12]、赵晋斋魏[13]、何梦华元锡[14]、江郑堂藩[15]、张解元廷济[16]等，各有藏器，各有拓本，余皆聚之，与余所自藏自拓者，集为《钟鼎款识》一书，以续薛尚功[17]之后。薛尚功所辑共四百九十三器，余所集器五百五十，数殆过之。

注释

［1］古文奇字：原指王莽时期六书中的古文、奇字两书，“时有六书：一曰古文，孔子壁中书也。二曰奇字，即古文而异也”（《说文解字·序》），这里泛指古文字。摩挲：用手抚摩。拓（tà）：拓印碑刻金石。俯仰：低头和抬头，这里形容沉思默想。 ［2］简策：

在竹片和木板上书写文章统称为简，简编缀在一起的称为策（册），这是我国最早的正式书籍形式。卷轴：裱好有轴可卷舒的书籍或字画等。竹帛：古时用来写字的竹筒和绢。烬（jìn）：物体燃烧后剩下的东西。 ［3］西岳一碑：即华山碑拓片。定武片纸：北宋时在定武发现的《兰亭集序》刻石拓片。鸿宝：珍宝。法物：古代帝王用于仪仗、祭祀的器物。 ［4］世彩：即世彩堂，南宋贾似道的门客廖莹中的堂名，廖精于摹拓，摹刻淳化绛帖几可乱真，称为“世彩堂帖”。麻沙宋板：麻沙（今福建南平建阳区麻沙镇）雕版印刷书籍，宋代为盛。 ［5］江侍御德量：江德量，字成嘉，江苏仪征人，乾隆四十五年（1780）榜眼，官监察御史，即序所说“侍御”（沿袭唐代旧称），承家学，好金石，收藏旧拓碑版及宋本书甚富，著有《古泉志》三十卷。 ［6］朱右甫为弼：朱为弼，字右甫，号椒堂，浙江平湖人，嘉庆十年（1805）进士，通经学，精擘金石之学，尤嗜钟鼎文。嘉庆二年（1797），阮元督学浙江，创办诂经精舍，聘朱为弼为幕僚，参与修辑《经籍纂诂》，并编定《积古斋钟鼎彝器款识》。 ［7］孙观察星衍：孙星衍，字渊如，号伯渊，阳湖（今江苏武进）人，清代经学家、著名藏书家，曾任道员，故序中称为“观察”（清代对道员的尊称），生平钻研经史，精于金石碑版，被阮元聘为“诂精经舍”教习，著有《尚书今古文注疏》。［8］赵银台秉冲：赵秉冲，字谦士，号研怀（一作字砚怀，号谦士），上海人，博雅嗜古，尤好金石之学，时授通政使，故序中称为“银台”（明清时期通政使司与宋代银台司职掌相当，掌受天下状奏案牍）。 ［9］翁比部树培：翁树培，字宜泉，号申之，顺天大兴（今属北京）人，翁方纲次子，乾隆五十二年（1787）进士，官至刑部郎中，故序中称为“比部”（明清对刑部及其司官的习称），博学好古，擅篆钟鼎文字，善辨古钱，著有《钱录》。 ［10］秦太史恩复：秦恩复，字近光，号敦夫，江都（今江苏扬州）人，校勘家，乾隆五十二年（1787）进士，散馆授编修，故序中称为“太史”（明清时期翰林院主修史，故称翰林为太史），读书好古，精于鉴藏，所刻书时号“秦版”，阮元抚浙聘为“诂经精舍”主讲。［11］宋学博葆醇：宋葆醇，字帅初，号芝山，山西安邑人，乾隆四十八年（1783）进士，官解州学正，故序中称为“学博”（学官的泛称），工书善画，长于金石考据。［12］钱博士坫（diàn）：钱坫，字献之，号小兰，自署泉坫，江苏嘉定（今属上海）人，钱大昕族侄，清代经学家、金石学家，精训诂舆地之学，工小篆，晚年左手作篆尤为后人推崇，故序中称为“博士”（学术上专通一经或精通一艺、从事教授生徒的官职）。［13］赵晋斋魏：赵魏，字晋斋，号录森，一号洛生，仁和（今浙江杭州）人，收藏金石极富，考证金石文字独具特识。［14］何梦华元锡：何元锡，字梦华，号蜨隐，钱塘（今浙江杭州）人，清代藏书家、金石学家，嗜古成癖，家有藏书八万卷，多善本，阮元山东学政任上就聘其为幕友，曾助编《山左金石志》，晚年游粤中而卒。［15］江郑堂藩：江藩，字子屏，号郑堂，晚号节甫，甘泉（今江苏扬州）人，著名汉学家惠栋的再传弟子，以朴学名扬东南，时和焦理堂（焦循）齐名，并称“二堂”。阮元督漕淮安时，聘为丽正书院山长；两广总督任上延入幕府，助修《皇清经解》《广东通志》。又撰《汉学师承记》八卷，为清初至乾嘉时期的汉学家立传，阮元序赞“读此可知汉世儒林家法之承授，国朝学者经学之渊源”。［16］张解元廷济：张廷济，嘉庆三年（1798）解元，字顺安，号海岳庵门下弟子，晚号眉寿老人，浙江嘉兴人，著名金石学家，阮元督学浙江时呼为“金石友”。晚年赴扬州拜会八十岁阮太傅，作有《眉寿图》。［17］薛尚功：南宋金石学家，字用敏，杭州人，精通篆籀，所编《历代钟鼎彝器款识法帖》二十卷，收录四百九十六件商周铜器及十五件玉石器鼓上的铭文，是宋代金石著述中辑录铜器铭文最丰富的一部书，故近代著名金石学家容庚称赞“宋代集录彝器款识以此书为富，而编次条理亦以此书为优”。嘉庆二年（1797）阮元曾重刻并作序。

今译

我心爱古文字，每每抚摩着钟鼎彝器，拓印释读着上面的铭文，沉思默想之间，心就飞到了几千年前。认为这些铜器的制作、这些铭文的铸造，都是早在周公旦与孔子未出生之前，更不用提秦、汉这些朝代了。古代书籍由简策到卷轴，竹简和绢都已变成灰烬，只有钟鼎彝器还稳固地存于世间。如今人们哪怕得到西岳华山碑或定武《兰亭集序》刻石的一张拓纸片，都视如珍宝，何况夏商周这样的法物！得到宋代世彩堂的书函和麻沙雕版印刷的书籍，也会当作秘籍收藏起来，何况商、周时代的文字！与我有共同嗜好的友人，有江德量侍御、朱为弼（字右甫）、孙星衍观察、赵秉冲通政使、翁树培刑部郎中、秦恩复编修、宋葆醇学正、钱坫博士、赵魏（字晋斋）、何元锡（字梦华）、江藩（号郑堂）、张廷济解元等，他们各有收藏的古器，各有古器拓本，我将他们的古器及拓本全部集中起来，连同我自己所收藏的古器及拓本，集为《钟鼎款识》这本书，以续接南宋金石学家薛尚功所编的宋代辑录铜器铭文这部书，薛尚功这部书叫《历代钟鼎彝器款识法帖》，共收录493件商周铜器铭文，我这部书共收录550件商周铜器铭文，数量应该超过他了。

夫刊字于板本[1]，不如铸字于金之坚且久，然自古《左》《国》《史》《汉》所言各器，宋《宣和殿图》[2]无有存者

矣。两宋吕大防[3]、王俅[4]、薛尚功、王顺伯[5]诸书册所收之器，今亦廑[6]有存者矣。然则古器虽甚寿，顾至三四千年出土之后，转不能久[7]，或经兵燹之坠坏，或为水土之沈霾，或为伧贾之毁销，不可保也[8]。而宋人图释各书，反能流传不绝，且可家守一编，然则聚一时之彝器摹勒为书，实可使一时之器永传不朽，即使吉金零落无存，亦可无憾矣。平湖朱氏右甫，酷嗜古金文字，且能辨识疑文，稽考古籍国邑[9]大夫之名，有可补经传所未备者；偏旁篆籀之字，有可补说文所未及者[10]。余以各拓本属之编定审释之，甲子[11]秋，订成十卷，付之梓人[12]，并记其始末如此。

注释

［1］刊：刻。板本：用木板雕刻印刷的书籍。　［2］《宣和殿图》：即《宣和博古图》，宋代王黼所著，详细著录了宋代皇室收藏于宣和殿的古代青铜器八百三十九件，有铭文拓释，是古代第一部青铜器图录总集，开大规模图录青铜器的先河。原版于元代失传。　［3］吕大防：当为“吕大临”（刊误或为作者记忆有误），两人同为“蓝田四吕”，吕大防为吕大临之兄，北宋政治家、书法家，一代名相；吕大临，字与叔，宋代金石学家，所撰《考古图》《考古图释文》，奠定了现代考古学、古文字学的基础。　［4］王俅：字子弁，任城（今山东济宁）人，南宋初年金石学家，著有《啸堂集古录》上、下两卷，收三百七十三件钟鼎盘匜等各类铜器，摹释铭文，未摹器物图形及考释。　［5］王顺伯：王厚之，字顺伯，号

复斋，江西临川人，南宋著名金石学家，著有《复斋金石录》《钟鼎款识》《复斋印谱》等，“古无印谱，谱自宋王厚之顺伯始”（明沈明臣《顾氏集古印谱叙》），“宋人言金石之学者，欧、刘、赵、洪四家而外，首推顺伯”（清全祖望《答临川杂问帖》）。［6］廑（jǐn）：通“仅”。［7］顾：反而。转：改变。［8］兵燹（xiǎn）：战火造成的破坏。坠：毁坏。沈霾：亦作沉霾，埋没，泯灭。伧贾（cāng gǔ）：粗俗的商人。［9］国邑：国都，城邑。［10］篆籀（zhòu）：篆文和籀文。篆文通常指小篆，秦始皇“书同文”所用字体；籀文通常指大篆，传为周宣王时史籀所作，笔画较小篆繁复，广义的大篆指小篆之前的文字，包括金文（或称“钟鼎文”）与籀文（金文之繁化）。［11］甲子：清嘉庆甲子年，即嘉庆九年（1804）。［12］梓人：印刷刻版匠人。

今译

文字在雕板印刷的书上，不如铸刻在青铜器上牢固长久，可是《左传》《国语》《史记》《汉书》这些古书上记载的所有的青铜器，宋代《宣和殿图》所载已经没有一个被保存下来。两宋吕大临的《考古图》、王俅的《啸堂集古录》、薛尚功的《历代钟鼎彝器款识法帖》、王顺伯的《复斋金石录》等书所收录的青铜器，到现在也仅有极少数被保存。可见古代的钟鼎等器物即使寿命很长，到了三四千年后出土，其实也难以长久，或经历战火而被毁坏，或被水土所埋没，或被无知的商人熔化毁坏，难以久存。而宋人摹图释文的各种青铜器著作，反而能流传不断，而且还能家守一编。这样说来，将钟鼎彝器摹图刻印成书，真能使这个时期的彝器永传不朽，即使钟鼎彝器本身散落无存，也没有太大的遗憾。

浙江平湖人氏朱右甫，非常喜爱钟鼎上的古文字，并且能够识读铭文，查考古籍。铭文中所涉及的国都、城邑及卿大夫的名字，能够补充经传古籍中未载的内容；识读偏旁部首及篆籀文字，能够补充《说文解字》未及的地方。我将各种拓本交付给他，嘱其编写校订，并加以审视释读，嘉庆甲子年（1804）秋，订成十卷，刻版付印，我作序记其编订前后的经过。

评述

积古斋，是芸台先生的书斋名，最早在山东学政任上，设于济南的大明湖畔，专用来收藏研究金石古器，他在这里编纂了自己的第一部金石专著《山左金石志》，一举奠定了其金石大家的学术地位。后来到浙江，著《两浙金石志》，以至于累计有“金石十事”，无论他到何处，一直将自己研究金石的书斋称为积古斋，积古斋在中国金石学和收藏史上都有较大的影响。

钟鼎彝器，作为古代青铜器中的礼器通称，蕴藏着深厚的中国传统文化，芸台先生更是从中看到了“道”和“礼”，所谓器者藏道，器者藏礼。在对钟鼎彝器形制和铭文研究中，较之以金证史，更强调以金证经。其《积古斋钟鼎彝器款识》，是清代研究青铜器铭文最早的一部专著，也代表了乾嘉时期吉金研究的最高水平。

自序原来没有分段，这里分为三段。第一段，纵向阐述了钟鼎彝器及研究的历史。芸台先生专题性的文章，每每在篇首总要进行一番这样的“辨章学术，考镜源流”的梳理。他在《商周铜器说》（下）中，将其历史分成三个阶段，夏商周视为立国重器，从汉到唐视为祥瑞，北宋以后才开始研究青铜器，产生金石学——“三代时钟鼎为最重之器”，“自汉至唐罕见古器，偶得古鼎或至改元，称神瑞书之史册”，“北宋以后，高原古冢搜获甚多，始不以古器为神奇祥瑞，而或以玩赏，加之学者考古释文，日益精核”。在此序中，他划分出四个阶段，夏商周三代“宝贵”，两汉“得鼎为祥”，六朝隋唐“不甚重之”，北宋后“复为世重，勒为成书”。连同清代青铜器研究的复兴，共有五个阶段。清代的复兴，自乾隆敕修《西清古鉴》起，一大批“好古之士”，“学识之精”远胜历代。这一段，不但追溯了历史渊源，更揭示了钟鼎彝器铭文的重要意义及价值，即使不及《尚书》百篇，也远超汲冢古文，是考订古代历史和文化的第一手资料，为引出第二段“心好古文奇字”作铺垫。

第二段，紧扣对古文奇字的“心好”，点明《积古斋钟鼎彝器款识》是他们对古文奇字“同好”的结晶，顺带交代了藏器拓片的由来和编撰体例。先叙自己对古文奇字之“心好”，充满了抒情意味，不但通过描写“摩挲”“拓释”“俯仰”等动作间接表达其珍惜、醉心之情，还直接抒发其“心往于数千年前”的那种陶醉之情，再连用两个反问句，对比衬托突出其珍惜之甚。后叙友人之“同好”，介绍了自己在山东、浙江时期的金石学的学术交游圈，包括监察御史江德量、刑部郎中翁树培、通政使赵秉冲、翰林院编修秦恩复，还有曾任道员的孙星衍、著名汉学家江藩、进士宋葆醇、博士钱坫，还有朱为弼、赵魏、何元锡、张廷济等，这些人不但皆好金石之学，而且“各有藏器，各有拓本”，连同“自藏自拓”一起汇编而成书。这段最后，点出其书的体例，是同薛尚功所编《历代钟鼎彝器款识法帖》一样的款识集录，不过集器的数量超过该集录，正如清代李遇孙在《金石学录》中称赞所说：“与薛氏同其体例而精博过之。近时讲金石之学者，金少而石多，吾师此书专以款识名，为薛氏后不可缺之书，薛尚功所辑共四百九十三器，而积古斋有五百五十器之多，绝后超前，殆无其匹。”

第三段，阐述款识集录为书的长远意义，指出款识集录为书较之铭文铸金更能永传不朽。这段的论述，可谓一波三折、缜密严谨。先说“刊字”成书肯定不如“铸字于金”牢固长久，既照应开头，又欲扬先抑；然后语气陡转，列举历代记载中的所有古器，竟然或“无有存者”或“廑有存者”，并分析主要原因是“出土之后，转不能久”，用排比句强调其被“坠坏”“沈霾”“毁销”的命运；再转而举证“宋人图释各书”却能“流传不绝”“家守一编”，得出款识集录“摹勒为书”真正能使钟鼎彝器“永传不朽”的结论。后面介绍编定作序的时间，称赞了编者朱为弼精研金石之学，特别强调其稽考能够“补经传所未备”，再次彰显芸台先生“以金证经”“以金勗史”的用心，也体现了他不掠人之美的品德。

此序既有芸台先生作为经学家一以贯之的为文特色，广征博引，论述缜密严谨；还有寻常少见的特点，即有着极强的抒情性，抒情性文字与议论性文字有机融合在一起。这主要是因为作者对金石有着深厚的感情，对“古文奇字”的作用有着深刻的认识，正如龚自珍所概括的那样：“公谓吉金可以证经，乐石可以勗史，玩好之侈，临摹之工，有不预焉。是以储彝器至百种，蓄墨本至万种，椎拓遍山川，纸墨照眉发，孤本必重钩，伟论在著录，十事彪炳，冠在当时。是公金石之学。”[①]

① 龚自珍《阮尚书年谱第一序》，《龚自珍全集》第三辑，上海古籍出版社，1975。

《重修广东通志》序

题旨

此序选自《揅经室集》二集卷八。芸台先生任两广总督的第二年（1818），便奏请重修《广东通志》。历时三年，新志修成，他亲自作序，介绍新志的体例、特色及参修底本，彰显出新志极高的质量、价值之所在。

元莅两广，阅《广西通志》，乃嘉庆初谢中丞启昆[1]所修，喜其载录详明，体例雅饬[2]。及阅《广东通志》，则犹是雍正八年郝中丞玉麟[3]所修，书仅六十四卷。《四库书提要》称其一年竣事，体例牴牾，未悉订正[4]，且迄今九十余年未经续纂。若再迟，则文献愈替[5]，是不可不亟修纂矣，爰奏请开局纂修之。

大略以《广西通志》体例为本而有所增损，凡总纂、分纂、采访、校录莫不肩任得人[6]，富于学而肯勤其力，三年有成，奏进御览。志三百三十四卷，为典一，曰“训典”[7]；为表四，曰“郡县沿革”，曰“职官”，曰“选举”，曰“封建”；为略十，曰“舆地”[8]，曰“山川”，曰“关隘”，曰“海防”，曰“建置”，曰“经政”，曰“前事”，曰“艺文”，曰“金石”，曰“古迹”；为录二，曰“宦绩”，曰“谪宦”；为列传八，曰“人物”，曰“列女”，曰“耆寿”，曰“方技”，曰“宦者”，曰“流寓”，曰“释老”，曰“岭蛮”；为杂录一；共二十六门。

古人不曰志而曰图经[9]，故图最重。宋王中行[10]等《广州图经》不可见矣，今则一县一州为一图，沿海洋汛又为长图[11]，按册读之，粲然[12]毕著矣。《广东通志》旧有康熙十二年刘中丞秉权[13]所修之三十卷，明万历二十九年郭棐[14]所纂之七十二卷，嘉靖三十六年黄佐所撰[15]之七十卷，嘉靖十四年戴璟[16]所撰之初稿四十卷。各书多就残佚，惟黄志为泰泉弟子所分撰者，体裁渊雅，仅有存本，今求得之，备加采录。元家藏秘籍如宋王象之《舆地纪胜》[17]等书亦多采录。是以今志阅书颇博，考古较旧加详，而选举、人物、前事、艺文、金石各门亦皆详核。至于国初收粤、平削尚藩诸钜事[18]，则已载在国史，此志不得记之，与广西志同例也。书成刊校，爰叙其后。

道光二年闰三月

注释

［1］谢中丞启昆：谢启昆，字良壁，号蕴山，江西赣州人，乾隆年间进士，嘉庆年间初官至广西巡抚。少以文学名，尤善为诗，著有《树经堂集》，晚成《广西通志》，影响深远，被梁启超称为“省志楷模”。中丞：清代巡抚例兼右都御史衔，相当于前代的御史，被尊称为中丞。［2］雅饬：典雅严谨。［3］郝中丞玉麟：郝玉

麟，字敬亭，汉军镶白旗人，骁骑校出身，雍正七年（1729），授广东总督。 ［4］牴牾：抵触，矛盾。“体例牴牾，未悉订正”，意为条目设置等方面相互矛盾，文字等方面错误没有尽数校对纠正。［5］替：这里指散佚。 ［6］莫不肩任得人：每一项重任都交给了适合的人。 ［7］训典：辑录清代皇帝的训谕。 ［8］舆地：地理。 ［9］图经：图与文字结合的方志，在唐宋时期盛行，是中国早期地方志书的一种，后又为方志的代称。 ［10］王中行：广东揭阳人，南宋时期进士，方志学家，在东莞知县任上纂《广州图经》二卷。 ［11］沿海洋汛又为长图：指《海防略》所附海防长图一幅，是了解鸦片战争前夕广东海防的重要史料。洋：本义指具体的海域，清代将沿海近海划分为内、外洋。 ［12］粲然：明白貌。［13］刘中丞秉权：刘秉权，字持平，汉军正红旗人，康熙六年（1667）任广东巡抚。这里所说“康熙十二年刘中丞秉权所修之三十卷”，现通常称为康熙十四年（1675）金光祖纂修本。 ［14］郭棐（fěi）：字笃周，号梦兰，广东南海人，明代进士，数任地方官，晚为光禄寺卿，曾修广东多种方志。 ［15］黄佐：字才伯，号希斋，晚号泰泉，明代进士，岭南著名学者，广东香山（今属中山）人，所纂《广东通志》体例严谨，文字简雅，是明代所修三部省志中质量上乘者，因而下文有言“体裁渊雅”。 ［16］戴璟：字孟光，号石屏，浙江奉化人，嘉靖年间进士，官至佥都御史，巡抚广东，所著《广东通志初稿》是广东首部省志。 ［17］王象之：字仪父，婺州金华（今属浙江磐安）人，南宋时期进士，中年隐居著述，精史地之学，所著《舆地纪胜》是宋代地理学名著。 ［18］收粤：指顺治七年（1650）“平南王”尚可喜率军收复两广事。尚藩：指尚可喜长子尚之信，他在康熙十五年（1676）强行接管平南王的权力，投降吴三桂叛军，后又悔罪自归，袭封平南亲王，终被治谋叛罪赐死。

评述

广东之有通志，始于明代，分别有戴璟、黄佐、郭棐所编三部通志。而清代在芸台先生之前也编有两部通志，最早是刘秉权于康熙年间所监修，后来才是郝玉麟于雍正时期所监修。在六部通志中，芸台先生所主持修纂的《广东通志》获得评价很高，如梁启超在《中国近三百年学术史》中所言："两广通志，实为全国省志之冠冕。"在明清时期数以千计的方志中，阮志为何能获得如此高的评价呢?

芸台先生此序，要言不烦，点明了其中的重要缘由。一是选人得当，先生亲自选定总纂一人、分纂十一人等，识拔人才，注重实学，所以莫不"富于学而肯勤其力"；二是体例完善，先生亲自选定以谢启昆的《广西通志》"体例为本"并"有所增损"，分为典、表、略、录、传五大类，构建了新兴的更为完善合理的史志派方志体例；三是绘图创新，一改以往未绘制县级地图的做法，"一县一州为一图"，共绘舆地图一百零六幅，另绘海防长图一幅，且采用了当时最为先进的经纬制图法，先生亦颇以此为傲，故特地强调说"古人不曰志而曰图经，故图最重"；四是史料丰富，芸台先生选定黄佐所编通志为参修底本，对旧志"备加采录"，又广泛收集各种秘籍如《舆地纪胜》一类"亦多采录"，所以"阅书颇博，考古较旧加详"而选举等"各门亦皆详核"。

《揅经室集》自序

题旨

《揅经室集》始编于道光二年（1822），两广总督任上，翌年正月刻成，芸台先生亲自撰序，介绍了文集的体例、概况和平生的治学宗旨。

余三十余年以来，说经[1]记事，不能不笔之于书。然求其如《文选序》[2]所谓“事出沈思，义归翰藻”[3]者甚鲜，是不得称之为文[4]也。今余年届六十矣，自取旧帙，授儿子辈重编写之，分为四集。其一则说经之作，拟[5]于贾、邢[6]《义疏》[7]，已云僭[8]矣，十四卷。其二则近于史之作，八卷。其三则近于子之作，五卷。凡出于《四库书》[9]史、子两途[10]者皆属之，言之无文[11]，惟纪其事、达其意而已。其四则御试之赋及骈体[12]有韵之作，或有近于古人所谓文[13]者乎，然其格亦已卑矣[14]，凡二卷。又诗十一卷，共四十卷。统名曰集[15]者，非一类也。继此有作，合以类续也。室名“揅[16]经”者，余幼学[17]以经为近也。余之说经，推明古训，实事求是而已，非敢立异也。[18]

道光三年岁在癸未阮元识

注释

［1］说经：讲解儒家的经书。［2］《文选序》：文选指中国现存最早的诗文总集《昭明文选》，由南朝梁武帝长子萧统（谥“昭明”）组织编选，收录周代至六朝梁间诗文七百余篇。萧统所作《文选序》梳理了先秦两汉以来文史哲不分的现象，认为经史诸子都以立意纪事为本，不属词章之作，只有符合“事出于沉思，义归乎翰藻”标准的文章才能入选。［3］“事出沈思，义归翰藻”：即《文选序》“事出于沉思，义归乎翰藻”句，综合古今各种理解，这句意为：史实和内容经过精心构思而得到表达，见解与评价经过辞采等艺术形式而得到展现。沈，同“沉”。［4］文：有文采，这里指文学作品。［5］拟：模仿。［6］贾：贾公彦，唐代经学家，撰有《周礼义疏》五十卷，汇集诸家经说。邢：邢昺，北宋学者，代表作有《论语注疏》《尔雅注疏》《孝经注疏》，均收录于《十三经注疏》。［7］《义疏》：这里指南北朝时期兴起的一种经解体裁，经注兼释，通过阐发旧注来疏通经义。［8］僭：僭拟，这里指自谦，自比于尊者为超越本分。［9］《四库书》：即《四库全书》，清乾隆时期编修的大型丛书，分经、史、子、集四部，故名“四库”。［10］途：途径，路数。［11］文：这里指有文采及能协音成韵、修词达远。语出《左传·襄公二十五年》，仲尼曰：“《志》有之‘言以足志，文以足言’。不言，谁知其志？言之无文，行而不远。”［12］骈体：又称骈文或骈偶文，是一种盛行于南北朝的文体，全篇以双句（俪句、偶句）为主，讲究对仗和声律，因其常用四字句、六字句，故也称“四六文”或“骈四俪六”。［13］文：这里指六朝文笔说等古代文论所认为的有韵之文、骈文之文。［14］格：品格，格调。卑：低下。这句意为：可

是，这些骈体有韵之作的格调也已经不够高了。　［15］集：这里指文集，汇编的总集。　［16］揅（yán）：古同“研”。　［17］幼学：本指初入学的学童，这里指幼年所学。语出《礼记·曲礼》：“人生十年曰幼，学。”　［18］推明：阐明，究明。古训：古代流传下来的或可以作为准则的话。这句意为：我治学研究儒家的经书，只是阐明古训，寻求出经义原解，恢复儒家经典的本来面貌，不敢提出与众不同的新主张。

评述

芸台先生的这篇序，重点介绍了其新编诗文全集《揅经室集》的编撰体例。全集按照中国传统的图书四部分类法，将自己三十余年的著述，分为经、史、子、集四类，每类一集，共四集。其中，第一集有十四卷，皆为“说经之作”，自云都是模仿唐代学者贾公彦、宋代学者邢昺的义疏体，通过阐发旧注来疏通经义。第二集有八卷，“近于史之作”；第三集有五卷，“近于子之作”。以上两集所收的著述，分别类似《四库全书》的史部、子部所收著作，他自谦都是“言之无文，惟纪其事、达其意而已”。第四集有赋体、骈体有韵之作两卷，他一方面说这些有韵之作符合古人所说的有韵为文之论，另一方面也自谦其格调已经不够高了；第四集还有诗十一卷，诗卷的前七卷曾刻为《琅嬛仙馆诗略》，后四卷曾刻为《文选楼诗存》，收有自乾隆五十四年（1789）入翰林至道光元年（1821）约500首诗。这四集的著述体裁不一，汇编在一起而成个人文集，先生也明确以后再编续集还依此体例。

这篇序三次提到了“文”，隐含了芸台先生关于“文”的观点，这些观点在《文言说》《文韵论》《书梁昭明太子文选序后》等文章中得到集中阐述。他推崇《文选》，将《文选序》所说的“事出沈思，义归翰藻”

看作文学作品的界定标准，将“沈思”“翰藻”作为与经史子相区分的为文之特质；他继承了六朝有韵为文、无韵为笔的文笔说，认为那些协音成韵、修词达远、易诵易记的文章才是“文”；他标举相传为孔子所作的“奇偶相生，音韵相和”的《文言传》为文章之祖，复举《诗大序》为千古声韵、性情、排偶之祖，竖起了他的“文言说”大旗，故此序成为骈文派与桐城古文派对峙的系统性文论。

序的最后，他概括了自己的治学方法与学术宗旨——“推明古训，实事求是”。其要义就是以文字训诂来考证辨伪，恢复经典原貌，探求经书义理。乾嘉学者治学的途径都是“治经必通训诂”，芸台先生更是强调训诂的作用，“圣贤之道存于经，经非诂不明”，“古今义理之学，必自训诂始”[①]，“圣贤之言，不但深远者非训诂不明，即浅近者亦非训诂不明”[②]。乾嘉学者治学都追求“实事求是”，即通过“实事”（即古代的史实典章）而“求是”（以种种治经手段寻求经义原解），而芸台先生的“实事求是”，更注重阐发经典的义理价值，倡导实学，赋予经典以“经世致用”新的历史内涵，因而被视为“乾嘉汉学在跨入近代转折点上的一次质变”[③]。

① 《揅经室续集》卷一《冯柳东三家证异文疏证序》。

② 《揅经室一集》卷二《论语一贯说》。

③ 陈居渊《焦循阮元评传》，南京大学出版社，2006。

《学海堂集》序

题旨

此序选自《揅经室续集》卷四。芸台先生于嘉庆二十五年（1820）创办学海堂，四年后迁址至广州越秀山。新堂初成，便新编《学海堂集》，作此序，展示了学海堂重视实学的全新气象，强调学海堂的重要意义和巨大作用，表达了学海堂必能传之久远的信念。

古者卿大夫士皆有师法，周公尚文，范之以礼，尼山论道，顺之以孝[1]。是故约礼之始，必重博文；笃行之先，尚资明辨[2]。诗、书垂其彝训，传记述其法语，学者诵行，毕生莫罄[3]，譬之食必菽粟，日不可废，居必栋宇，人所共知，奚更立言以歧古教哉[4]！若夫载籍极博，束阁不观，非学也[5]。多文殊体，辍笔不习，非学也。次困之士，厪黾勉于科名，语上之俦，讵愚蔽其耳目，率曰乏才，岂其然欤[6]！

清代越秀山的老照片。学海堂位于越秀山南部半山腰

注释

［1］师法：老师传授学问。周公：姓姬名旦，亦称叔旦，周文王姬昌第四子，周武王姬发的弟弟，采邑在周，故称周公，为儒学先驱及西周典章制度的主要创制者，制礼作乐，以“礼”治国，言论见于《尚书》之《大诰》《康诰》等诸篇。范：铸造器物的模子，引为规范。尼山：孔子诞生地，位于山东曲阜东南，这里借指孔子。论道：谋虑治国的政令。顺：道理。　［2］约礼：用礼约束自己。博文：通晓古代文献。以上出自《论语·雍也》“君子博学于文，约之以礼”。笃行：努力践履所学，专心实行。明辨：明确地分辨。以上出自《礼记·中庸》“明辨之，笃行之”。　［3］诗：即《诗经》，中国最早的一部诗歌总集，先秦时期称为《诗》（或《诗三百》），孔子曾言其宗旨为“思无邪”，至汉武帝时被儒家奉为五经之一。书：即《尚书》。垂：留传。彝训：尊长对后辈的教诲、训诫。法语：合乎礼法的言语。罄：尽。　［4］譬之：把它比作。菽粟：豆和小米，泛指粮食。栋宇：房屋。奚：为何。立言：著书。歧：不相同，不一致。　［5］若夫：至于。载籍：书籍，典籍。束阁：束之高阁。　［6］次困：次贫。厪（jǐn）：廑的异体字，同“仅”。黾（mǐn）勉：勉力。语上：可以谈高深学问，语出《论语·雍也》“中人以上，可以语上也”。俦（chóu）：同类，辈。讵（jù）：不料，哪知。愚蔽：愚钝。耳目：视听。率：轻率。欤（yú）：表反问语气。

今译

古代卿、大夫、士都各守师法。周公旦崇尚文治，以礼作为天下规范；孔夫子提倡德治，把孝作为推行仁德的根本所在。所以一定要注重广泛地学习文献典籍，用礼法来约束自己的行为和思想；要谨慎思考、明白分辨，并始终如一地践履所学。各种经典有圣贤对后辈的教诲，各种注传有对圣贤经义的阐述，后人诵读遵循，毕生永无止境。这些经典就像我们的食粮，日不可废；就像我们离不开的住房，人所共知。所以，无须另立什么学说，以异于古代经典。如果将众多的经典束之高阁，不去认真研读，这就不能称为学习；对众多文章不同的文体，搁笔不写不练，这也不能称为学习。比较贫困的读书人，他们当然首先要努力求取科举功名；而那些能够钻研高深学问的人，岂能让他们不通事理混淆视听？动辄轻率地说缺乏人才，难道真的是这样吗？

岭南学术，首开两汉，著作始于孝元[1]，治经肇于黄、董[2]，古册虽失，佚文尚存，经学之兴，已在二千载上矣。有唐曲江，诚明忠正，求之后代，孰能逮之[3]。迹[4]其初学，乃多词赋耳，文辞亦圣教也，曷可忽诸[5]？大清文治，由朔暨南[6]，明都著于因民，离曜增于往代[7]。余本经生，来总百粤[8]，政事之暇，乐观士业。曩者抚浙，海氛未销，日督戈船，犹开黉舍[9]，矧兹清晏[10]，何独阙然？

注释

［1］著作：古人指独创性的著书，简称为“作”，有别于“编述”“抄纂”。孝元：杨孚，字孝元，东汉南海郡（今广州）人，被认为是岭南第一位著书立说的学者，所著《异物志》是我国第一部地区性的物产专著。　［2］治经：研究四书五经。肇：开始，创始。

黄、董：东汉黄豪、董正。黄豪，字子微，南海人，十六岁通《论语》《毛诗》，寓居广信，教授生徒。董正，字伯和，番禺（今广州）人，十五岁通《毛诗》《三礼》《春秋》，以学行知名。［3］曲江：唐代名相张九龄，韶州曲江（广东韶关）人，著有《曲江集》，开启岭南诗派，被誉为“岭南第一人”。诚明：至诚而有明德。逮：及，达到。［4］迹：追踪。［5］圣教：儒教，或指尧、舜、文、武、周公、孔子诸圣人的教导。曷：谁，什么。诸：语气词，啊。［6］文治：文教礼乐治民。朔：北。暨：到。［7］明都：著名的城市或都城。离：两，双。曜：日、月、星均称为曜。［8］百粤：亦作百越，古代南方各地的总称，这里指两广地区。［9］曩（nǎng）者：从前。海氛：本指海上的云气，借指海疆动乱的形势。戈船：古代的一种战船。黉（hóng）舍：学校，这里指诂经精舍。［10］矧（shěn）：何况。清晏：清平安宁。

今译

岭南的学术，开创于两汉，最早著书立说是从东汉的杨孚开始，最早研究四书五经的是东汉的黄豪、董正。古代的书册虽然失传，但是佚文尚存，经学在岭南盛行已经超过两千年了。唐代的张九龄，忠诚正直，德性完美，后代谁人能及？他幼时初学，便聪明敏捷，作了很多诗词歌赋，文章也深受儒家经典的熏陶，其地位谁能忽视？大清的文教礼乐，由北向南推进，都城因民所好繁荣昌盛，日月星辰都比过去更为明亮。我本是一介书生，来到百越总督两广，公务之暇，很高兴看到士子读书、各业兴旺。过去抚浙江的时候，海匪尚未剿灭，天天督战兵船，还创建了诂经精舍，何况现在海疆清平安宁，怎么可能不再建学堂？

粤秀山峙广州城北，越王台故址也[1]。山半石岩，古木阴翳，绿榕红棉，交柯接叶，辟莱[2]数丈，学海堂启焉。珠江狮海[3]，云涛飞泛于其前；三城万井，烟霭开阖于其下[4]。茂林暑昃[5]，先来天际之凉；高栏夕风，已生海上之月。六艺[6]于此发其秀辉，百宝所集避其神采，洵文苑之丽区，儒林之古境也[7]。昔者何邵公学无不通，进退忠直，聿有学海之誉，与康成并举[8]，惟此山堂，吞吐潮汐，近取于海，乃见主名。多士或习经传，寻疏义于宋、齐[9]；或解文字，考故训于仓、雅[10]；或析道理，守晦庵[11]之正传；或讨史志，求深宁[12]之家法。或且规矩汉、晋，熟精《萧选》，师法唐、宋，各得诗笔[13]。虽性之所近，业有殊工，而力有可兼，事亦并擅。若乃志在为山，亏于不至之讥[14]，情止盈科，未达进放之本[15]，此受蒙于浅隘而已，乌睹百川之汇溟哉[16]？

注释

[1]粤秀山：亦称越秀山，位于广州越秀区。峙：耸立。越王台：汉代南越王赵佗所筑。 [2]莱：古指荒废或轮休的田地。 [3]狮海：指珠江口狮子洋。 [4]三城：宋代广州筑有东城、子城、西城三城城墙，这里借指广州全城。万井：千家万户，古代以地方一里为一井。烟霭：云雾，云气。开阖：开启与闭合。 [5]茂林：茂密的树林。昃（zè）：太阳偏西。 [6]六艺：周朝官学要求学生掌握的六种技艺，即礼、乐、射、御、书、数。 [7]洵：实在，确实。文苑：文人聚集的地方。儒林：儒家学

者之群。 ［8］何邵公：何休，字邵公，任城樊（今山东兖州）人，东汉著名今文经学者，精通六经，被誉为“学海”，后遇党锢之事，闭门十余年，作《春秋公羊传解诂》十二卷。聿（yù）：用在句首或句中，起顺承作用。康成：汉代经学家郑玄之字。 ［9］疏义：即义疏，一种疏通原书和旧注文意的注释体例，起源于南北朝。宋、齐：南朝宋国、齐国，这里借指南北朝。 ［10］故训：训诂。仓、雅：《三仓》《尔雅》等文字训诂之书的统称。（《三仓》，汉初合李斯《仓颉篇》、赵高《爰历篇》和胡毋敬《博学篇》三篇为一书；魏晋时又以李斯《仓颉篇》为上卷、扬雄《训纂篇》为中卷、贾鲂《滂喜篇》为下卷，合为一部，亦称《三仓》） ［11］晦庵：朱熹，字元晦，号晦庵，宋代理学（又称道学）的集大成者，被后世尊称为朱子，其著述的《四书章句集注》为钦定教科书和科举考试的标准。 ［12］深宁：王应麟，字伯厚，号深宁居士，南宋著名学者，所著《困学纪闻》为清代考证学先导，所创学派称为“深宁学派”，该派精于经史的研究和考证，对古代历史文献的整理、训诂名物的考辨，都有显著贡献。 ［13］或且：或者。规矩：成规，标准法度。汉、晋：两汉、魏晋。熟精：熟习精通。《萧选》：萧统所编《昭明文选》。诗笔：诗和散文。 ［14］若乃：至于。为山：建立功业。亏：心虚，胆怯。不至：没达到。 ［15］盈科：水充满坑坎。进：前进，水向前流。放：释放，这里指水流向大海。本：本源。“盈科”“进放”“本”皆语出《孟子·离娄下》：“原泉混混，不舍昼夜，盈科而后进，放乎四海。有本者如是，是之取尔。”赵岐注：“盈，满；科，坎。” ［16］浅隘：狭隘，引申为见识不广。乌：何，哪里。溟：海。

今译

粤秀山耸立在广州城北，汉代南越王赵佗曾在此筑台。山腰石岩之上，古树繁荫，绿的是榕树，红的是木棉，相互交枝接叶。开辟荒地数丈，学海堂就在此创建。从狮子洋到珠江的云彩，滚滚如波涛飞涌到眼前；广州三城的市井烟火，阵阵如云雾收放在山下。夏天的傍晚，茂密的树林先吹来天边的凉气；山上的高栏晚风凭眺，远处海上已升起明月。师生各怀六艺，在此大放光彩；各种装饰的珍宝，都不及他们的神采。真是文人聚集的美丽园区，群儒荟萃的超凡胜境。过去何邵公学问无所不知，懂得进退，忠诚正直，有“学海”之誉，人们将他与汉代经学的集大成者郑玄相提并举。如今这个山堂，邻近大海，吞吐潮汐，我命名为学海堂。众多士子在此，有的研习经传，探究源于南北朝的义疏；有的解读文字，研究《三仓》《尔雅》等训诂之书。有的解析经典的义理，遵循理学宗师朱熹嫡传的义理之学；有的研讨史书方志，探求“深宁学派”代代相传的方法。有的以两汉魏晋散文为法度，精通萧统所编的《昭明文选》，有的师法唐宋诗歌，各自掌握了为诗作文的奥妙。虽然诗与文特点相近，不过钻研精通的程度各有不同，而有能力的可以兼顾两者，做到为诗作文都很擅长。如果志在高山，却断送在害怕不成功被讥笑之上；情在大海，可是刚流满坑坎便停步，未能一直向前流入大海。这都是短见造成的后果，没有看到百川终将必定要汇入大海。

道光四年，新堂既成，初集斯勤，四载以来，有笔有文，凡十五课[1]。潜修实践之士，聪颖博雅之材，著书至于仰屋，岂为穷愁论文[2]，期于贱璧，是在不朽及斯堂也[3]，升高者赋其所能，观澜者得其为术[4]，息焉游焉，不亦传之久而行之远欤[5]？

注释

［1］斯：于是，就。勒：雕刻。笔：这里指无韵之作。文：有韵之作，如诗赋等。课：考核，学海堂每岁分为四课，有学长出经解及诗题。　［2］仰屋：卧而仰望屋梁，形容苦思冥想的样子。论文：谈论文章。　［3］期于：希望达到，目的在于。贱璧：即贵阴贱璧，珍惜光阴甚于玉璧，出自《淮南子·原道训》“故圣人不贵尺之璧，而重寸之阴，时难得而易失也”。不朽：永存。及：到。　［4］升高：登高。观澜：观看波澜。术：方法。此偶用《孟子·尽心上》“孟子曰‘孔子登东山而小鲁，登泰山而小天下。故观于海者难为水，游于圣人之门者难为言。观水有术，必观其澜’”。　［5］息焉游焉：休息和闲暇，语出《礼记·学记》“故君子之于学也，藏焉修焉，息焉游焉”。欤：语气词，表反问。

今译

道光四年（1824），越秀山新筑的学海堂已经完成，便刊刻《学海堂初集》。学海堂创建四年以来，先后八十次考核中的优异之作，皆收入其中，有无韵的经文解读类，也有押韵的诗赋类。那些潜心修炼、勇于实践的士子，聪明敏锐、渊博雅正的人才，为了著书立说能够传于后世，他们没有为穷困忧愁，而是仰望着屋梁，苦思冥想地在著书、讨论文章，珍惜光阴甚于珍惜玉璧。来到此堂，登高能让人胸襟开阔、志存高远，观海能开悟增智、逐步通达。休息和闲暇的时候，都能让人心里常常想着学习，这样的学海堂不就一定能够长久传承并影响深远吗？

评述

学海堂是诂经精舍之后，又一座著名的书院，不但在中国书院发展史上占有重要的地位，还对岭南文化的发展影响深远。而组编《学海堂集》，是芸台先生为学海堂谋求长远发展而提出的一项长效举措，既能集中体现出学海堂的学长制、季课制和刊刻制（每岁四课考，八学长出经解及诗题，刊刻士子优异之作），又能激励向上、总结提高、前后赓续。《学海堂集》前后共出四集，是研究学海堂的珍贵资料，也已成为广东近代文化的重要结晶。

芸台先生为首集作此序，这里为了帮助阅读，将此序分为四段。第一、二两段都从追溯以往、纵论历史落笔，强调学海堂的重要意义。第一段，由儒家最重要的两位圣贤周公与孔子起头，从士子为学的阶段与过程这个角度，引出为学之始"必重博文""尚资明辨"，对圣贤的"彝训""法语"要毕生诵行，就像"食必菽粟，居必栋宇"，由此彰显学堂书院的必要性；接着笔锋一转，针对为学中的束阁不观、辍笔不习等现象，以及仅为科举功名而读书的士子"耳目"被愚蔽，以至于现在整天感觉到缺乏人才的现象，从反面突出了学海堂培养人才的迫切性。第二段，从回顾岭南学术的历史起头，岭南经学兴于两汉，至唐有一代名相张九龄，大清文治更"由朔暨南"，眼下又遇到一个十分注重文教、曾兴办诂经精舍的总督，不言而喻，此时兴办的学海堂对推进岭南的文化建设、新开一代文风可谓意义非凡。

第三、四两段，着眼当下、横穿时空，展示了学海堂的全新气象与巨大作用。第三段是序的主体部分，从粤秀山位置起头，芸台先生先以激情洋溢的词句铺陈了学海堂周围的优美风景与山川形胜，揭示了学海堂的得名由来；后以精妙简练的语言，概括了士子学业各有侧重、兼容并蓄的学习生活，尤其要注意的是，士子学业除了汉学，也有宋学，朱子之理学也立为一门课程（“或析道理，守晦庵之正传”），显示学海堂与芸台先生汉宋兼采、摒弃门户之见的学术态度；结尾，激励士子坚定信念，要有长远目光。第四段是序的结尾，以“新堂既成”、新集斯勒起头，既展示了士子四年的学习成果，更展现了他们全新的精神面貌，这一大批的“潜修实践之士，聪颖博雅之材”志向高远，胸襟开阔，仰屋著书，贵阴贱璧，芸台先生自信地认为学海堂将与他们一同不朽、传之久远。

这篇序用骈体写成，是芸台先生复兴骈体文的一次成功实践。此时他继续大力倡导骈偶韵文，上一年，他在学海堂以文笔策问士子并让其子阮福先作拟对；作此序之时，他又嘱阮福汇辑《文笔考》一书，除收入阮福及四位学子的策对，又编入他的四篇“文笔文韵”之作（《〈文言〉说》《书梁昭明太子文选序后》《与友人论古文书》《学海堂文笔策问》）；下一年，他复作“文笔说”的又一篇重要论文《文韵说》。这篇骈体《〈学海堂集〉序》，主要用四、六字句排比对偶（即所谓“骈四俪六”），文辞典雅，声调和谐，对仗工整，意境优美。其中，写景句气势宏大，壮丽生动（“珠江狮海，云涛飞泛于其前；三城万井，烟霭开阖于其下”，“茂林暑昃，先来天际之凉；高栏夕风，已生海上之月”）；写士子求学的用典精当，内涵丰富（“或习经传，寻疏义于宋、齐；或解文字，考故训于仓、雅：或析道理，守晦庵之正传；或讨史志，求深宁之家法”）。这篇序充分显示出他是作骈文的高手，作者自己也对此序很是满意，他将此序收在《揅经室续集》的第四卷，也就是在专门收录“御试之赋及骈体有韵之作”的部分，表明他认为此序已经“近于古人所谓‘文’者”。

《硖川煮赈[1]图》后跋

题旨

此跋选自《揅经室集》二集卷八。嘉庆十年（1805），浙江水灾，巡抚阮元请海宁人马钰在硖（xiá）石镇设粥厂煮赈。马钰事后画《硖川煮赈图》，芸台先生于图上作此跋，记载了嘉庆十年（1805）粥赈的具体情形，体现了他实政爱民的仁心与实事求是的精神。

救荒无善策，惟因时地制宜[2]而已。余抚浙无德，屡致灾。嘉庆九年夏，浙西大水，已行平粜、赈济、借籽种诸政矣[3]。十年春，蚕麦又失收，民益困，乃遵《钦定工赈纪事》粥赈之法[4]，奏设粥厂[5]于十五州县，凡三十四厂，大率相距二三十里即分设一厂焉。始也，议者纷起，以为粥必有石灰，非救民乃害民；又以为妇孺必相践而死；又以为人多必致疫；又以为司事者必侵蚀，民无实惠。余曰："此数弊皆所素有，但在人为之耳。"于是每厂皆延诚实绅士，委以钱縠[6]煮赈之事，官吏不涉手，惟钩算弹压而已[7]。

注释

[1]煮赈：也称为粥赈，即施粥赈济灾民。[2]因时地制宜：区别不同的情况而制定适宜的方式、方法。[3]平粜（tiào）：官府在荒年将仓库所存粮食以平价出售。粜，卖。赈济：用钱粮或衣物救济。[4]工赈：以工代赈。《钦定工赈纪事》：即嘉庆六年（1801）特谕所编《钦定辛酉工赈纪事》。[5]厂：棚舍。[6]榖（gǔ）：谷物，此处代指粮食。[7]弹压：管控，制服。

硖石惠力寺[1]厂，其一也。海宁马君钰以部郎居乡，平日好行其德，委以厂务，力任不疑。余又荐原任临海县令尹无锡华君瑞潢[2]助之。其散筹[3]分男女两厂，佛寺大芦篷，无雨淋日炙之苦。贫民荡舟而来，道路出入次第皆以木栅、梆炮为号令纪律。日赈数万人，无拥塞之虞。有疾者给以药，老病废疾者别有厂，妇女有厕篷。终数十日，无一人死于厂者。粥浓厚，皆遵余令，以立箸不倒、裹巾不渗为度[4]。马君及分司者与饥民同食之，无一盎饐餲者[5]。除领官银之外，凡可以格外便民者，马君皆力为之，以故硖石之赈尤尽善。

注释

[1]惠力寺：位于硖石西山的南麓，始建于东晋，历代屡毁屡建，1926年又毁于火，后重修大殿。[2]华君瑞潢：华瑞潢

（guāng），字秋槎，历官象山、天台、临海等县，所至有惠政。原为无锡人，侨居西湖二十余年，曾经建议阮元再浚西湖。［3］散筹：分放筹码，用以计数。［4］以立箸不倒、裹巾不渗为度：以筷子站立不倒、布巾裹包不渗漏作为标准。［5］盎（àng）：古代一种腹大口小的瓦盆。饐餲（yì ài）：食物腐臭变质。

夫水旱之事，不能必无。国家休养之恩，百数十年矣。昔之八口食十亩者，今数十口食之矣；今之六分灾，敌昔之十分灾也。倘不以此次煮赈为谬，数十年后若有荒歉，或可仿而行之。或曰：“分厂赈粥，不如分乡散米。”余曰：“分乡散米固善，但一二县之地，有良有司[1]、善绅士为之乃可，若数十州县，必有流弊。且赈粥专为下下[2]贫民供朝夕也，若钱与米，则中中、中下人皆走索之，反使下下之民短其赈期矣。”总之，赈灾无善策，惟相时地之宜，实惠及民而已。马君绘此图，属华君示予，并请题后，是仁者之用心也。曷再以原奏及煮粥散筹各章程附录于后[3]，俾后之人益有所考焉[4]。

注释

［1］良有司：好的官吏。［2］下下：最下者，最差，这里指最贫穷者。［3］曷（hé）：何不。这句意为：何不再把原来给皇帝的上奏以及这次煮粥散筹的各类章程附录在图的背面。［4］俾：使。这句意为：使后来的人在思考与研究的时候受益。

评述

芸台先生第一次巡抚浙江，军事上的第一要务是平海盗，民生上的第一要务是赈灾。时誉为“浙中良吏第一”的李赓芸，在《两浙赈灾记跋》里曾由衷地说：“先生抚浙久，多善政，而尤尽心者为灾赈。”除了“平粜、赈济、借籽种诸政”[1]及蠲缓（免征或缓征赋税），他在浙江最主要的赈灾方式，便是煮赈。

嘉庆九年（1804），他施粥或散米共“赈贫者三十余万口”，先后带头捐银一万三千两，总募集十万两。次年，他在十五个州县共设三十四个粥厂，每厂都延请地方诚实绅士办理。海宁硖石镇设在惠力寺的粥厂，请的是海宁人马钰，马钰事后画《硖川煮赈图》。所谓硖川，是说古镇东、西两山夹峙，中有平川，故名硖川。图成，请芸台先生作跋。

此跋所记，不但体现了先生的仁政爱民，而且体现出他在政务中贯彻实事求是的思想。粥赈是明清时期荒年的主要赈济方式，特点是简便易行，见效快，所谓“救人之死，莫如粥厂”。可是，此跋第一、三段表明，芸台先生采用粥厂赈灾方式，争议却很大，“议者纷起”。第一段，争议者认为施粥有四大弊端；第三段，争议者又认为：“分厂赈粥，不如分乡散米。”芸台先生同样也在第一、三段，两次强调“救荒无善策”“赈灾无善策”，关键就在“惟因时地制宜”“惟相时地之宜”，只看是否能够“实惠及民”。这种因时制宜、因地制宜、因势利导、注重实效的思想，正是先生一贯倡导的实学思想的具体体现。他客观分析“分厂赈粥”与“分乡散米”两种做法的优劣，发现“分厂赈粥”更适合“数十州县”这样的大面积，又有能够长时间专供“下下贫民”的优点。他也客观承认“分厂赈粥”有种种弊端，但事在人为，他采取针对性的措施克

---

① 李赓芸《两浙赈灾纪跋》，《瀛舟笔谈》卷五。

服弊端，如“延诚实绅士”，不让吏胥经手；道路筑木栅，“梆炮为号令”，官吏“钩算弹压”；男女分厂散筹，“老病废疾者别有厂”，佛寺搭大芦篷，“无雨淋日炙之苦”；负责厂务的人“与饥民同食之”，再加芸台先生提出明确而简便的检查标准“立箸不倒、裹巾不渗”，他自己晨夕稽查，“历各厂亲尝粥焉”[①]，督促严格而到位。所以，他在浙江的粥赈非常成功。清代的陈康祺大赞“民情欢悦”，“日赈数万人，无拥塞之虞”，“数月中，无一人死于厂者”，与“天津粥厂，多冻饿践踏死者”相比，阮文达抚浙真是“实心行实政也”[②]。

由此可见，芸台先生的实学思想，除了包括“学”的层面，还有“行”的层面，实学也是实践、实行之学。他不但致力于实事求是之学，而且致力于谋实招并付诸实践、实行。

此跋采取夹叙夹议的方式，一边记叙嘉庆十年（1805）的粥厂赈济情形，一边穿插介绍各种纷议，并直接表明自己的观点，尤其两次画龙点睛式的议论，开头以“救荒无善策，惟因时地制宜而已”开宗明义，结尾以“赈灾无善策，惟相时地之宜，实惠及民而已”总结全文，首尾呼应，颇具匠心。

① 李赓芸《两浙赈灾纪跋》，《瀛舟笔谈》卷五。

② 以上皆引自陈康祺《郎潜纪闻初笔》卷四。

杭州—扬州重摹天一阁北宋石鼓文跋

题旨

此题跋选自《揅经室集》三集卷三。唐代发现的先秦石鼓大篆，是现存最古老的石刻文字。芸台先生先后两次摹刻石鼓，第一次摹刻作有后记，强调的是刻工；第二次摹刻，作此题跋，肯定对摹刻所用拓本即天一阁本的考证。

天下乐石[1]以周石鼓文为最古，石鼓脱本以浙东天一阁所藏北宋本为最古[2]。海盐张氏燕昌曾双钩刻石[3]，尚未精善。元于嘉庆二年夏，细审天一阁本，复参以明初诸本[4]，推究字体，摹拟书意，刻为十石，除重文不计，凡可辨识者四百七十二字，置之杭州府学明伦堂[5]壁间，使诸生究心史籀古文者有所师法[6]。十二年，又摹刻十石，置之扬州府学明伦堂壁间，并拓二本为册。审玩之，以杭州本为最精，扬州之本少逊也。

天一阁本，《鲒埼集》以为北宋吴兴沈仲说家物[7]，而彭城钱逵以薛氏释音附之者也[8]，钱氏篆文甚工。后归赵子昂松雪斋[9]，明中叶归鄞丰氏[10]，继归范氏。苍然六百余年，未入燕京时[11]拓本也，元登天一阁见之，但未见钱氏篆耳。曾加题识，属范氏子孙谨守之。

注释

［1］乐（yuè）石：碑石或碑碣。原指可以用来制作乐器的石料，因《峄山石刻文》用这种石料镌刻，后以之泛指碑石或碑碣。［2］脱本：即拓本，从石碑上拓印下来的纸本，因其从实物上蝉蜕下来，又称为脱本或蜕本。天一阁所藏北宋本：现称为宋拓阮刻天一阁本，也称阮元重刻岐阳《石鼓文》拓本。清代全祖望认为原为“北宋吴兴沈仲说家物”。后归赵孟頫，故又称为松雪斋北宋本；明中期由四明丰氏所得，后归浙江鄞县范氏天一阁。天一阁为明嘉靖年间兵部右侍郎范钦所建私人藏书楼，藏书以珍本、善本为主，故此件北宋本被认为是“最为可据之本”，可惜在咸丰十年（1860）毁于战火。　［3］张氏燕昌：张燕昌，字文鱼，号芑堂，浙江海盐人，清代书画篆刻家。双钩：中国画技法名，用线条勾描物象的轮廓，故通称“勾勒”；又因基本上是用左右或上下两笔勾描合拢，故亦称“双钩”。张燕昌摹刻石鼓是在乾隆五十二年（1787），比芸台先生的第一次摹刻早十年。　［4］明初诸本：当指明嘉靖年间著名藏书家安国十鼓斋所珍藏的先锋本（旧称前茅本）、中权本、后劲本等三种宋拓本，现存于日本，它们与天一阁所藏的松雪斋北宋本被称为最古之拓本。　［5］明伦堂：古代文庙、书院、学宫的正殿名，是读书、讲学之所。“明伦”语出《孟子·滕文公章句上》：“夏曰校，殷曰序，周曰庠，学则三代共之，皆所以明人伦也。”杭州府学在杭州通越门外，最早建于宋代。　［6］究心：用心研究。史籀：本指周宣王史官名籀所作的大篆十五篇字书，这里指籀文、遗存石刻石鼓文等大篆字体。古文：泛指秦以前的字体。师法：效法，学习。　［7］《鲒埼集》：即《鲒埼亭集》，清全祖望撰，因其家乡鄞县古有鲒埼（jié qí）亭，并自署鲒埼亭长，故名。吴兴：湖州古称。　［8］钱逵：明

初书法家，字伯行，篆隶行楷均精绝，湖南平江人，居吴县。薛氏：指薛尚功，字用敏，南宋金石学家，所著《岐阳石鼓》首次出现补文和译文，明清学者石鼓文译释多从薛氏。另著有《历代钟鼎彝器款识法帖》二十卷，见前《〈积古斋钟鼎彝器款识〉序》“薛尚功”条注释。［9］赵子昂：赵孟頫，字子昂，号松雪道人，浙江湖州人，宋末元初大书法家、画家、诗人，松雪斋为其书斋名。［10］鄞（yín）：鄞县，今宁波市鄞州区。丰氏：鄞县明代大姓，以藏书闻名，尤其万卷楼主人丰坊，藏书数万卷，与天一阁范钦多有交往，后家财尽丧，劫余之书尽归天一阁。［11］未入燕京时：指北宋靖康之变之前。靖康之变后，金兵破汴京，将石鼓掠入燕京（今北京）。

今译

天下的碑石，以周代的石鼓文最为古老；而石鼓文的拓本，则以浙东地区宁波的天一阁藏书楼所藏北宋本最为古老。海盐的书画家张燕昌，曾经用双钩技法摹刻石鼓，只是还不够精良完善。我在嘉庆二年（1797）的夏天，细细研究天一阁北宋本，又参照明代初期的各家拓本，研究推求其字体，揣摩体现其精粹，刻成十块石刻，除异体字不计算在内，总共刻了能够辨认的有四百七十二个字，镶嵌在杭州府学明伦堂大殿的墙壁之内，供用心研究先秦古文字的生员们学习效法。嘉庆十二年（1807），又摹刻十块石刻，镶嵌在扬州府学明伦堂大殿的墙壁之内，并分别拓印订成两册。反复研究这两本拓本集，杭州刻石拓本最为精良，扬州刻石拓本还是稍有逊色。

天一阁所藏北宋本，全祖望在《鲒埼亭集》里认为是北宋湖州沈仲说家的藏品，又是彭城人钱逵将薛尚功《岐阳石鼓》里的译释注音附在北宋本上面，钱逵书写的篆字十分隽美。后来，此拓本归于大书法家赵子昂。

到了明代中期，又归鄞县的大户丰氏，继而再归天一阁的范氏。久远苍茫六百余年了，还是石鼓没有被金兵掠至北京前所拓，我登上天一阁后看到这个拓本，但没有见到钱逵所书的篆文。我还曾经在本子上加书题识，嘱咐范氏的后人用心保护。

评述

先秦石鼓有十面，每面刻有一首大篆四言诗，这些古老的石刻文字，集大篆之成，开小篆之先河，在文字学、书法史、碑刻史上地位都十分重要。历代都把临写和拓刻石鼓文作为石鼓文传承的一个重要途径，而芸台先生前后两次摹刻，在石鼓文的传承方面影响巨大，被称为“石鼓篆书第一人”的吴昌硕就高度称赞道：“石鼓字以宋拓阮刻为最。”

第一次摹刻，是在嘉庆二年（1797）夏，浙江学政任上，题有后记，载于《定香亭笔谈》卷四：“天下乐石以岐阳石鼓文为最古，石鼓文拓本以浙东天一阁所藏松雪斋北宋本为最古。海盐张芑堂燕昌曾双钩刻石于家。余细审天一阁本，并参以明初诸本，属芑堂以油素书丹，被之十碣，命海盐吴厚生刻之。至于刀凿所施，运以意匠，精神形迹，浑而愈全，则扬州江墨君德地所为也。刻既成，置之杭州郡庠明伦堂壁间，使诸生究心史籀古文者有所法焉。”

第二次摹刻，是在嘉庆十二年（1807），扬州丁忧之时，作有题跋，即《杭州—扬州重摹天一阁北宋石鼓文跋》，简要介绍了两次摹刻的时间、放置地点，侧重在对所用拓本的考订。《揅经室集》收有四十余篇跋，大多像这篇石鼓文跋，题在碑帖、字画等之后，或记叙摹刻、收藏等前后经过，或考订历史、作者等有关学术性问题，言简意赅，学养精深。

芸台先生摹刻所用拓本被称为天一阁北宋本，因为它曾归于赵孟頫，现在又常被称为赵孟頫本。芸台先生开篇将它与石鼓文本身相提并论来强调其最为古老，突出其在石鼓文历代众多拓片中的崇高地位，无形之中也表露出自己两次摹刻的不寻常意义。题跋后部分，又详细介绍了天一阁北宋本的收藏路径，前后传承六百余年，与石鼓本身同样见证了历史的沧桑，"苍然"一词包含无限感慨；篇末以登楼亲见嘱托结尾，又凝结了对北宋本拓片的无限深情。

芸台先生没想到，他寄予无限深情的拓本会在1860年毁于战火，而北宋本原拓被毁后，他两次摹刻的传承意义显得更加重大。他两次摹刻的拓本，很好地保留了北宋本原拓的面貌，"杭州本为最精"，天一阁及国内外其他不少图书馆都有收藏。

论说

《论语》论仁论（节选）

题旨

该篇选自《揅经室集》一集卷八，是芸台先生论“仁”的名篇，成文约在嘉庆十三年（1808）的浙江巡抚任上，这里节选的是篇首“发其凡”的总论部分，扼要阐述了他“相人偶为仁”的仁学观，含蓄而客观地批判宋明的心性仁论，表达了对经典和道统“辟二氏”、纯洁化的价值诉求。

孔子为百世师[1]，孔子之言著于《论语》为多。《论语》言五常[2]之事详矣，惟论“仁”者凡五十有八章，“仁”字之见于《论语》者凡百有五，为尤详。若于圣门最详切之事论之[3]，尚不得其传而失其旨，又何暇别取《论语》所无之字标而论之邪[4]？

今综论《论语》论仁诸章而分证其说于后，谨先为之发其凡[5]曰：元窃谓诠解“仁”字，不必烦称远引[6]，但举《曾子·制言》[7]篇“人之相与也，譬如舟车然，相济达也”[8]“人非人不济，马非马不走，水非水不流”，及《中庸》篇“仁者，人也”[9]（郑康成注：“读如‘相人偶’之人”）[10]，数语足以明之矣。春秋时，孔门所谓仁也者，以此一人与彼一人相人偶而尽其敬礼、忠恕[11]等事之谓也。相人偶者，谓人之偶之也。凡仁，必于身所行者验之而始见，亦必有二人而仁乃见。若一人闭户斋居，瞑目静坐，虽有德理[12]在心，终不得指为圣门所谓之仁矣。盖士庶人之仁，见于宗族乡党；天子诸侯卿大夫之仁，见于国家臣民。同一相人偶之道，是必人与人相偶[13]而仁乃见也。郑君“相人偶”之注，即《曾子》“人非人不济”，《中庸》“仁者人也”，《论语》“己立立人”“己达达人”[14]之旨。能近取譬[15]，即马走、水流之意。曰近取者，即子夏“切问近思”[16]之说也。

注释

[1]百世师：品德学问为后代永远的表率。[2]五常：仁、义、礼、智、信等古代五种道德修养，泛指封建社会所提倡的伦理道德标准。[3]圣门：进入圣道之门，专指孔子的门下，亦泛指传孔子之道者。出自《法言·修身》。详切：详细恳切（贴切）。[4]何暇：哪里有闲暇，引申为哪里谈得上，这里可译为岂能。标：标注，批注。[5]发其凡：揭示其要旨。[6]烦称远引：指广泛援引事例。烦，指繁多。[7]《曾子·制言》：《曾子》原书已佚，《大戴礼记》第四十九到五十八篇，题目皆冠以曾子，后世称为《曾子十篇》，阮元曾据此作《曾子注释》四卷。《制言》有上、中、下篇，这里选自卷三《制言》上篇。[8]相与：相偕，相交往，在一起。济达：即达济，本义为渡水到达彼岸。[9]《中庸》：原属《礼记》（即《小戴礼记》）第三十一篇，传为孔子孙子思所作，宋代朱熹将《中庸》从《礼记》中抽出，与《大

学》《论语》《孟子》合称为“四书”，成为儒家经典。“仁者，人也”句见《中庸》第二十章。［10］郑康成：郑玄，字康成，为《周礼》《仪礼》《礼记》等三礼作注，是他为经学做出的最大功绩。读如：古代注音、释义用语。相人偶：两个人面对面相互致意，表示相亲相敬。［11］忠恕：指儒家的一种道德规范，忠谓尽心为人，恕谓推己及人。［12］德：仁爱，善行。理：本性。［13］相偶：本义为男女婚配，这里指共处。［14］己立立人：自己要取得成功，也要帮助别人取得成功。己达达人：自己要求得通达，也要帮别人求得通达。出自《论语·雍也》：“夫仁者，己欲立而立人，己欲达而达人。能近取譬，可谓仁之方也已。”［15］能近取譬：能就近或以自己作比。喻能够推己及人，替别人着想。［16］子夏：孔子的著名弟子卜商，字子夏，春秋末期思想家、教育家，“孔门七十二贤”和“孔门十哲”之一，尊称“卜子”。切问近思：恳切地发问并多思虑当前的事情。语出《论语·子张》：“子夏曰：‘博学而笃志，切问而近思，仁在其中矣。’”

今译

孔子是后代品德学问永远的表率，孔子的言论多载于《论语》。《论语》说仁、义、礼、智、信这五个方面的伦理道德比较详细，而谈论“仁”这一方面的共有五十八章，“仁”这个字在《论语》中共出现一百零五次，尤其详细。如果这一孔门谈论最详细恳切的事都不能够得到真传，失去本意，又岂能另取《论语》所没有提到的字进行批注谈论呢？

现在，我先综论《论语》论“仁”的所有章节，再对论“仁”诸章分类辑录阐释。我先郑重地揭示我要说的主要意思：我个人认为解释“仁”字，不必繁征博引，只要列举《曾子》的《制言》上篇所说的“人与人交往，就好比坐船乘车一样，要相互帮助共同到达目的地”“人没有别人的帮助就不能成功，马不与马群在一起就很难奔驰，水不汇合起来就不会流动”，以及子思的《中庸》篇所说的“所谓仁，就是有爱的人”（郑康成注说：“这里的人，解为两个相互致意、相亲相敬的人”），有这几句话就足以明白了。春秋时代，孔子所说的仁，说的是这个人与那个人，两个人之间面对面相敬相亲并尽心尽爱，所谓“相人偶”，就是说两个人在一起的事。提到仁，一定要亲身去做，才能得到验证而表现出来，也一定要在两个人之间，才能表现出仁。假如一个人关起门来在家闲居，闭着眼睛静静坐着，即使心里有仁爱的本性，终究不能算得上是孔子所说的仁。士子和百姓的仁，一定是在与宗族和家乡的人交往中体现出来；天子、诸侯和卿大夫的仁，一定在处理国家事务和与臣民之间交往中体现出来。同样的道理，“相人偶”也一定是在人与人共处的时候才能表现出仁。郑康成君关于“相人偶”的注解，也就是《曾子》所说“人非人不济”，《中庸》所说的“仁者人也”，《论语》所说的“己立立人”“己达达人”的含义。所谓“能近取譬”，就是“马非马不走”“水非水不流”之意；所谓“近取”，也就是子夏所说的“切问近思”的主张。

盖孔门诸贤已有“未仁”“难并”[1]之论。虑及后世言仁之务为高远矣，孔子答司马牛曰：“仁者，其言也讱。”[2]夫言讱于仁何涉？不知浮薄之人，语易侵暴[3]，侵暴则不能与人相人偶，是不讱即不仁矣，所以“木讷近仁”[4]也。仲弓问仁，孔子答以“见大宾、承大祭”诸语[5]。似言敬恕之道于仁无涉，不知天子诸侯不体群臣，不恤民时[6]，则为政不仁极之。视臣草芥，使民糜烂，家国怨而畔之[7]，亦不过不能与人相人偶而已，秦、隋是也。

注释

［1］未仁：没有做到仁。语出《论语·子张》：“子游曰：‘吾友张也，为难能也，然而未仁。’”难并：难以一并，难以一起。语出《论语·子张》：“曾子曰：‘堂堂乎张也，难与并为仁矣。’” ［2］司马牛：孔子的学生司马耕，字子牛。讱（rèn）：言语迟钝，引为说话谨慎。“仁者，其言也讱”语出《论语·颜渊》。［3］浮薄：轻薄，不朴实。侵暴：侵扰冒犯，侵凌。 ［4］木讷近仁：为人质朴、说话谨慎这些品德接近仁。语出《论语·子路》：“子曰：‘刚毅木讷，近仁。’” ［5］仲弓：孔子的学生冉雍，字仲弓，以德行著称。见大宾、承大祭：接待贵宾、举行重大的祭祀。语出《论语·颜渊》。 ［6］民时：农时，指农民耕作、下种、收获的时令。 ［7］草芥：比喻微贱的无足轻重的东西。糜烂：毁伤，摧残。家国：这里指卿大夫的采邑与诸侯国。畔：同“叛”。

今译

孔门的高足，对仪表堂堂的子张，已有“未仁”“难并”的说法。担心后世以为仁是多么高深远大的事，孔子在回答他的学生司马牛问题时说：“仁者，他的言语显得谨慎。”言语谨慎与仁有何相干呢？殊不知，轻薄的人，说话容易侵凌冒犯别人，侵凌冒犯别人就不能与人相亲相敬，这样看来言语不慎重就是不仁，所以孔夫子才说“木讷近仁”。仲弓向孔子请教仁的问题，孔子以“出门办事就像去接待贵宾一样，使唤百姓就像去举行重大的祭祀一般”这一类话回答。看上去，孔子说的敬畏、宽容这些道理与仁也没有多大关系，天子、诸侯不体察众臣，不体恤农时，就是为政不仁。最严重的，草芥臣子，摧残民众，诸侯国及大夫的采邑都会因怨恨而背叛他，其实也不过就是因为不能与人相亲相敬罢了，秦朝、隋朝就是这样的例子呀。

其余圣门论仁，以类推之，五十八章之旨，有相合而无相戾[1]者。即推之诸经之旨，亦莫不相合而无相戾者。自博爱谓仁[2]立说以来，歧中歧矣。吾固曰：孔子之道，当与实者、近者、庸者[3]论之，则春秋时学问之道[4]显然大明于世而不入于二氏之涂[5]。吾但举其是者，而非者自见，不必多其辞说[6]也。

注释

[1] 相戾（lì）：前后矛盾；相违背。 [2] 博爱谓仁：广泛地关爱所有人，叫作仁。语出唐代韩愈《原道》：“博爱之谓仁，行而宜之之谓义。” [3] 实者、近者、庸者：切实、浅近、平常之处。 [4] 学问之道：出自《孟子》的《告子章句上》。“孟子曰：‘学问之道无他，求其放心而已矣。’”这句话应该理解为：读书学习没有任何别的目的，唯一的目的就是追求心灵的旷达、高远、超越与自由境界。 [5] 二氏：老氏与佛氏，即道、佛两家。涂：通“途”，道路。 [6] 辞说：言辞。

今译

孔子与弟子其余谈论仁的话，即论仁五十八章，其要义以此类推，只有相符合而无相违背。即使推广到所有的经典，其要义都相符，从无相违背的情况。自从唐代韩愈提出“博爱谓仁”的观点以来，各种说法错漏百出。我一直说，孔子之道应该从切实、浅近、平常处去分析讨论，那么春秋时期的思想学说早就清楚明白地昭示和弘扬于天下了，而不会误入道、佛两家的道路。我只提出正确的观点，那些错误的地方自然就显露出来，用不着再多费言辞了。

评述

仁，是孔子思想的核心，按芸台先生的说法，《论语》中论仁有五十八章，出现“仁”字有一百零五处，是“圣门最详切之事”。可是《论语》每次论仁，多为缘事生解，因人设辞，每次论述的内容宽泛多变，这不仅使两千年来从无达诂，也给后人留下了见智见仁的巨大空间。在众多后儒的仁论中，芸台先生以“相人偶”释孔门之仁，提出“必有二人而仁乃见”的仁论，发前人所未发，对后世也有相当大的影响。

他的仁论代表作就是《〈论语〉论仁论》及《〈孟子〉论仁论》。他在《〈孟子〉论仁论》里，用以训诂求古义的方法，对“仁”字进行了后来广为引用的考证：“夏商之前无仁字，《虞书》‘克明峻德’即与《孟子》仁字无异，故仁字不见于《尚书》虞、夏、商书。《诗》雅颂、《易》卦爻辞之中此字，明是周人始因相人偶之恒言而造仁字。”这样，他就为自己相人偶的仁学观找到了典籍依据。

《〈论语〉论仁论》全文近一万二千字，就其篇幅而言，也称得上是芸台先生在经学方面的鸿篇巨制。他在文中，用归纳法将孔孟谈仁的语句搜集排比，阐发原义，既完整地探寻了经典本源，纠正后起的误读歪曲，又生发了明体达用、身体力行的积极意义。

这里节选的是《〈论语〉论仁论》篇首，可以说是他仁论的浓缩版，可分为四段。第一段总起，强调论仁之重要性与迫切性，论仁为“圣门最详切之事”，但如今竟然“尚不得其传而失其旨”，芸台先生认为不解决这个问题，其他一切都无从谈起。第二段，是本篇论仁的主体，提出他的

“相人偶”仁学观，就是人与人之间相敬相爱、互相帮助才能谓之仁，一个人关起门来静坐空想不能称为仁。这一段论述分为四层。第一层，先从三条经典章句中，推出“相人偶”的观点。第二层，从正反两方面论述，强调仁一定要在两个人之间才能表现出来，“必有二人而仁乃见”；而一个人“闭户斋居”，凿空思辨，再有爱心也非孔门之仁。第三层，延伸到各种不同的人际关系，无论是宗族乡党之间，还是君主臣民之间，仁都是在他们相敬相爱中才表现出来，进一步强调“是必人与人相偶而仁乃见也”。第四层照应上文，点明“相人偶”的观点，与上文经典章句以及新列的《论语》“己立立人”“己达达人”章句主旨完全一致，肯定“相人偶”才是春秋时期孔门论仁的真义。第三段，论述相人偶的仁学观的可行性特征，分别从孔子所说关于言语谨慎与态度敬畏的两条章句论起，看似简单平常，与仁无涉，然而对实现人与人相敬相爱却意义巨大。由此在第四段概括出他的相人偶仁学观“实、近、庸”的特征，也就是具有切实、浅近、寻常的现实性与可行性，以此区别那些杂入“二氏”即释老思想的宋明仁学，进而净化儒学道统，让孔门仁论的真义昭示和弘扬于天下。

芸台先生“相人偶”的仁学观，将仁用于人际关系的范畴，回归其相互亲爱的本义。一方面，强调了仁的现实可行性，只要相互之间言语谨慎、态度敬畏，相互“敬礼、忠恕”，仁就在“实者、近者、庸者”处，破除“仁之务为高远”的虚幻玄妙色彩，批判了后世“闭户斋居”、空谈心性的种种对仁的曲解；另一方面，强调“实事为仁”，突出“仁必须为”，求“仁”唯在身体力行，“凡仁，必于身所行者验之而始见，亦必有二人而仁乃见”，突出仁道的政治意义，警告“为政不仁”的严重后果，将“相人偶”与天下生民、家国社会紧密联系起来，既体现了他积极实践和倡导经世致用的思想，又体现出他对仁道爱民理想的追求，还体现出他为官大行仁政的思想基础。

南北书派论（节选）

题旨

《南北书派论》及《北碑南帖论》，是芸台先生的书论代表作。《南北书派论》选自《揅经室集》三集卷一，作于嘉庆十六年（1811），时芸台先生罢抚入京，租居小园，“读碑结习成迂论，修史深情向旧儒”[1]。此时是他仕途上唯一一次处于低谷的时期，却是奠定他在书法史上地位最重要的时期。

元谓：书法迁变，流派混淆[2]，非溯其源，曷返于古[3]？盖由隶字变为正书[4]、行、草，其转移皆在汉末魏晋之间；而正书、行、草之分南、北两派者，则东晋、宋、齐、梁、陈为南派，赵、燕、魏、齐、周、隋为北派也。

注释

［1］《揅经室集》四集卷九诗《辛未初秋移寓居阜成门内上冈新居有小园树石之趣题壁四首》，“迂论”自注为“时著《南北书派论》”。［2］迁变：变化。混淆：界限模糊。　［3］曷：怎么。　［4］正书：即楷书，又叫真书，相传始于东汉王次仲，完备于三国钟繇。

今译

我认为，书法不断变化，各种流派（演变的过程）比较模糊，不追溯其源头，怎能复兴古法？说起来，由隶书演变为楷书、行书、草书，其改变均发生在汉末魏晋之间。而楷书、行书、草书又分为南、北两大流派，以东晋和南朝的宋、齐、梁、陈书家为南派，以十六国时期的二赵、四燕等和北朝的三魏、北齐、北周以及隋代书家为北派。

南派由钟繇[1]、卫瓘[2]及王羲之[3]、献之[4]、僧虔[5]等，以至智永[6]、虞世南[7]；北派由钟繇、卫瓘、索靖[8]及崔悦[9]、卢谌[10]、高遵[11]、沈馥[12]、姚元标[13]、赵文深[14]、丁道护[15]等，以至欧阳询[16]、褚遂良[17]。南派不显于隋，至贞观[18]始大显。然欧、褚诸贤，本出北派，洎唐永徽以后，直至开成[19]，碑版、石经尚沿北派余风焉[20]。南派乃江左风流，疏放妍妙，长于启牍，减笔至不可识[21]。而篆隶遗法，东晋已多改变，无论宋、齐矣。

注释

［1］钟繇：字元常，豫州颍川郡长社县（今河南长葛）人，三国时期魏国重臣，著名书法家，推动汉字由隶书向楷书演变，被尊为“楷书鼻祖”，与“书圣”王羲之并称“钟王”。［2］卫瓘（guàn）：字伯玉，河东郡安邑县（今山西夏县）人，西晋初重臣，书法家，擅长隶书及章草，并在张芝今草的基础上，参其父卫觊笔法及汉末行书，新创行草，与钟繇被视为南北书派的共祖。［3］王

羲之：字逸少，琅琊临沂（今山东临沂）人，东晋大臣，书法家，有“书圣”之称，与其子王献之合称“二王”；唐太宗极度推崇王羲之，确立其书学史上至高无上的地位。 [4] 献之：即王献之，王羲之之子，字子敬，有“小圣”之称，又与张芝、钟繇、王羲之并称“书中四贤”，传世行草代表作有唐摹本《鸭头丸帖》，草书代表作《中秋帖》收入清内府《三希帖》。 [5] 僧虔：即王僧虔，东晋丞相王导玄孙，琅琊临沂人，南朝宋齐时期大臣，书法家，书法承袭祖风，丰厚淳朴而有骨力，有《王琰帖》《御史帖》《陈情帖》等书迹传世。 [6] 智永：王法极，字智永，王羲之七世孙，会稽山阴（今浙江绍兴）人，居云门寺书阁临书二十年，绰有祖风，书法真迹有《真草千字文》《楷书千字文》《归田赋》等，创“永字八法”为后代楷书立下典范。 [7] 虞世南：字伯施，越州余姚（今浙江慈溪）人，初唐政治家、书法家，书法继承“二王”传统，与欧阳询、褚遂良、薛稷并称“初唐四大家”，传世楷书代表作有《孔子庙堂碑》《破邪论》，行书代表作有《汝南公主墓志铭》《摹兰亭序》等。 [8] 索靖：字幼安，敦煌（今属甘肃）人，西晋著名书法家，官至征西司马，人称“索征西”，工书法，尤精章草，与卫瓘以草书知名，时称“一台二妙”，又赞“其书名与羲、献相先后也”，传世作品为《月仪帖》及隋代摹本《出师颂》。 [9] 崔悦：字道儒，清河郡东武城（今河北故城）人，十六国时期后赵大臣、书法家，书法学习卫瓘，又习索靖之草，皆尽其妙。 [10] 卢谌（chén）：字子谅，范阳涿（今河北涿州）人，十六国后赵、冉魏等为官，文学家、书法家，书法效法钟繇、卫瓘。 [11] 高遵：字世礼，渤海蓨县（今河北景县）人，北魏书画家，齐州刺史任上因贪腐被孝文帝赐死。 [12] 沈馥：北魏书法家，景明三年（502）书定鼎碑（一名御射碑）。 [13] 姚元标：魏郡（今河南安阳北）人，北齐书法家，官至左光禄大夫。［14］赵文深：原名赵文渊，因避李渊之讳改名，字德本，南阳苑（今河南南阳）人，北周著名书法家，书学王右军，书迹有《西岳华山庙碑》。［15］丁道护：谯郡（今安徽亳州）人，隋文帝时期著名书法家，官襄州祭酒从事，工楷书，有北魏遗法，开欧阳询、虞世南之先，代表作为《启法兴国寺碑》，平正谨严，实为唐楷之先导。［16］欧阳询：字信本，潭州临湘（今湖南长沙）人，唐代大臣、著名书法家，其书熔铸汉隶和晋楷书的特点，又参合六朝碑书，刚健险劲，后人号为"欧体"，其《九成宫醴泉铭》为欧体楷书代表作，《皇甫诞碑》《化度寺碑》被视为唐人楷书第一。［17］褚（chǔ）遂良：字登善，杭州钱塘（今浙江杭州）人，唐代宰相、政治家、书法家，书法初学虞世南，后取法王羲之，传世墨迹有《孟法师碑》《雁塔圣教序》等。［18］贞观：唐太宗李世民的年号，627—649年。［19］洎（jì）：到，及。永徽：唐高宗李治的第一个年号，650—655年。开成：唐文宗李昂的年号，836—840年。［20］碑版：碑碣。石经：古代石刻的经书，迄今有文字可考的儒家刻经有熹平石经、正始石经、开成石经、北宋石经等七种。［21］江左：又称江东，长江以东地区，三国两晋时始以文化繁荣、经济富庶著称。启牍：书信。减笔：减省笔画。

今译

南派的代表人物有钟繇、卫瓘及王羲之、王献之、王僧虔等，一直到智永、虞世南；北派的代表人物有钟繇、卫瓘、索靖及崔悦、卢谌、高遵、沈馥、姚元标、赵文深、丁道护等，一直到欧阳询、褚遂良。南派在隋朝并未广泛流行，到了唐贞观年间才开始大为盛行。然而欧阳询、褚遂良等诸位贤才的书法，本源于北派，而且从唐永徽直到开成年间，碑碣和石刻还沿袭着北派的风格特色。南派诸贤皆江东风流儒雅之士，其书法率意挥写，自然美妙，适合用于书信手札，常减省笔画至难以辨认。而且，篆隶古法到东晋已经有很多改变，更不用说书家大多不习篆、隶的南朝宋、齐了。

北派则是中原古法，拘谨拙陋，长于碑榜[1]。而蔡邕[2]、韦诞[3]、邯郸淳[4]、卫觊[5]、张芝[6]、杜度[7]篆隶、八分[8]、草书遗法，至隋末唐初（贞观、永徽金石可考）犹有存者。两派判若江河，南北世族不相通习。[9]至唐初，太宗独善王羲之书，虞世南最为亲近，始令王氏一家兼掩[10]南北矣。然此时王派虽显，缣楮[11]无多，世间所习犹为北派。赵宋《阁帖》[12]盛行，不重中原碑版，于是北派愈微[13]矣。

注释

[1] 碑榜：即碑牓，碑碣牌匾，亦指写在碑碣或牌匾上的字或文章。 [2] 蔡邕（yōng）：字伯喈，陈留郡圉县（今河南杞县南）人，东汉名臣、文学家、书法家，书法尤以隶书著称，所创“飞白”书体，对后世影响较大。 [3] 韦诞：字仲将，京兆杜陵（今陕西西安）人，三国时期魏大臣、书法家，工于草书，伏膺于张芝，兼学邯郸淳之法，有“草圣”之称，著有《笔经》。 [4] 邯郸淳：字子叔，一作子淑，三国魏书法家，诸体皆能，尤擅古文大篆。另著有《笑林》三卷，被称为“笑林始祖”。 [5] 卫觊（jì）：卫瓘之父，字伯觎，三国时期政治家、书法家，善篆、隶及草书，与钟繇齐名，康有为认为“钟派盛于南，卫派盛于北”，“后世之书，皆此二

派，只可称为钟、卫”。［6］张芝：字伯英，敦煌郡渊泉县（今甘肃瓜州）人，东汉书法家，与王羲之等并称“书中四贤”，尤擅长章草，被誉为“草书之祖”，存《八月帖》。［7］杜度：字伯度，京兆杜陵（今陕西西安东南）人，东汉大臣、书法家，擅章草，其章草被怀素誉为“天然第一”。［8］八分：书体名，近于今隶书，传为秦代王次仲所造，唐代张怀瓘《六体书论》将八分与大篆、小篆、隶书、行书、草书列为六体，而其中“隶书”即今楷书。［9］判：明显有区别。江河：长江和黄河。通习：贯通研习。［10］兼掩：遮蔽，掩覆（包容）。［11］缣楮（jiān chǔ）：作书画的绢和纸，这里代称书法作品。［12］《阁帖》：即《淳化秘阁法帖》，淳化三年（992）翰林侍书王著所编，汇集王羲之、王献之为代表的晋唐名家行草书精品，是我国最早的一部汇集各家书法墨迹的法帖，此帖最终确立了王羲之的“书圣”地位。［13］微：衰落。

今译

北派书法则保持了中原地区的篆隶古法，风格拙朴拘谨，多书写于碑碣牌匾。而蔡邕、韦诞、邯郸淳、卫觊、张芝、杜度他们的篆隶、八分、草书遗法，至隋末唐初（唐贞观至永徽年间的金石可以考证）还有部分存于世上。两个书法流派就像长江和黄河一样明显不同，南北世代显贵的家族子弟也互不研习对方的书派。到了唐初，唐太宗特别喜爱王羲之的书法，虞世南最有王羲之的书法风格，才让王羲之父子的书法成为南北书派的共同代表。然而王家书法虽然盛行，但作品流传并不广，世间通常研习的还是北派作品。等到宋代刊印《淳化秘阁法帖》盛行，而此帖又不重视中原的碑碣，北派最终更加衰落了。

元二十年来留心南北碑石，证以正史[1]，其间踪迹流派，朗然[2]可见。近年魏、齐、周、隋旧碑，新出甚多，但下真迹一等，更可摩辨而得之。窃谓隶字至汉末，如元所藏汉《华岳庙碑》四明本[3]，“物”“亢”“之”“也”等字，全启真书门径。《急就》[4]章草，实开行草先路。旧称王导[5]初师钟、卫，携《宣示表》[6]过江，此可见书派南迁之迹。

注释

[1] 正史：用正规体例写作的史书，即以纪传体为编撰体例的史书。 [2] 朗然：明白貌。 [3] 四明本：东汉所刻华山西岳庙碑的传世四种拓本之一，因明代藏在宁波丰熙万卷书楼，故以宁波古称四明称之。此本整纸装裱一轴，阮元购自钱大昕之子，作《汉延熹西岳华山庙碑考》，并摹刻藏于扬州北湖公道桥家祠。 [4]《急就》：即《急就篇》（亦称《急就章》），西汉史游所撰的字书（即古代学童识字的常识课本）；魏晋钟繇、索靖、王羲之都有章草写本，现仅存三国时期皇象写本，章草之名或源于此。 [5] 王导：字茂弘，琅琊临沂人，东晋政治家、书法家，其书法以行草最佳，学习钟繇、卫瓘之法，自成一格，传世草书作品有《省示帖》《改朔帖》。 [6]《宣示表》：三国钟繇所书小楷法帖，刻本今藏于故宫博物院，其标志着魏晋时代楷书已走向成熟。王僧虔《论书》说：“（王导）丧乱狼狈，犹以钟繇《尚书宣示表》置衣带中。过江后，在右军处，右军借王敬仁，敬仁死，其母见修平生所爱，遂以入棺。”

今译

我二十年来注意南北发现的碑石，并通过官修史书进行考证，这中间南北派别的书法遗迹清晰可见。近来年魏、齐、周、隋时期的旧碑，新发现的很多，仅仅比真实的手迹稍差一点，更能够通过摩挲辨认而感受到原作的风韵。我认为隶书字体发展到汉末，就如我所收藏的《华岳庙碑》四明本拓片中所显示的那样，从“物”“亢”“之”“也”等字，就已经完全看到了楷书的入门之路。《急就篇》的章草写本，其实就已经开了行草的先河。过去记载说东晋的书法家王导，最初师从钟繇、卫瓘，携带钟繇所书的小楷法帖《宣示表》到了江东，由此可以看出北派书法南迁的痕迹。

晋、宋之间，世重献之之书，右军之体反不见贵，齐、梁以后始为大行……《兰亭》[1]一纸，唐初始出，欧、褚奉敕临此帖时，已在中年，以往书法既成后矣。欧阳询书法，方正劲挺，实是北派。试观今魏、齐碑中格法劲正者，即其派所从出。《唐书》称询始习王羲之书，后险劲过之，因自名其体；尝见索靖所书碑，宿三日[2]乃去。夫《唐书》称初学王羲之者，从帝所好，权词[3]也；悦索靖碑者，体归北派，微词[4]也。盖钟、卫二家，为南北所同托始[5]。至于索靖，则唯北派祖之。枝干[6]之分，实自此始。褚遂良虽起吴、越[7]，其书法遒劲，乃本褚亮[8]，与欧阳询同习隋派，实不出于二王……宋以后学者昧于书有南、北两派之分，而以唐初书家举而尽属羲、献，岂知欧、褚生长齐、隋，近接魏、周，中原文物具有渊原[9]，不可合而一之也。

注释

［1］《兰亭》：即《兰亭集序》，晋永和九年（353）会稽山阴兰亭修禊，王羲之为诗集作序并书，为王羲之行书代表作，唐太宗推为“天下第一行书”，敕令临写流传，有欧阳询、褚遂良、虞世南等众多临本传世。［2］宿三日：事见《新唐书·列传·卷一百二十三》：“宿三日，尝行见索靖所书碑，观之，去数步复返，及疲，乃布坐，至宿其傍，三日乃得去。”［3］权词：亦作权辞，随机应变之词。［4］微词：亦作微辞，委婉而隐含讽喻的言辞。［5］托始：开头，创始。［6］枝干：喻大宗与旁支。［7］吴、越：借指江浙地区（春秋吴、越核心地区）。［8］褚亮：字希明，杭州钱塘人，唐代著名大臣，文学家，褚遂良之父。［9］文物：悠久的文化。渊原：事物的本源。

今译

从晋代到南朝宋，世人重视王献之书法，王羲之的书体反而没有被十分重视，到了南朝齐、梁以后才开始盛行……《兰亭集序》真迹到了唐初才被发现，欧阳询、褚遂良奉唐太宗敕命临写此帖时，已是中年以后，他们的书法风格已经形成了。欧阳询的书法，方正劲挺，其实是北派的风格。试观如今发现的魏、齐碑石，其中笔法刚正的石刻，就是出自这一派。《唐书》称欧阳询一开始研习王羲之的书法，后来峭峻劲正有别于王体，于是就自号为“欧体”；他曾经看到索靖所书的古碑，竟露宿碑旁，揣摩玩味三日方才离去。《唐书》称欧阳询一开始就研习王羲之的书法，这是顺从皇帝所好的权宜之词；说他悦服索靖碑石，书体归为北派，这才是委婉而隐含讽喻的表达。钟繇、卫瓘这两位书法大家，是南北两派共同的起源和开端。讲到索靖，只有北派以他为祖师，从本源分出旁支，就是从这里开始。褚遂良虽然出生于江南吴、越地区，但他的书法风格遒劲，却是源于其父褚亮。（褚亮）与欧阳询一样，都是研习隋朝北碑峻严方饬的书派，实际不是出于“二王”平正和美的书派……宋朝以后的学者糊涂，不明白书法有南、北两派之分，因而将唐初的所有书家都归到“二王”的南派之中。哪里知道欧阳询、褚遂良成长于北齐、隋朝时期，最接近南北朝的西魏与北周，中原地区的文化传承才是他们书法的本源，不能将江南与北方不同的书法传承混为一谈。

北朝族望[1]质朴，不尚风流，拘守旧法，罕肯通变[2]。唯是遭时离乱，体格猥拙[3]，然其笔法劲正遒秀，往往画右出锋，犹如汉隶。其书碑志，不署书者之名。即此一端，亦守汉法……我朝乾隆、嘉庆间，元所见所藏北朝石碑，不下七八十种……直是欧、褚师法所由来，岂皆拙书哉？南朝诸书家载史传者，如萧子云[4]、王僧虔等，皆明言沿习钟、王（《萧传》云：“子云自言善效元常、逸少，而微变字体。”《王传》云：“宋文帝谓其迹逾子敬。”）[5]，实成南派。至北朝诸书家，凡见于北朝正史、《隋书》本传者[6]，但云“世习钟、卫、索靖，工书、善草隶，工行草、长于碑榜”诸语而已，绝无一语及于师法羲、献。正史具在，可按而知……南、北朝经学，本有质实、轻浮之别[7]，南、北朝史家亦每以夷虏互相诟詈[8]，书派攸分何独不然？元、明书家，多为《阁帖》所囿[9]，且若《禊序》[10]之外，更无书法，岂不陋哉？

注释

［1］族望：有声望的名门大族。［2］拘守：守而勿失。通变：变通，不拘常规的变动。［3］体格：这里当指碑石的外观样式。猥拙：拙劣。［4］萧子云：字景乔，东海兰陵（今山东临沂市）人，南朝梁文学家、书法家，善效钟繇、王羲之之书。［5］沿习：沿袭。《萧传》：出自《梁书》。《王传》：出自《南史》。［6］《隋书》：唐初官修隋朝纪传体史书，记载隋开皇元年（581）至义宁二年（618）共三十八年的历史。本传：见于正史的人物传记。［7］质实：质朴诚实。轻浮：形容诗文徒具华美的外表，无坚实的思想内容。［8］夷虏：古时泛指少数民族。诟詈（lì）：辱骂，责骂。［9］囿：局限，拘泥。［10］《禊序》：王羲之《兰亭集序》的别称。

今译

北朝的名门大族崇尚质朴，不推崇江左那种风雅潇洒的名士风流，坚守传统的古法，极少愿意改变。只不过当时屡遭战乱，所立碑石外观样式拙劣，然而其笔法特别刚正强健，常常在右边的笔画出锋，就像汉代隶书。这些碑石上的书法，都不署书写者的姓名，单从这一点来看，也是拘守了汉代隶书古法……我朝乾隆、嘉庆年间，我所见所收藏的北朝石碑，不少于七八十种……真是欧阳询、褚遂良所师从效法的源头，哪里只是一种稚拙的书体呢？南朝众多史传记载的书家，如萧子云、王僧虔等，都明确说沿袭了钟繇、王羲之（《梁书·萧子云传》说："萧子云自己说善于效仿钟繇、王羲之而微变字体。"《南史·王僧虔传》说："宋文帝称赞王僧虔笔墨的美妙超过王献之。"），是真正的南派。到了北朝众多书家，凡是在北朝正史、《隋书》看到有其传记的，都只记“毕生研习钟繇、卫瓘、索靖，工书、善草隶，工行书、长于碑榜”这几句话而已，绝对没有一句说到师法王羲之、王献之的。官修的纪传体史书全部都在，可以考查得知……南、北朝经学原本就有质朴求实与华而不实的区别，南、北朝的史家也常常以夷虏互相辱骂，怎么可能唯独书法就不分南北两派呢？元、明两代的书家，很多都为宋代的《淳化秘阁法帖》所局限，如果真的认为除了王羲之的《兰亭集序》之外再无好的书法作品，那不是太孤陋寡闻了吗？

元笔札[1]最劣，见道[2]已迟，惟从金石、正史得观两派分合，别为碑跋一卷，以便稽览[3]。所望颖敏之士，振拔[4]流俗，究心北派，守欧、褚之旧规，寻魏、齐之坠业[5]，庶几汉、魏古法不为俗书[6]所掩，不亦祎[7]欤？

注释

[1]笔札：本指文章、书信等，这里指书信的笔法书体。 [2]见道：明白道理，这里是指懂得汉魏六朝碑版的精妙。 [3]稽览：查看，查阅。 [4]振拔：振奋自拔。 [5]坠业：当为“堕业”，原指荒废学业或职业，引为失去的传统。 [6]俗书：通俗流行的书体，特指“二王”书体。 [7]祎（yī）：美好。

今译

书法是我最大的弱项。我很晚才懂得汉魏六朝碑版的精妙，只有从金石、正史得以看出南北两派的演变历史，另作碑跋一卷，以便查阅。希望聪慧的学士能够从流俗之中振奋自拔，用心研究北派，守护欧阳询、褚遂良原先继承的北派法度，恢复久已被丢弃的北朝碑石峻严方饬的风格，这样或许能让汉魏隶书古法不被通俗流行的“二王”书体所掩蔽，不也是一种很美好的追求吗？

评述

最早提出“书分南北”的，是南宋书画家赵孟坚，不过他只是随口一说：“晋、宋而下，分而南北。”（《论书法》）芸台先生是中国书法史上对“南北书派”进行系统阐述的第一人。他通过《南北书派论》和《北碑南帖论》创建了地域书风理论[1]，完成了中国书法史上由独尊帖学到尊碑抑帖的一个大转折，引发了清代声势浩大的碑派书风变革之潮。

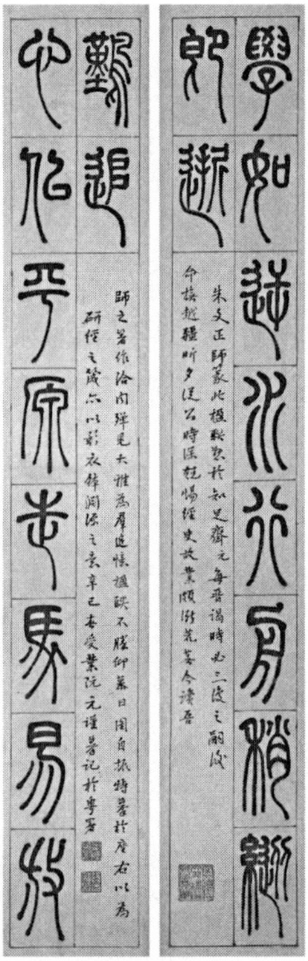

阮元手书座师朱珪所赠“治学”与“正心”楹联。书于“辛巳（1821）春”两广总督署内，现分别悬挂于浙江西湖阮公祠及扬州家庙。联云：“学如逆水行舟，稍纵即逝；心似平原跑马，易放难追。”

他在本文中，探索总结了书法演变之源流，认为书分南北两派，始于汉末魏

① 金丹《阮元书学研究》，荣宝斋出版社，2012。

晋之间，隶书变为正楷书、行草之时，两派的源头都出自汉末的钟繇和索靖，后来传到南方，由王羲之等人形成“南帖”书派；而留在北方的就由崔悦、卢谌等人形成了“北碑”书派。他还总结了两派不同的风格特点，“南派乃江左风流，疏放妍妙，长于启牍”，“北派则是中原古法，拘谨拙陋，长于碑榜”。此后，他又撰写了《北碑南帖论》，指出北派以习碑为主，南派以临帖为主，并论述了北碑、南帖的形成及各自特点，“短笺长卷，意态挥洒，则帖擅其长”，“界格方严，法书深刻，则碑据其胜”。这两论第一次从宏观的角度考察中国书法的发展史，清晰明了地梳理出以“二王”为首的帖学体系和以汉魏碑版石刻为代表的北碑体系，并阐释了碑、帖两派的成因、特点和兴衰的根本原因。

在阐述“南北书派”“北碑南帖”理论的基础上，芸台先生进而提出了“尊碑抑帖”的主张。一方面，他婉转批评了帖派“疏放妍妙”（《北碑南帖论》谓之“妍态多而古法少”），对千年以来唯“王”独尊的格局大胆提出非难，并把原先被奉为不二法门的“二王”还原为众多流派之一；另一方面，他把长久不为世人看重的北碑书法提高到与二王比肩的高度，不仅为北派寻找正统渊源，将卫瓘、钟繇归为南北书派的共祖，而且还为北派寻找名家，将世人都视为南派的欧阳询、褚遂良等都归到源于北派，更追根溯源将北派视作书法的正传，保存了隶书的古意，最终提出通过取法北碑来复兴书法，以北碑之厚重古朴纠正南帖之妍美漂浮。《南北书派论》的结尾，道出了他南北分派的目的就是为推出北碑，恢复汉、魏古法而鸣锣开道：“所望颖敏之士，振拔流俗，究心北派，守欧、褚之旧规，寻魏、齐之坠业，庶几汉、魏古法不为俗书所掩，不亦祎欤？”由此为书法复兴注入了新的动力，引发了一场声势浩大的北碑书法运动。

诗有诗眼，文也有文眼。本文的文眼，就在于首尾的“古”字。篇首的“返于古”，篇尾的“汉、魏古法不为俗书所掩”，首尾呼应，再加之篇中的“北派则是中原古法”，都点明文章要复兴北派魏碑、弘扬汉魏古法的复古主张。如何理解芸台先生的这种“返古论”呢？大凡复古，都寓含着对现实的不满，多是借复古来革新。芸台先生提倡的碑学复古，其实就是一次书法艺术革新。正如金丹所说：“从表面上看，他是一个复古主义者，实际上，他是一个革新派，无论是经学、文学、文献学，还是金石学、书学，他都走在前面，在他复古思想的深层充满了革新意识。”[①]芸台先生的碑学复古理论，推动了千余年来无人问津的魏碑振兴，使其以崭新的面貌和强大的生命力再现于书坛。清代中、晚期因此成为我国书学史上一个具有划时代意义的历史时期。

---

① 金丹《阮元书学研究》，荣宝斋出版社，2012。

《文言》说

题旨

本文选自《揅经室集》三集卷二。《文言》，是战国《易传》经书中的一篇，相传为孔子所撰。“文言”二字，在这里意为文辞修饰。芸台先生借论说《文言》，推崇骈文，提出了自己“文笔说”的两个重要观点：一是把“文”之源头上溯到孔子的《文言》，尊之为“千古文章之祖”；二是把用韵与骈偶作为“文”的基本标准，提出文必有韵和文必尚偶的主张。

古人无笔砚纸墨之便，往往铸金刻石，始传久远；其著之简策者，亦有漆书刀削[1]之劳；非如今人下笔千言，言事甚易也。许氏《说文》[2]：“直言曰言，论难曰语。”[3]《左传》曰：“言之无文，行之不远。”此何也？古人以简策传事者少，以口舌传事者多；以目治事者少，以口耳治事者多。故同为一言，转相告语，必有愆误[4]。（《说文》：“言，从口，从辛；辛，愆也。”）是必寡其词，协其音，以文其言[5]，使人易于记诵，无能增改，且无方言俗语杂于其间，始能达意，始能行远[6]。此孔子于《易》[7]所以著《文言》之篇也。古人歌诗、箴铭[8]、谚语凡有韵之文，皆此道也。《尔雅·释训》主于训蒙[9]，“子子孙孙”以下用韵者三十二条，亦此道也。

注释

［1］漆书刀削：用漆书写竹简，用刀削去竹木上的误写。［2］《说文》：《说文解字》的简称，东汉经学家、文字学家许慎编著，是最早的按部首编排的汉语字典，也是最早的系统分析汉字字形和考究字源的语文辞书。［3］言：说话。论难：辩论、驳难。［4］愆（qiān）误：错误，过失。［5］寡：少，引为精简。协：和洽，这里意为语句音韵相和。文：修饰。［6］无能：不能。达：实现，完全表达。行远：流传久远。［7］《易》：即《易传》。［8］箴（zhēn）：一种规诫性的韵文文体。铭：古时刻在器物上用来警诫自己、称述功德的文字，后成为一种文体，亦多用韵。［9］《尔雅》：中国最早解释词义的专著，作者不详。《释训》：为《尔雅》的第三篇。训蒙：训导儿童。

今译

古人没有笔墨纸砚的便利，常常通过铸铜器刻碑石，才能将文字传播很远，流传很久。在竹简和木板上著文，也有漆书刀削的辛劳，不像现在的人在纸上一落笔便是几千字，陈说事情很是容易。许慎的《说文解字》说："直截了当地说话叫言，议论辩驳叫语。"《左传》说："言语没有文采，传播不远。"这是什么原因呢？古代人通过简策来传达事情的少，口头传达事情的多；通过眼睛阅读来处理事务的少，运用嘴巴、耳朵来处理事务的多。所以，同样的一句话，相互转告必有错误。（《说文解字》就说言从口，从辛，辛的本义就是过失。）这就一定要节省言词，调和音韵，把言语组织成有文采的篇章，使人容易记诵，不能随意增改，并且没有俗语夹杂在中间，才能确切表达出意思，才能传播久远。这就是孔子在《易传》中著《文言》篇的原因。古人歌诗、箴铭、谚语，凡是有韵的文，都是因为这个道理才用韵。《尔雅·释训》以训导儿童为主，自“子子孙孙”下面，用韵的有三十二条，也是这个原因。

孔子于《乾》《坤》之言，自名曰“文”[1]，此千古文章之祖也。为文章者，不务协音以成韵，修词以达远，使人易诵易记，而惟以单行之语，纵横恣肆，动辄千言万字，不知此乃古人所谓直言之言，论难之语，非言之有文者也，非孔子之所谓文也。《文言》数百字，几[2]于句句用韵。孔子于此发明乾坤之蕴，铨释四德之名[3]，几费修词之意，冀达意外之言[4]。（《说文》曰：“词，意内言外也。”盖词亦言也，非文也。《文言》曰：“修辞立其诚。”《说文》曰：“修，饰也。”词之饰者乃得为文，不得以词即文也。）

注释

[1] 文：这里意为文辞上的修饰，采孔颖达《周易正义》引庄氏曰：“文，谓文饰。以《乾》《坤》德大，故特文饰以为《文言》。” [2] 几（jī）：几乎。 [3] 发明：创造性地阐述，透彻地表达。铨释：同“诠释”，讲解。四德：指乾卦的卦辞“元、亨、利、贞”，《乾·文言》解说是君子善、美、和谐、坚定的四种美德。 [4] 几费：几经思量，反复斟酌。修词：修饰词句。冀：希望。意外之言：语句的实际意义。

今译

孔子对自己阐说《乾》《坤》两卦意蕴的这些话，自称为“文”，此为千古文章的鼻祖啊！做文章的人，不讲求语音相和形成押韵，修饰文辞使之易于远播，使人容易诵读、容易记得，却只是把不成对偶的词语，肆意无忌地动不动就写成千言万字，不知道这就是古人所说的那种“直言”之言、“论难”之语，不是那种有文辞修饰的“文”，更不是孔子所说的《文言》之“文”。《文言》数百个字，却几乎句句都用韵。孔子在《文言》透彻地阐发了乾卦坤卦深奥的义理，讲解了元亨利贞这四德之名的含义，反复斟酌修饰词句，希望能够达到超出原意的表述效果。（《说文》说：“词为表达句意的书面语，它在口语之外。”其实，词也还是跟口语一样，并非一定就有文采。所以，《文言》才说“修辞立其诚”，《说文》说“修，饰也”，都是要求写文章须修饰文辞，这样才能表达真实的情感。文辞加以修饰才可以称为“文”，不能将词等同于文。）

要使远近易诵，古今易传，公卿学士皆能记诵，以通天地万物，以警国家身心，不但多用韵，抑且多用偶[1]。即如“乐行”“忧违”[2]，偶也；“长人”“合礼”[3]，偶也；“和义”“干事”[4]，偶也；“庸言”“庸行”[5]，偶也；“闲邪”“善世”[6]，偶也；“进德”“修业”[7]，偶也；“知至”“知终”[8]，偶也；“上位”“下位”[9]，偶也；“同声”“同气”[10]，偶也；“水湿”“火燥”[11]，偶也；“云龙”“风虎”[12]，偶也；“本天”“本地”[13]，偶也；“无位”“无民”[14]，偶也；“勿用”“在田”[15]，偶也；“潜

藏”“文明”[16]，偶也；道革、位德[17]，偶也；“偕极”“天则”[18]，偶也；隐见、行成[19]，偶也；学聚、问辩[20]，偶也；宽居、仁行[21]，偶也；合德、合明、合序、合吉凶[22]，偶也；“先天”“后天”[23]，偶也；存亡、得丧[24]，偶也；“余庆”“余殃”[25]，偶也；“直内”“方外”[26]，偶也；“通礼”“居体”[27]，偶也。凡偶皆文也。于物两色相偶而交错之，乃得名曰文，文[28]即象其形也。（《考工记》[29]曰：“青与白谓之文，赤与白谓之章。”《说文》曰：“文。错画也。象交文。”）[30]然则千古之文，莫大于孔子之言《易》。孔子以用韵比偶之法，错综其言，而自名曰“文”。何后人之必欲反孔子之道；而自命曰“文”，且尊之曰“古”也[31]？

注释

［1］抑且：而且。偶：对偶。　［2］即如：正像，就像。乐（lè）行、忧违：原句为“乐则行之，忧则违之”。意思是所乐的事就去做，所忧的事则避开。后“乐行忧违”为成语。（此句及以下至注释［24］皆语出《乾·文言》。）　［3］长（zhǎng）人、合礼：原句为“君子体仁足以长人，嘉会足以合礼”。意思是君子以仁道为立身之本，就能为众人之长；与人相处很好，就能合乎礼仪。　［4］和义、干事：原句为“利物足以和义，贞固足以干事”。意思是有利于万物，足以使之和谐相宜；贞正坚定，便能够成就事业。　［5］庸言、庸行：原句为“庸言之信，庸行之谨”。意思是平常说话重信用，日常行为很严谨。庸，平常，普通。　［6］闲邪、善世：原

句为“闲邪存其诚，善世而不伐”。意思是防止邪恶，保持诚实正直，对世界作了贡献而不自夸。闲，防止。（注释［5］［6］皆出自《文言》九二爻辞解说。） ［7］进德、修业：原句为“君子进德修业”。意思是君子提高道德素养，建立功业。后“进德修业”为成语。 ［8］知至、知终：原句为“知至至之，可与言几也；知终终之，可与存义也”。意思是懂得理想的道德境界并去努力实现，可以跟他讲讲如何把握先机；懂得如何培养道德情操并去努力到底，那他就一定能保全道义。 ［9］上位、下位：原句为“是故居上位而不骄，在下位而不忧”。意思是因此身处显达职位他不傲慢，处在卑贱地位他不忧愁。（注释［7］［8］［9］皆出自《文言》九三爻辞解说。） ［10］同声、同气：原句为“同声相应，同气相求”。意思是同样的声音能产生共鸣，同样的气味会相互融合。 ［11］水湿、火燥：原句为“水流湿，火就燥”。意思是水向湿处流，火往干处烧。 ［12］云龙、风虎：原句为“云从龙，风从虎”。意思是云伴随着龙，风伴随着虎。 ［13］本天、本地：原句为“本乎天者亲上，本乎地者亲下”。意思是依存于天的亲近于上，依存于地的亲近于下。（注释［10］至［13］皆出自《文言》九五爻辞解说，意皆万物以类相从，同类互相感应。） ［14］无位、无民：原句为“贵而无位，高而无民”。意思是级别尊贵而没有实位，身份崇高但没有民心。出自《文言》上九爻辞解说。 ［15］勿用、在田：原句为“‘潜龙勿用’，下也；‘见龙在田’，时舍也”。意思是阳气处于潜伏阶段，时机尚不成熟。“见龙在田”，是因为阳气已上升到地面，万物萌生，春意盎然，普天之下呈现一派文采光明的景象。见，同“现”。 ［16］潜藏、文明：原句为“‘潜龙勿用’，阳气潜藏；‘见龙在田’，天下文明”。意思是潜伏之龙，不可轻动，阳气潜藏于地下；龙现于田野，天下万物迎来光明。 ［17］道革、位德：原句为“‘或跃在渊’，乾道乃革；‘飞龙在天’，乃位乎天德”。意思是有时（龙）从深渊腾跃而起，说明天道转化出现了变革；一旦龙飞在天上，便具备了圆满的天的德性。［18］偕极、天则：原句为“‘亢龙有悔’，与时偕极；乾元‘用九’，乃见天则”。意思是龙飞得太高，反而会招祸后悔，这便是随天时变化而达到终极，亢盛至极便会转衰；用《乾》卦六爻皆九，顺应变化，便会显现上天之法则。“亢龙有悔”“与时偕极”皆成语。（注释［15］至［18］皆出自《文言》的第四段。）［19］隐见、行成：原句为“隐而未见，行而未成”。意思是品德修养的成效不明显，行为体现不了其品德。“行而未成”为成语，比喻时机还没有成。［20］学聚、问辩：原句为“君子学以聚之，问以辩之”。意思是努力学习以积聚知识，通过问难明辨事理。［21］宽居、仁行：原句为“宽以居之，仁以行之”。意思是用宽厚的态度处事，用仁爱之心行事。［22］合德、合明、合序、合吉凶：原句为“夫大人者，与天地合其德，与日月合其明，与四时合其序，与鬼神合其吉凶”，那些位高权重之人，会契合天自强不息、地承载万物的德性；会像日月一样普照天下、光明磊落；政令会遵从四时运行的规律而井然有序；会对鬼神心存敬畏，无论吉凶祸福都泰然承受。［23］先天、后天：原句为“先天而天弗违，后天而奉天时”。意思是他的行动先天而发，但上天不会背弃他；他的行动后天而发，那是依奉天时行事。［24］存亡、得丧：原句为“知存而不知亡，知得而不知丧”。意思是只知道存在而不能预见到消失，只知道得到却没想过会失去。（注释［19］至［24］皆出自《文言》的第六段。）［25］余庆、余殃：语出《坤·文言》“积善之家，必有余庆；积不善之家，必有余殃”。意思是行善的家庭，必多吉庆；作恶的人家，必多祸殃。［26］直内、方外：语出《坤·文言》“君子敬以直内，义以方外”。意思是君子用严肃的态度来保持内心的正直，用仁义道德来规范自己的言行。［27］通理、居体：语出《坤·文言》“君子黄中通理，正位居体”。意思是为人中庸通达事理，身居高位恭顺得体。［28］文：“文”本义指文身，甲骨文字形像一个站立的人形，在人宽阔的胸脯上刺有花纹图案。引申为花纹、纹理。［29］《考工记》：先秦重要科技著作，作者不详，考证是春秋末齐国人记录手工业技术的官书，是中国目前所见年代最早的手工业技术文献，在我国科技史、工艺美术史和文化史上都占有重要地位。［30］错画：交错的纹理。交文：两纹交互。［31］“后人”句：这里针对的是清代桐城派推崇古文，代表人物姚鼐编有《古文辞类纂》。

今译

要使文章能够让远近的人容易诵读、从古到今容易流传下来，公卿学士都能默记背诵，并能够以此通晓天地万物，警励全国上下，那就不但要多用韵，而且还要多用对偶。比如《文言》的这句“乐则行之，忧则违之”，是对偶句；“体仁足以长人，嘉会足以合礼”，是对偶句；“利物足以和义，贞固足以干事”，是对偶句；“庸言之信，庸行之谨”，是对偶句；“闲邪存其诚，善世而不伐”，是对偶句；“进德，修业”，是对偶句；“知至至之，可与言几也；知终终之，可与存义也”，是对偶句；“居上位而不骄，在下位而不忧”，是对偶句；“同声相应，同气相求”，是对偶句；“水流湿，火就燥”，是对偶句；“云从龙，风从虎”，是对偶句；“本乎天者亲上，本乎地者亲下”，是对偶句；“贵而无位，高而无民”，是对偶句；“‘潜龙勿用’，下也；‘见龙在田’，时舍也”，是对偶句；“‘潜龙勿用’，阳气潜藏；‘见龙在田’，天下文明”，是对偶句；“‘或跃在渊’，乾道乃革；‘飞龙在天’，乃位乎天德”，是对偶句；“‘亢龙有悔’，与时偕极；乾元‘用九’，乃见天则”，是对偶句；“隐而未见，行而未成”，是对偶句；“君子学以聚之，问以辩之”，是对偶句；“宽以居之，仁以行之”，是对偶句；“夫大人者，与天地合其德，与日月合其明，与四时合其序，与鬼神合其吉凶”，是对偶句；“先天而天弗违，后天而奉天时”，是对偶句；“知存而不知亡，知得而不知丧”，是对偶句；“积善之家，必有余庆；积不善之家，必有余殃”，是对偶句；“敬以直内，义以方外”，是对偶句；“黄中通理，正位居体”，是对偶句。凡是对偶句，都是一种文辞上的修饰。两种不同的颜色结伴成对并相互交错，才能称之为花纹，“文”这个字就是一个人在身上刺花纹的象形字。（《考工记》说：“青色和红色配合被称为纹，红色和白色配合被称为章。”《说文解字》说：“文：交错的纹理，象两纹交互。”）既然这样，那么历史上最具有长远存在价值的文章，没有谁能够比得上孔子解读《易经》的《文言》。孔子把用韵比偶的方法，交错配合起来组织语言，他才称之为“文”。为什么后来的人却一定要违反孔子的做法，将自己写的不韵不偶的“散文”也叫作“文”，并且还尊称它为“古文”呢？

评述

清代学术上的“汉宋之争”延伸到文章学领域，便演变为“骈散之争”。以桐城派为首的宋学一派，多是古文名家，尤其姚鼐使桐城派古文理论更趋完整，所编《古文辞类纂》又风行一时，有力地扩大了桐城派的影响。而骈文派多是汉学家，虽有众多骈文高手，但骈文理论方面却乏善可陈。直到芸台先生独张“文言”说，倡导文笔论，骈文派才有了较为系统的理论体系，这篇《〈文言〉说》便是芸台先生“文言”说重要的代表作。

《〈文言〉说》为了大力倡导骈文，提出真正之“文”，一定是既多用韵，又多用偶，指责桐城派的古文是“单行之语，纵横恣肆”，不可称为“文”。围绕用韵、用偶这两大主张，文章分别从文学起源与圣人经典两个方面入手。首先，追溯历史渊源，从最早“铸金刻石”“漆书刀削”说起，指出古人由于不便书写，故主要借口舌“传事”交流，为避免在“转相告语”的过程中产生错误，达到“易于记诵”、准确传述的目的，自然就需要“寡其词”“协其音”进而“文其言”，自然就必须用韵比偶，唯有这样才能有效实现“达意”“行远”的目的，并由此肯定“古人歌诗、箴铭、谚语凡有韵之文，皆此道也”。其次，引证圣人经典，将《文言》作为“千古文章之祖”，再以《文言》“句句用韵”和大量“用偶”的例句来证明真正称得上“文”的一定是既多用韵又多用偶。最后，正反结合收拢全文，正面举证孔子以用韵比偶之法称为“文”，反问那些“后人”违反先圣何以自称为“文”，坚决有力地否定了桐城古文派的主张。

本文也充分体现出一位卓越的经学家著文的特色。首先是崇古尊圣，引经据典。除了以孔子《文言》为据，大量征引《文言》用偶例句，还直接列举或加注引用了《说文解字》《左传》《考工记》《尔雅·释训》等，从圣人之文，至史书所述，乃至拈出具体一字以申其原义，无不显示出论必有据、言绝非虚的意味。其次是思维缜密，论证周全。文章从阐释“言之无文，行之不远”一语出发，先上溯到太古蒙昧之时，丝丝入扣地分析了古人“寡其词，协其音”的原因，有力论证了用韵用偶是社会生活的实际需要，是在发展中产生的必然结果；接着大量征引孔子《文言》，以示为文之范式，并特别强调孔子对《易经》乾、坤二卦的阐述注重修辞，是“几费修辞之意，冀达意外之言”；尤其是为了把古代的口传所需提升为对后世文辞的普遍要求，他用文中加注的方式，强调文辞修饰、用韵比偶是成文的先决条件，是今人也必须要遵循的原则；在此基础上，又进一步提出文辞的修饰除了能够“远近易诵”，还能够体现出“古今易传”的垂世意义，具有被世人普遍接受，产生“通天地万物”“警国家身心”的重大作用，可见修饰文辞以达到韵协句偶，实是关系实现文章价值的大问题。全篇可谓论述层层深入，论证周全备至。最后是语言简朴，协韵用偶。作为经学家，芸台先生论说文章一向语言简要古朴，而本文旨意倡导文辞修饰、用韵用偶，为文自然也身体力行，语言声律和谐，时时夹以偶句，如“以简策传事者少，以口舌传事者多；以目治事者少，以口耳治事者多”“协音以成韵，修词以达远”“发明乾坤之蕴，铨释四德之名”“几费修词之意，冀达意外之言”“以通天地万物，以警国家身心”，尤其引用《文言》中的对偶例句，全部呈现对偶形态，在表现形式上与其论旨高度一致。

训释

性命古训（节选）

题旨

《性命古训》选自《揅经室集》一集卷十，撰成于两广总督任上，这是芸台先生讨论性命之学最重要的论文。这里节选的是篇首，举《尚书·召诰》和《孟子·尽心》有关性命的章节，“以此二经之说建首”，并论说“味、色、声、臭、安佚为性”“仁、义、礼、知、圣为命”，提出了节性、敬德的观点。

性命之训，起于后世者且勿说之，先说其古者。古性命之训虽多，而大指[1]相同，试先举《尚书·召诰》[2]《孟子·尽心》[3]二说以建首[4]，可以明其余矣。

《召诰》曰：“节性，惟日其迈，王敬所作，不可不敬德。”[5]又曰：“若生子，罔不在厥初生，自贻哲命。今天其命哲，命吉凶，命历年。”[6]又曰：“王其德[7]之，用祈天永命。”按：《召诰》所谓“命”，即天命也。若子初生，即禄命福极[8]也。哲与愚，吉与凶，历年长短，皆命也。哲愚授于天为命，受于人为性，君子祈命而节性，尽性而知命[9]。故《孟子·尽心》亦谓口目耳鼻四肢为性也。性中有味、色、声、臭、安佚[10]之欲，是以必当节之。古人但言节性，不言复性[11]也。“王敬所作，不可不敬德。”即性之所以节也。

注释

［1］大指：同大旨，主要的意思。 ［2］《召诰》：《尚书·周书》篇名，意为召公的诰词。当时周成王开始亲政，欲迁都洛阳，召公修建新都洛邑，委托周公上此诰词，告诫周成王应吸取夏商覆灭的教训，节性敬德，使天命长久。《召诰》是对周文王、周武王、周公政治哲学的集中阐述，“文武周公所以治天下之精义大法，胥在于此”（王国维《殷周制度论》）。 ［3］《孟子》：记述孟子言论、思想和事迹的著作。孟子，名轲，邹国人，战国时期儒家代表人物，继承并发扬了孔子的思想，成为仅次于孔子的一代儒家宗师，对后世中国文化的影响全面而巨大。 ［4］建首：列在开头。 ［5］节：节制，改造。性：本性，天性。迈：进。 ［6］生子：养育小孩。贻：传。哲：明。命：赐予。 ［7］德：这里指施行德治。 ［8］禄命：禄食命运，指人生的盛衰，祸福、寿夭、贵贱等均由天定。这里指人生的贫富荣辱、吉凶祸福。福：古称富贵寿考等齐备为福。极：顶点，尽头。贫富荣辱、富贵寿考早已确定。 ［9］尽性：尽量发挥天赋的个性。语出《易传·说卦传》：“穷理尽性，以至于命。” ［10］佚：逸，安逸、不劳动。 ［11］复性：意思是恢复本性之善。这里针对的是唐代李翱“性善情恶”论所说由恶变善的复性。

今译

对人的性与命的解读，后世的很多学说且不要提，先谈谈古代的。古代对性命的解读虽然很多，但主要意思相同，先举《尚书·召诰》《孟子·尽心》两篇的说法列在开头，便可明了其他各种说法了。

《召诰》说：“要节制、改造他们的性情，使他们天天有所进步。

成王也应恭敬谨慎，以身作则，不可不敬重德行！”又说：“像养育小孩一样，没有不从他幼年开始，就亲自传授他明智的德行。现在上天赐予大命，赐予吉祥，赐予永年。”又说：“希望我王能施行德治，好请上天赐予永久的大命。”按：《召诰》所说的“命”，指的就是天命。就如孩子刚出生，他的贫富荣辱、富贵寿考便已确定。聪明与愚笨，吉祥与凶险，年岁的长与短，都是天命。聪明或愚笨得于天授，各人接受后便成为自身的本性。有德行的人祈祷天命，而节制自己的本性；尽量发挥天赋的个性，而又懂得顺从命运。所以《孟子·尽心》也说口、目、耳、鼻、四肢各有嗜欲，这些都是人的本性。人的本性中，有对美味、美色、美声、香气以及安逸的嗜欲，所以必须要有所节制。古代圣贤只说节制本性，从没有说过什么回复本性之善。“王敬所作，不可不敬德。”这就是在对人的本性进行节制。

孟子曰：“口之于味也，目之于色也，耳之于声也，鼻之于臭[1]也，四肢之于安佚也，性也，有命焉，君子不谓性也。仁之于父子也，义之于君臣也，礼之于宾主也，知之于贤者也，圣人之于天道也，命也，有性焉，君子不谓命也[2]。”赵岐[3]注曰：“口之甘美味，目之好美色，耳之乐音声，鼻之喜芬香，四体谓之四肢，四肢懈倦则思安佚不劳苦，此皆人性之所欲也。得居此乐者，有命禄[4]，人不能皆如其愿也。凡人则任情从欲而求可乐[5]，君子之道则以仁义为先，礼节为制，不以性欲而苟求[6]之也，故君子不谓之性也。仁者得以恩爱施于父子，义者得以理义[7]施于君臣，好礼者得以礼敬施于宾主，知者得以明智知贤达善[8]，圣人得以天道王于天下，此皆命禄，遭遇乃得

居而行之，不遇者不得施行。然亦才性[9]有之，故可用也。凡人则归之命禄，任天而已，不复治性[10]。以君子之道，则修仁行义[11]，修礼学知，庶几圣人亹亹不倦，不但坐而听命[12]，故曰君子不谓命也。”按：孟子此章，性与命相互而为文[13]，性命之训最为明显，赵氏注亦甚质实周密，豪无虚障[14]。若与《召诰》相并而说之，则更明显[15]。惟其味、色、声、臭、安佚为性，所以性必须节，不节则性中之情欲纵矣。惟其仁、义、礼、知、圣为命，所以命必须敬德，德即仁、义、礼、知、圣也。且知与圣即哲也，天道即吉凶、历年也。

今以此二经之说建首，而次以诸经，再随诸经古训[16]比而说之，可以见汉以前性命之说未尝少晦[17]。《诗》曰：“古训是式，威仪[18]是力。”此之谓也。唐李习之[19]复性之说，杂于二氏，不可不辨也。

注释

[1]臭（xiù）：气味，这里指芳香之气。 [2]知（zhì）：通“智”，智慧。天道：天理，天意。谓：认为。 [3]赵岐：字邠卿，京兆长陵（今陕西咸阳）人，东汉末年经学家，是历史上最早为《孟子》作注的学者。 [4]命禄：同禄命，禄食运数，指人与生俱来的富贵贫贱、生死寿夭的运数。 [5]任情：尽情，任意。可乐：令人喜悦。语出《左传·襄公三十一年》：“德行可象，声气可乐。” [6]苟求：任意求得，无原则地求取。 [7]理义：指社会道德规范，行事准则，亦指儒家的经义。 [8]明智：通达事理，

有远见。达善：表达善意。［9］才性：才能和禀性。始见于赵岐《孟子·告子》“非天之降才尔殊也”注：“非天降下才性与之异也。”［10］任天：顺从天命。治性：修性，养性。［11］修仁行义：施行仁爱正义。修：实行。［12］庶几：差不多、近似。亹（wěi）亹：勤勉不倦。不但：不仅，不只是。［13］相互而为文：即互文见义，简称互文，是古代汉语中一种特殊的修辞手法，在行文上相邻句子中所用的词语互相补充，结合起来表示完整的意思。［14］豪：同“毫”，比喻细微的东西。虚障：似为虚张之误，即铺张、夸大。［15］明显：清楚地显露出来。［16］古训：这里指对古字古义的训释。这里指古代人遵行和推崇的准则、古代流传下来的典籍或可以作为准则的话。古，同“诂”，训诂，解释古语。［17］晦：隐晦。［18］威仪：仪节，礼仪。［19］李习之：李翱，字习之，陇西成纪（今甘肃秦安）人，唐代著名思想家、文学家。他在思想上崇儒反佛，但又积极吸收佛学见解，提出“复性”主张，对宋代理学产生重要影响，空谈心性。

今译

孟子说：“嘴巴对于美味，眼睛对于美色，耳朵对于好听的声音，鼻子对于香味，四肢对于安逸，都有一种本能的嗜好，这是本性；但能否得到满足，还要看各自的命运，所以有德行的人都不会以本性为借口而强求。仁对于父子，义对于君臣，礼对于宾主，智慧对于贤者，圣人对于天道，是否能够实现都是命运所定，但其中也有天性的作用，所以君子不会被动等待命运而不去节制本性。”赵岐对这一段话这样注释道：“口乐意美味，目喜好美色，耳爱听音乐，鼻喜欢芬香，人的四体叫作四肢，四肢松懈倦怠就想安逸不再劳苦，这些都是人的本性所追求的。能够享受这些的人，便是命中有禄食运数的，但并不是每个人都能实现自己的愿望。平常的人，会顺着性情、放纵欲望地追求快乐。而有德行的人的做法是把仁义作为首要之务，用礼仪规矩节制自己，不会无原则地满足自己的本性，放纵自己的欲望，所以孟子才说‘君子不谓之性也’。仁爱的人其父子之间能够亲近爱护，讲道义的人君臣之间能够施行理义，注重礼节的人能够在宾主之间以礼节待人，有智慧的人能够富有远见荐贤行善，而有大德大智的人能够通过天意称王天下，这些都是禄食运数，遇到就要抓住机遇而施行，遇不到自然无法施行。然而也要有才能和禀性，这样才可以实现。平常的人，将一切都交给禄食运数，顺从天命罢了，不再修身养性。而按君子的做法，就会施行仁爱正义和礼教，学习知识，几乎就像圣人那样勤勉不倦，而不只是坐在那儿听凭命运。所以孟子才说‘君子不谓命也’。”按：《孟子》这一章性与命的阐述相互为文，关于人的性与命的观点清楚地显露出来，赵岐的注释也很周密，丝毫没有铺张夸大。如果与《召诰》放在一起阐述这个问题，关于人的性与命的观点就更加清楚了。就是因为乐意美味、喜好美色、爱听音乐、喜欢芬香、四肢倦怠就想安逸不再劳苦，这些都是人的本性，所以本性必须要节制，不节制的话，人的本性中邪恶的情欲就会被放纵。就是因为仁、义、礼、知、圣这些都是归于禄命，所以要修得禄命必须重视修德，德就是仁、义、礼、知、圣呀。而且要明白孟子所说的“圣”，就是《召诰》所说的“哲”；孟子所说的“天道”，就是《召诰》所说的“吉凶”“历年”。

如今将这两经关于性命的学说列在开头，然后列举出各经的有关篇章，再接着各经的诂训，对照着论述，能够看出汉代以前的性命学说没有半点隐晦。《诗经》说：“古训就是准则，礼仪就要尽力遵守。”说的就是这样的情况。唐代李翱“复性”的学说，掺杂了佛、道两家的观点与思想，不能不辨别清楚。

评述

“性命”一词，最早见于《周易·乾》“乾道变化，各正性命”，意思是乾卦的变化和上天的变化是相符的，万物各有自身的性与命。如何解释性与命，是中国古代哲学的一个重大课题。道光元年（1821），芸台先生撰成《性命古训》，通过对“性命”二字的训诂，阐发了他节性礼治的哲学思想，在批判唐代李翱复性论及宋儒性命之学的基础上，建立了他的性命论理论体系。

芸台先生对《性命古训》十分看重，在给好友陈寿祺的信函中这样写道：“近来将胸中数十年欲言者，写成《性命古训》一卷，大抵欲辟李习之复性之书，而以《尚书·召诰》节旨为主。”八年后，在云贵总督署里，他辟节性斋，并作《节性斋铭》，用韵语概括了他的性命论，也就是《性命古训》里的主要观点：“周初召诰，肇言节性。周末孟子，互言性命。性善之说，秉彝可证。命哲命吉，初生即定。终命弥性，求至各正。迈勉其德，品节其行。复性说兴，流为主静。由庄而释，见性如镜。考之姬孟，实相径庭。若合古训，尚曰居敬。”《性命古训》在当时及至晚清，也产生了很大影响，著名汉学家江藩称之为：“宋儒性命之学，自谓直接孔孟心原，然所谓‘因其所发而遂明之，以复其初’，实本李翱《复性书》，云台尚书述圣经古训以诎之，使千古沉霾之精义一旦轩露，可谓功不在禹下。”

节选的部分，列举了两条“古性命之训”，这两条是所列经典四十条中最为重要的性命论述。第一条，是《尚书·召诰》有关“节性”的章句。芸台先生认为性命之论，最早就是从《召诰》的节性开始，“周初召诰，肇言节性”。《召诰》中的“命”指天命，与后面提到的“禄命”“命禄”，语义都一致，即指人的哲与愚、吉与凶、寿命长与短等，这一点没有引起争议；引起争议的是“性”，傅斯年就认为“性”作“节性之解在《召诰》中无证”，芸台先生也认为《召诰》说得语焉不详，便引《孟子·尽心》的有关阐述，说性即指“味、色、声、臭、安佚之欲”，也就是指人的各种自然欲望，所以“必当节之”。（也就是他在《〈节性斋主人小像跋〉再续集》所说：“周召知性中有欲，必须节之。”）如何节性呢？还是要按《召诰》所说的“不可不敬德”。同时，他还认为性命相互为文，“哲愚授于天为命，受于人为性，君子祈命而节性，尽性而知命”，这也是芸台先生性命论的要点之一，也是下文解释孟子性命论的基本前提。

第二条，举的就是《孟子·尽心》有关“性善”的论述，原文不长，但赵岐的注解很长。孟子说“味、色、声、臭、安佚”是性，但“君子不谓性”；“仁、义、礼、知、圣”是命，但“君子不谓命”。孟子的说法看似矛盾，赵岐所注便解释了其中深层的含义，是因为君子“不以性欲而苟求”，不但不放纵自己的欲望，而且以“仁义为先，礼节为制”，所以才“君子不谓性”；君子也不将一切归之命禄，“坐而听命”，而是“修仁行义，修礼学知”，所以才有“君子不谓命”。对于孟子这种“不谓性不谓命”的表达，芸台先生可能觉得有点含糊，因而在按语部分的小结中，干脆性命互训，明确地浓缩为两句话：“惟其味、色、声、臭、安佚为性，所以性必须节”，“惟其仁、义、礼、知、圣为命，所以命必须敬德”。由此，再次强调了他性命论的主要观点——性要节、德要敬。

《性命古训》全文约一万五千字，基本按照时代的先后，罗列了四十条古代经籍中论及性命的章句，用按语形式随文训释，全面梳理了古今“性”的字义历史变迁，并在此基础上反复论述“节性敬德”的主张，用他的话说，就是“尊而列之，比而读之，略加按语，便可共见”[①]。他发现“性与命今分两事两字”，而古训如《中庸》等，又“命即所以为性，性即所以为命”，也就是节选中所说的“哲愚授于天为命，受于人为性”，这指的是各有主体不同，命是天之所授，性是人之所受，它们互为

① 《揅经室集》一集卷十《性命古训附威仪说》，以下所引皆同。

条件又能互相转化。他又从原字义上对性字进行考辨："性字，本从心从生，先有生字，后造性字。"性字从心，则血气心知也，"有血气，无心知，非性也。有心知，无血气，非性也。"血气心知皆为性，自然情与欲都包含在性中，"情发于性""欲生于情"，所以他强调节性，反对绝欲，"若天下人皆如佛绝欲，则举世无生人，禽兽繁矣。此孟子所以说味、色、声、臭、安佚为性也。"他又发现，唐代李翱"复性"说之性，是受到了晋魏翻译佛经滥用儒典中的性字影响，"释氏所说'直指人心，见性成佛'之性字，似具虚寂明照净觉之妙……已近于释、老，而离于儒矣"，所以他反对李翱的心性说，指出此性"杂于二氏"，已非孔孟之性，也就是《节性斋铭》所批评的那样："复性说兴，流为主静。由庄而释，见性如镜。"

《性命古训》是芸台先生探究文字本义、训诂明晰义理的一篇重要文章，胡适曾由衷称赞道："阮元论性，至少能指出古今性的意义不同，至少能让我们明白哲学观念是常常随着时代变迁的，单就这一点可算是很重要的贡献了。"[①]现代学者傅斯年说，"阮氏聚积《诗》《书》《论语》《孟子》中论'性''命'字，以训诂学方法定其字义，而后就其字义疏为理论，以张汉学家哲学之立场，以摇程、朱之权威"；这种"类聚古训""以古训求义理"的方法是"以语言学之观点治思想史中之问题"，"其方法则足为后人治思想史者所仪型"。[②]中国社会科学院哲学研究所任蜜林教授也高度肯定芸台先生的"开创性的贡献"："对于'性'观念的起源，清代之前虽然有所讨论，但真正把其单列出来进行学术探讨的当属芸台先生的《性命古训》。自此以后，人们对于'性'观念产生的讨论才逐渐丰富起来。"

① 胡适《胡适的北大哲学课》，新世界出版社，2014。

② 傅斯年《性命古训辨证》，广西师范大学出版社，2006。

释 敬

题旨

本文选自《揅经室续集》卷一。本文以训诂为手段，从解释“敬”的本义出发，认为敬是一种严肃谨慎的处事态度，是一种积极认真的实践活动，并对理学家们为附会禅学而释敬为闭目修性的唯心主义见解进行了批判。

古圣人造一字，必有一字之本义，本义最精确无弊[1]。敬字，从苟，从攴[2]。苟，篆文作苟（音亟）[3]，非苟（音狗）也。苟即敬也，加攴以明击敕之义也。警，从敬得声得义，故《释名》曰：“敬，警也，恒自肃警也。”[4]此训最先最确。

注释

[1] 弊：古同“蔽”，隐蔽。 [2] 从苟（jí），从攴（pū）：表示苟、攴为“敬”字的意符。从，为《说文解字》术语，表示字的含义与此相关；从苟，表恭敬、端肃之义；从攴，以手执杖或执鞭，表敲打之义。 [3] 张鑫龙点校《揅经室集》第1097页注云：“本篇甲戌续刊本将单字‘苟’及字中部件‘苟’皆误作‘苟’。”《张本》将所有单字“苟”及字中部件“苟”都改为“苟”。“敬”字左半边，从金文到小篆，确为“苟”字形；但隶书以后“苟”与“苟”

逐渐混淆，现代汉语规范写法亦当为“苟”，故这里除篆文作“茍”其他仍作“苟”。［4］《释名》：东汉末年刘熙作，汉代重要的训诂著作，别称《逸雅》，体例仿照《尔雅》，以声训解释名物，对后代训诂学因声求义的影响很大。“敬，警也，恒自肃警也”：出自《释名》之《释言语》篇。

今译

古代圣人造一个字，一定有一个字的本来意义，本义在显示古训意义上最为准确无误。“敬”这个字，意符是苟、攴。苟，篆文写作读音为亟的“茍”，而不是读音为狗的“苟”。这个读音为亟的“茍”，就是“敬”，在“茍”旁再加“攴”，用来明确击打的意义。“警”字，就是把“敬”字作为声符、义符。所以东汉刘熙的《释名》说：“敬，警的意思，表示一直自我肃警。”这个训诂最早、最准确。

盖敬者，言终日常自肃警，不敢怠逸放纵也。故《周书·谥法解》[1]曰：“夙夜警戒曰敬。”虞翻《易》“逸象曰：‘乾为敬。’”[2]《易》曰：“君子终日乾乾，夕惕若厉。”[3]《书》曰：“节性，惟日其迈。”日迈者，日乾乾也。《周书》以《无逸》[4]名篇。《国语》敬姜[5]论劳逸之义为千古至言[6]，孔子叹之，此敬姜之所以为敬也。欲知敬字之古训本义，试思敬姜之论即明矣，非端坐、静观、主一之谓[7]也，故以肃警无逸为敬。凡服官之人，读书之士，所当终身奉之者也。

注释

［1］《周书》：记载西周至春秋时期史事的史书，因其史事为《尚书》所无，故《说文解字》中改称其为《逸周书》。《谥法解》是其中记载追谥准则的篇章，是后来谥法的重要依据。 ［2］虞翻：字仲翔，易学家，著作有《易注》。逸象：指引申推演或考证增加的象辞，即所谓以象生象。虞翻是两汉象数易学集大成者，所使用的逸象有数百条。乾：《易经》卦名，代表天、阳，表示健进自强不息。 ［3］乾乾：健进不息。惕：戒惧警省。此句见于《周易·乾》，后为成语“朝乾夕惕”，形容整天勤奋谨慎，没有一点疏忽懈怠。 ［4］《无逸》：《尚书》中的一篇，旧说周公见成王渐长，恐其安于逸乐，乃作《无逸》，意为不要贪求安逸享受。［5］敬姜：姓姜，名戴己，谥号敬，齐国莒县（今山东莒县）人，春秋时期（与孔子同时）齐侯庶出之女，嫁给鲁国大夫公父穆伯为妻，生下公父文伯歜（shù），文伯歜已为鲁相，她仍旧绩麻操劳，并告诫文伯歜勤勉不怠国则兴，逸乐怠慢国则败，受到孔子的称赞，典出《国语·鲁语下》。后成语“敬姜犹绩”，被用来比喻虽富贵却不忘艰苦，不求安逸。 ［6］至言：富有哲理而合情合理的话。［7］端坐：正坐。静观：静默地观察事物。这里化用北宋理学家程颢宣扬他的理学静观的诗句“万物静观皆自得，四时佳兴与人同”（《秋日偶成》）。主一：专一，专心。语出宋代程颢、程颐原撰的《二程粹言》“主一之谓敬”。

今译

“敬”这个字，是说从早到晚一直自我端肃警省，不敢贪图安乐没有约束。所以《周书·谥法解》说：“日夜警惕防备就叫作‘敬’。”三国时期虞翻《易注》，有“逸象说乾卦为敬”的说法。《周易·乾》也说：“君子终日健进自强不息，晚上也戒惧警省，如临危境。”《尚书》说：“节制自己的本性，天天都在进步。”《尚书》说的“天天都在进步”，就是《易经》说的“终日健进不息”。《周书》用《无逸》作为其篇章的名字。《国语》里记载的敬姜夫人论述生于勤劳，死于安逸的话，真是千古至言，连孔子都赞叹不已，这就是敬姜夫人谥号为“敬”的原因。要想知道“敬”字的古训本义，只要去想想敬姜对劳逸的论述就清楚了。并不是要什么端坐、静观、专心，而是要解作端肃警省、不贪图安逸。凡是入仕的官宦、读书的学子，应当终身奉行这条古训。

至于《孟子》论性，有曰“四肢之于安佚也，性也”[1]，年老之人久劳于事，养神之人不勤于学，皆乐于安佚。或知安佚不可为训[2]也，于是有立静之一字以为宗旨者[3]，非也。惟闻孔子闲居[4]，未闻孔子静坐；惟闻孔子曲肱而枕[5]、孟子隐几而卧[6]，未闻孔孟瞑目而坐；惟闻《礼》“君子欠伸”“侍坐者出”，未闻君子瞑坐，侍者久立。盖静者，敬之反也。年衰养神者，每便于静，乃讳其所私便，而反借静字以立高名，则计之两得者也[7]。虽然年老之人，必不能如强壮者终日肃劳矣，或推古人养老之义，少安之可乎？然《孟子》曰“四肢之于安佚也，性也，有命焉，君子不谓性也”，终当以苟支节之也。此节性之一端也。

注释

［1］四肢之于安佚也，性也：见前《性命古训》今译及评述。［2］训：效法的准则或榜样。［3］立静之一字以为宗旨者：宋明诸儒，提倡静坐养性，以静坐作为达理为学、修身养性的特定方式。［4］孔子闲居：《礼记》第二十九篇《孔子闲居》，为《小戴礼记》的著名篇目之一。［5］曲肱（gōng）：弯着胳膊。语出《论语》："子曰：'饭疏食饮水，曲肱而枕之，乐亦在其中矣。不义而富且贵，于我如浮云。'"吃粗粮，喝冷水，枕着曲起来的胳膊睡觉，乐在其中。成语"曲肱而枕"，用来形容人生活恬淡，无忧无虑。［6］隐：凭，靠。几：矮小的桌子，古代老人用以倚靠身体。"隐几而卧"语出《孟子·公孙丑章句下》："孟子去齐，宿于昼，有欲为王留行者，坐而言不应，隐几而卧。"说的是孟子离开齐国，在昼地过夜，有一个想为齐王挽留孟子的人恭敬地同孟子讲话，孟子不予理会，靠在几案上假睡。［7］私便：个人的利益。高名：很高的名望。计：打算、谋划、盘算。

今译

至于《孟子》对性的论述，说过一句话，叫"四肢对于安逸，都有一种本能的嗜好，这就是人的本性"。年纪大的人长期受累于各种事务，潜心静养的人并不勤奋于学业，他们都喜欢安逸。有的人知道安逸不值得作为效法的准则，于是便树立"静"这个字作为一种教义，这是不对的。只知道《礼记》等有孔子闲居篇，没听说过孔子静坐；只知道《论语》说孔子枕着曲起来的胳膊睡觉，《孟子》说孟子靠在几案上睡觉，没听说过孔子和孟子曾经闭目静坐；只知道《礼记·曲礼》说看到君子打哈欠、伸懒腰，陪坐的人就该主动告退，没有听说过君子闭目静坐，陪坐的人还久久站在旁边。大概“静”这个字，与“敬”的意思正相反。年老力衰、安心静养的人，每每借助于静坐的便利，便隐瞒一己私利，反而借“静”字来树立高名望，这样就可以谋求得到双重的好处了。虽然年老的人，一定不可能像年富力强的人那样，整天认真劳作，猜想古代人年老养神，也许稍微安下心来就可以了吧？然而《孟子》所说的“四肢对于安逸，都有一种本能的嗜好，这是本性；但能否得到满足，还要看各自的命运，所以有德行的人都不会以本性为借口而强求”，最终都应当用苟、攴组成的敬字（来节制本性），这是节制本性的一种方法。

评述

《揅经室集》里有不少专门解释词语音、义的文字，通常谓之“释”，如第一集的卷一，除第一篇为说之文体，其余十六篇皆为释，有《释门》《释相》《释且》等早期的名篇，是清代训诂学的代表性论文，代表了清代一流的训诂水平。本文《释敬》则选自《揅经室续集》卷一，与《释佞》《释来》《释训（下）》等皆为芸台先生晚年的名篇，约作于道光三年至道光十年（1823—1830）这八年间。

“敬”之所以要释，是因为它与仁、性一样，作为儒学的核心概念，中国古代重要的伦理思想范畴，都遇到了汉以后尤其是宋明儒者的曲解臆说。从宋初周敦颐倡导“主静”之说起，宋明儒者便把“敬”视作一种闭目静坐修身养性的内心活动，无论是主静派，还是后来“二程”、朱熹的主敬派，都倡导“静坐主敬”“静观自得”“主一之谓敬”，偏于虚空，杂入释道，脱离实际，强调精神，说的都是一种唯心的修养方法，与先秦儒家积极有为的人生态度大相径庭。

芸台先生一直以训诂为手段，以恢复儒家经典本来面貌为己任。这篇《释敬》从“敬”之本义入手，通过分析敬的字形、字音乃至字义，强调“敬”的本义就是“恒自肃警”，是端肃认真的一种态度；接着，他引用众多经典，并举《国语》敬姜夫人事例，论证“敬”的古训本义就是“常自肃警”，就是要自强不息，天天有进步，要勤劳而不安逸，而不是宋明儒者所谓的“端坐”“静观”“主一”等说法。释文花了很长篇幅更进一步深入分析宋明儒者的“静”，原来既是他们喜欢安逸的本性之体现，又是他们故弄玄虚、图取名望私利的两得之谋划，最后颇具幽默与讽刺地建议他们就用“敬”之古训来节制他们的本性。

《释敬》训敬为“常自肃警”说，否定宋明儒者的“习静”，所谓“静者，敬之反也”，目的是强调“习动”，突出“敬”是一种积极的实践活动，倡导先秦儒家那种积极有为的人生态度。像这样通过文字训诂、考证辨伪，来恢复经典原貌、探求经书义理，就是芸台先生所说的“实事求是”中的“实”之所在。他曾说：“余之学多在训诂。”到了晚年，他仍言：“余多讲文字训诂，非迂也，凡字不究其来源，则每误矣。”他在文字训诂方面，运用探语源、求本字、明通假、辨谊诂四种方法，由声音贯通文字，突出因声求义，提出“义以音生”“字从音造”的著名论断，同时又有机结合古代文献的大量语言材料，将训诂之学应用于金石考古、历史考证、经义，被赞为“考释精审，辨析透彻，堪称发前人所未发，足以开后学之识悟”[①]；虽未像段玉裁、王念孙、王引之那样撰有训诂学专著，但他在训诂学上的杰出成就、卓越贡献丝毫也不逊色。

---

① 陈东辉《从〈揅经室集〉看阮元的治学方法——以训诂学为中心》，《汉语史学报》第六辑，2006年。

书折

致杭嘉湖道李坦书

题旨

此信选自《揅经室集》二集卷八。《揅经室集》书信收录极少，总共只收了八封书信，七封都是芸台先生与友人讨论文体、古籍的书信。唯独此信，写于嘉庆十五年（1810）被罢巡抚后，总结钱塘江治理的经验与教训，特地留给后来人借鉴。

浙江[1]之性非折不行。乾隆中年，杭城以东、海宁城以东皆有护沙，而中间老盐仓一段数十里独受顶冲[2]，则以南岸有牛舌尖沙之故。惟其有此尖沙，吐尖向北，故江水之下也，过尖冲北岸则折而向南；潮水之上也，过尖冲北岸亦折而向南。两头向南，故护沙生，而受冲险工[3]仅中间一段耳。

乾隆五十年间，有不谙塘工水性者[4]，以牛舌尖沙为可恶，若截而直之，则中段亦望护沙之涨。于是截牛舌，开引河，导水刷沙一空，孰知不但中段不生护沙，并两头护沙全失，杭城乌龙庙外全受顶冲潮扑，民居之檐塘外桑田尽为沧海，海宁镇海塔[5]以下亦皆一片大海矣。

余保障危险调剂水性者数年[6]，至嘉庆十一年[7]以后，两头涨沙复生，则以南岸渐复尖沙之故。元方以为深幸，但恐将来复有恶尖沙不直者，故以奉告耳。庚午秋日。

注释

[1]浙江：即今钱塘江。　[2]顶冲：江水凶猛直冲河岸堤防。　[3]险工：危险的堤防区段。　[4]塘工：海塘工程。水性：江流海潮的特点。　[5]镇海塔：在海宁盐官镇东南海塘边，登塔观潮，最为壮观。　[6]调剂：调整、调治。　[7]嘉庆十一年：1806年。《弟子记》载，芸台先生是在嘉庆十三年（1808）八月，二任浙江巡抚时，奏报海塘“安澜”（水波平静），“东西渐长涨沙”。

今译

钱塘江的特性，就是江道非要弯曲不行。乾隆中期，杭州城以东、海宁城以东的江道都有护沙，只有中间老盐仓这一段数十里受到顶冲，是因为南岸有像牛舌一样的尖沙。就是因为有这片尖沙，吐尖向北，所以江水往下流的时候，流过尖冲北岸就转而向南；潮水往上涌的时候，涌过尖冲北岸也转而向南。两股水流向南，便生成护沙，所以受到水流冲击相对危险的堤防区段，仅有中间老盐仓这一段。

乾隆五十年（1785），有不熟悉钱塘江堤防工程及江流海潮特点的人，觉得这一片牛舌尖沙真令人憎恨，认为假如截齐拉直江道，便能让中间老盐仓这一段也涨起护沙。于是截去牛舌尖沙，开挖引河，引导水流将牛舌尖沙冲刷一空，谁知道不但中间老盐仓这一段没有生出护沙，就连原来两头的护沙也全消失了，杭州城乌龙庙外的石塘，全部受到江流顶冲，潮头直扑；民房聚集的檐塘之外大片农田，全部变成了大海；海宁城从镇海塔往下，也成了一片汪洋大海。

我根据江流海潮的特点调整方案，治理水患多年，确保免于危险，到了嘉庆十一年（1806）后，老盐仓这一段的两头重新生成了涨沙，就是因为南岸渐渐恢复了尖沙。我正对此深感庆幸，只担心将来又有恨尖沙使江道不直的人，所以写此信告知。嘉庆十五年（1810）秋。

评述

杭嘉湖道是清代浙江四道之一，领杭州府、嘉兴府、湖州府。道台李坦的内兄刘大观，是芸台先生的诗友，十多年前曾赴山东学政署，与芸台先生唱和同作《山左学署八咏》诗。

嘉庆十五年的秋天，芸台先生此时已罢浙江巡抚，入京翰林，但为了让海塘治理工程不再重复以前所走的弯路，特地写信给以前的下属，不叙别情，只论浙江治水的经验与教训，唯恐后人违背“水性”，重蹈覆辙。因而这封很短的信，不厌其烦，三次提到“性”这个重要的概念，强调了掌握事物特性的重要性。第一段开门见山，就说“浙江之性非折不行”，钱塘江道非要弯曲不行，有牛舌尖沙形成弯道，护沙生，“险工”短；第二段，反面入笔，批评不懂“塘工水性者”，非要截弯取直，造成严重后果，“桑田尽为沧海”；第三段，正面收结，总结自己“调剂水性”的成功经验。突出强调了治水一定要尊重自然规律，准确把握江流海潮的特性。这也是芸台先生将实事求是的精神付诸实践的宝贵体会与收获。

芸台先生对浙江的历史地理有深入的研究，曾编成《浙江图考》三卷，详细考证了浙江古今水道的变迁。对于经过实践检验的成功经验，他更是重视整理总结，以留传给后人，他曾编《两浙海塘新志》十六卷，亲自勘查各海塘实况，征求汇集地方水文地理资料，汇总自己建设海塘工程的丰富经验。这封短信，也是他重视经验总结传承、关心民生工程的一个例证。

洋商伍敦元徇隐夷船夹带鸦片，请摘去所得顶戴并责令严禁杜绝折[1]

题旨

本文选自王章涛《阮元年谱》。跟书信一样，芸台先生并没有将他大量重要的奏事折收入《揅经室集》，这篇请摘去洋商伍敦元顶戴的折子，是他提出禁烟重要举措的一篇上奏。

两广总督臣阮元跪奏，为申明严禁鸦片事例，请旨将经理不善之洋商摘去顶戴[2]，责令严禁杜绝，以观后效，奏祈圣鉴[3]事：

窃照鸦片一项来自外洋，流毒内地，最为人心风俗之害。节经前督臣蒋攸铦暨臣[4]会同历任监督[5]严切查禁，无如奸民鬼蜮多端[6]，百计偷越。推其原故，由一切防杜[7]之法，多行于鸦片已入内地以后，不能行于鸦片未入内地以前。是以向来查办鸦片之案，不过就现获之犯加以惩治，其于最先贩卖之人，尚无从究诘得实[8]，至于此外盈千累百分散外洋者，更无从凭空海捕。臣到任至今，会同海关监督破获鸦片之案，与夫解官烧毁之鸦片时时而有，但不塞其源，其流终不能止息。

臣访得鸦片来路大端有三：一系大西洋，一系英吉利，一系米利坚[9]。大西洋住居澳门，每于赴本国置货及赴别国贸易之时，回帆[10]夹带鸦片，回粤偷销。英吉利鸦片访系水梢人[11]等私置，其公司船主尚不敢自带。独米利坚国内少国王铃束[12]，竟系船主自带鸦片来粤。嘉庆二十年，钦奉上谕："如一船带有鸦片，即将此一船货物全行驳回，不准贸易。若各船皆带有鸦片，亦必将各船货物全行驳回，俱不准其贸易，原船即逐回本国。"等因[13]。此诚正本清源之办法。

注释

［1］见载于中国近代史资料丛刊《鸦片战争（一）》，上海人民出版社，1957年版，137页。［2］顶戴：清代用以区别官员等级的帽饰。也称"顶带"。［3］圣鉴：帝王或临朝太后的鉴察。［4］蒋攸铦（xiān）：字颖芳，号砺堂，辽东襄平人，隶汉军镶红旗，嘉庆十六年至嘉庆二十三年（1811—1818）任两广总督，曾于嘉庆二十年（1815）奏报《查禁鸦片章程》。后历任刑部尚书、直隶总督、军机大臣、两江总督，道光十年（1830）十月，病死在赴职途中，享年六十三岁，谥号文勤。暨：和，及。［5］监督：指粤海关监督，清朝户关监督之一，为粤海关主官，由内务府包衣充任。掌征纳洋船、夷船及沿海贸捕船通关税，并兼充内务府买办。时任监督为达三。［6］无如：无可奈何。鬼蜮（yù）：害人的鬼和怪物，比喻阴险狡诈的人。多端：多种多样。［7］防杜：防范杜绝。［8］究诘：深究追问。得实：审案、察访等得实情。［9］大西洋：这里指葡萄牙，亦指意大利。英吉利：英国。米利坚：美国。［10］回帆：乘船返回。［11］水梢人：水手。［12］钤（qián）

束：管束，约束。　[13] 等因：旧时公文用语，常用于叙述上级官署的令文结束时。

惟向来臣与监督衙门传谕各国大班事件[1]，俱发交洋行[2]商人，照缮夷字[3]，转为传谕，全藉该商等钦遵办理，敬布天朝[4]法度，使知畏惧，不宜但以奉文转行了事。盖洋商与夷人最为切近，夷船私带鸦片，即能瞒臣等之耳目，断不能瞒该商等之耳目。如果该商等不徇情面，遇有夷船夹带，即禀明遵旨，驳回船货，不与贸易，且于鸦片未来之前，先期告诫，晓以利害，夷人数万里而来，岂敢因夹带违禁物件自断茶叶等项正经买卖？如此官商同心，合力办理，纵不能一时全行断绝，而远夷闻风忌惮，再历数年，竟可冀此风渐息。乃频年[5]以来，从未见洋商禀办一船，其为只图见好于夷人，不顾内地之受害，显而易见。

洋商内，伍敦元系总商居首之人，责任尤专，各国夷情亦为最熟，今与众商通同徇隐[6]，殊为可恶。除现在会同监督臣达三，恭引嘉庆二十年谕旨，严切传谕各国大班，并密访内地接引奸民尽法处治外，相应请旨将伍敦元所得议叙三品顶戴摘去，责令率同众洋商力为遵旨杜绝。如一二年内经理得宜，鸦片来粤绝少，当奏请施恩赏还顶戴；如仍前与众商相率疲玩，甚或通同舞弊，即当分别从重治罪，以为洋商不实力稽察杜绝者戒。

臣谨缮折具奏，伏乞皇上圣鉴施行，谨奏。道光元年十月十四日。

注释

［1］传谕：旧谓帝王或上司下达指示。大班：原称清代进士第一等为大班，后引申指经商影响较大的人。这里专指外国来华公司的商务代理人，是公司对华贸易的直接操作者。［2］洋行：指跟外国商人做买卖的商行。时广州的洋行称为十三行，是鸦片战争爆发前清朝专营对外贸易的中介机构（即“牙行”），属于官方特许的垄断性商业组织，负责一切来华洋商的事务。［3］照缮：照抄，旧时公文用语。夷字：外国文字。［4］天朝：封建专制时期，臣子对本朝朝廷的尊称。汉、唐等朝国力强盛，周边附属、藩属国对中国大一统王朝也尊称天朝。［5］频年：连续多年。［6］通同：共同。徇隐：徇私隐瞒。

评述

“折”，折子，也就是奏折，此义是从折叠、用纸折叠成册引申而来，《揅经室集》都写作“摺”。现在虽简化为“折”，但《简化字总表》又保留了“摺”字，规定在二者意义可能混淆的情况下，仍可用“摺”，这里还是统一写作“折”。《揅经室集》所收奏折共计二十三封，大多是骈体谢恩折，非骈体学术性的仅有一篇《恭进〈十三经注疏校勘记〉折子》。重要事务性奏折，载录最多的是《弟子记》，统计共载六十余篇，然而《弟子记》对影响重大的敏感奏折也有意略过，比如两广时期有关制夷禁烟的，无论是上奏给嘉庆帝的，还是上奏给道光帝的，一封都没收录。

芸台先生此折，影响相当大，拿当时广州的首富追责，在当时需要极大的勇气，这表现了他非同一般的清正廉洁。伍敦元原名伍秉鉴，1801年从其兄伍秉钧手中接管怡和行，1809年成为广东十三行的总商，捐巨款始授三品顶戴。芸台先生上此折，是在1821年的十月，说伍敦元已富可敌国毫不夸张。有统计到1834年，他的怡和行已成为世界级的跨国财团，其私人资产已达二千六百万银圆，是同时期美国首富的四倍。他也可以说是清朝最大的赞助商，“计伍氏先后所助不下千万，捐输为海内冠”（《广州府志》）。1819年，他以儿子及侄卢文锦名义捐十万，帮助建成南海县桑园石堤，这是芸台先生任上的一项大型水利工程，芸台先生为他请建“乐善好施”坊牌，作《新建南海县桑园围石工碑记》，也赞扬了他的善行义举，此时却又上奏摘去其顶戴，应是毅然决然，同时也表明芸台先生坦荡无私，因为到两广的这四年间，但凡有过私利所获，也做不到如此的大义凛然。

芸台先生上此折，不但有凛然正气，还有严密的推理、充足的理由。此折六段，首尾两段是奏折的格式段，第二、三段为上半部分，分析难以查禁鸦片的原因是未能“塞其源”，一切查禁措施都针对的是在内地贩运环节，而其源头是英美葡商船夹带偷销，按照嘉庆二十年（1815）的上谕，凡外国商船发现鸦片一律逐回，这是一个“正本清源之办法”，可是为什么不能执行到位呢?

第四、五段下半部分，分析问题所在，层层抽丝剥茧。广州十三行是清政府指定专营对外贸易的垄断机构，“衙门传谕各国大班事件，俱发交洋行商人”，朝廷及两广总督府、海关监督衙门禁烟指令，都是由十三行联系转达外国商船及贸易主管，而且洋商的大小事务也都是由十三行负责操办，所以，芸台先生第一个推理，就是十三行对鸦片夹带情况肯定知情，“夷船私带鸦片，即能瞒臣等之耳目，断不能瞒该商等之耳目”；第二个推理，是知情不阻，如果“先期告诫，晓以利害”，如果“遇有夷船夹带，即禀明遵旨，驳回船货，不与贸易”，肯定会让“远夷闻风忌惮”；第三个推理，是知情不报，这么多年“从未见洋商禀办一船，其为只图见好于夷人，不顾内地之受害，显而易见”。层层严密推理到最后，得出结论，作为十三行的总商，“责任尤专”，“殊为可恶”，请旨摘去顶戴，无效再从重治罪。

后来的事实也证明，芸台先生最早将伍敦元及怡和行钉在鸦片贩卖的耻辱柱上，是非常正确并极富预见性的。伍敦元的三品顶戴，至死也没有被赏还，这说明他和十三行的洋商们一直也没有真正配合朝廷禁烟；他和英国大鸦片商查顿-马地臣行、美国在华最大鸦片商旗昌洋行关系特别亲近，他也是臭名昭著的英国东印度公司最大债权人，禁烟难以“塞其源”与清廷广州十三行制度有很大关系。到了道光十八年（1838），林则徐将赴广州禁烟，伍敦元的儿子伍崇曜，向查理·义律与旗昌洋行通风报信，英美鸦片贩子提前把鸦片趸船隐藏在大屿山南部，给林则徐禁烟带来了很大困难。伍敦元、伍崇曜不论花多少钱施行过善行义举都无法改变父子俩在广州人心目中叛国贼的形象。

传记

李晴山乔书酉二先生合传

题旨

本文选自《揅经室集》二集卷二。芸台先生十七岁前，先后受业于六位蒙师。李晴山，是他十七岁从学的先生；乔书酉，是他九岁从学的先生。任山东学政的第一年，芸台就迎乔书酉到曲阜，没想到翌年春天，乔书酉就病卒于青州（今山东潍坊）。

李先生讳道南，字景山，号晴山。先世由丹徒迁江都，富于赀[1]。父敬修，光禄寺典簿，和而介，疏于持筹[2]，好施与，家遂贫。母早卒，无子，先生与兄雷皆侧室胡氏出。先生既孤，胡太孺人以女红抚之读。或劝理旧业，太孺人曰："吾将以贫励子学，不愿使从富家子游。"先生既补儒学生员，以学行高于时。所居草屋数间，冬衣葛，行者夜分犹闻读书声。学使者[3]重之，有寒气逼人之叹。学官吴锐，李安溪高弟子[4]，尝偕客过其庐，讲学逾时，太孺人解敝衣穴屋后席壁，属邻媪质钱市盘飧享之[5]。遇断炊，辄贳[6]市饼以为食。先生属文，必以微言发经义，耻为华靡[7]。常曰："文以励行[8]，若视为科第之阶，末矣。"故试屡不中式[9]，贫益甚。然虽馁[10]卧，不妄受一钱。

乾隆己卯[11]省试[12]，以第八人贡于礼部。辛卯会试中式[13]，第二榜初发，总裁、同考官[14]知先生名，愿早见，且招致之，先生不往。既殿试，赐同进士出身，始谒座师，是以名益重[15]。总裁庄方耕[16]，阁学士，以柬独招先生往论学术，相契[17]愈深。谓先生曰："子之学问人品予知之矣，顾甚贫，何以归？予将命同人赆[18]子。"先生固辞。既而车马至先生馆舍，致赆者甚众，先生知其意，概谢之。阁学士闻而叹曰："介至此乎！"先生例选知县，不赴选。设教乡里，生徒数百人，虽宿儒皆执贽受业，尝主泰州、通州、淮安书院讲席。

先生颖敏过人，而操行刚正，以古名儒自励，对策剀切[19]详尽，事母孝，事兄悌，所著有《四书集说》十二卷。太孺人将卒，执先生手曰："还是读书先生。"以是语名其堂。太孺人针凿[20]数十年，遗断针盈箧，先生每抚之泣，海内通人名士为咏其事，先生录为《断针吟》一卷。兄雷，亦善属文，既没，先生辑兄文及先生文，为《同怀寸草录》四卷。乾隆五十二年卒于家，年七十有六。子二，本善、元善。

注释

[1] 赀（zī）：通"资"，财货。　[2] 光禄寺典簿：光禄寺掌管祭享、筵宴、宫廷膳羞诸事，下设典簿厅掌本寺之章奏文移诸事，设满、汉典簿各一人。介：耿直，有骨气。持筹：手持算筹，指理财或经商。　[3] 学使者：即学政，提督学政的简称，又叫督学

使者。清代中叶以后，派往各省，三年一任，按期至所属各府、厅考试童生及生员。 [4] 李安溪：李光地，字晋卿，号厚庵，泉州安溪人，清代理学名臣。高弟子：成绩优异的学生。 [5] 敝衣：破旧衣服。穴：围成窝状。质钱：典钱。盘飧（sūn）：盘盛食物的统称。 [6] 贳（shì）：赊欠。 [7] 属（zhǔ）文：撰写文章。微言：言辞精深简洁。华靡：辞藻华丽。 [8] 励行：即砥行，砥砺德行。 [9] 中（zhòng）式：科举考试被录取。 [10] 馁：饥饿。 [11] 乾隆己卯：1759年。 [12] 省试：明清时期指乡试，因考试地点在各省省城，故称。正榜录取者称为举人，副榜入榜者为贡生。 [13] 辛卯：指1771年。会试：乡试第二年会集各省举人在京师的考试，录取者称为贡士，第一名称为会元。 [14] 总裁：会试主考官，由内阁大臣大员担任，二至七人不等。同考官：明清时期乡试、会试中协同主考或总裁阅卷之官。 [15] 殿试：又称廷试或御试，科举考试中等级最高的考试，前三名被称为状元、榜眼和探花。赐同进士出身：殿试第三等级即三甲者，恩赐按照进士出身对待。座师：明清两代举人、进士对主考官的尊称。 [16] 庄存与：字方耕，武进（属常州）人，进士，清代今文经学家，常州学派创始人，以治公羊春秋见长。道光五年（1825），芸台先生将其《春秋正辞》收入《皇清经解》，并作有《庄方耕宗伯经说序》，见于《味经斋遗书》卷首，《揅经室集》未收。 [17] 相契：相合，相交深厚。 [18] 赆（jìn）：临别赠送给的路费、礼物。 [19] 剀（kǎi）切：切实，切中事理。 [20] 针黹（zhǐ）：做针线活。

乔先生讳椿龄，字书酉，甘泉人。性颖悟，勤学，通诸经义，涉猎百家子史，尤深于《易》，揲蓍[1]屡有验。善属文，以汉、魏为法。补儒学生员，试辄高等，而未尝食廪饩[2]，省试亦不中式。先生性刚直廉介，跬步必以礼，交游皆择正士。友有过，相规无隐，一时倜傥之士见先生皆深自敛抑。居陋室，甚贫，枕席皆书，苟非义，虽周之不受。体羸多病，不婚娶。

元幼受业[3]于先生。乾隆癸丑[4]，元督学山东，迎先生，冬十一月，相见于曲阜。衡量孔、颜、曾、孟四氏子弟之文[5]，谒至圣林庙，观礼器，先生欣然踌躇若满志焉[6]。明年春，至登州，道病，返至青州，卒于试院，年四十三。野有古木，元伐之，为先生棺，归葬扬州。

论曰：吾年九岁，从乔先生学。年十七，从李先生学。两先生为吾乡特立独行[7]之儒，而吾皆师之，吾所幸也，两先生绩学砥行[8]，深自韬隐[9]，而元窃高位厚禄，过于师，吾所愧也。呜呼！吾幼年见许于两先生，使先生今尚在，许吾耶，抑责吾耶？是以每念先生，深自省[10]也。

注释

[1] 揲蓍（shé shī）：数蓍草，古代问卜的一种方式。 [2] 廪饩（lǐn xì）：明清时期称由府、州、县按时发给在学生员的膳食津贴。 [3] 受业：追随老师学习。 [4] 乾隆癸丑：乾隆五十八年（1793）。 [5] 衡量：这里特指衡文，品评文章。孔、颜、曾、孟四氏子弟：曲阜孔庙东有孔颜曾孟四氏学，旧名孔氏家学，明万历起衍圣公孔子、复圣颜回、宗圣曾参、亚圣孟轲等“四大圣人”的后人入其学。 [6] 至圣林：即孔林，孔子及后代墓地，孔子改封“至圣先师”后改称至圣林。踌躇：十分自得的样子。

［7］特立独行：独特地立身行事，形容人的行为高洁，不同流俗。［8］绩学：学识渊博。砥（dǐ）行：砥砺品行，修养道德。［9］韬隐：隐藏不露。［10］自省：自我反省。

评述

合传篇幅不长，文选楼丛书版本分为李先生传、乔先生传及合传论赞三段。这里为便于阅读，李先生传这部分，再分为三段，分别写早年家贫励学、及第后耿介拒赆和晚年概述；乔先生传这部分，再分为两段，分别写一生品学概述与晚年师生永别。

芸台先生之所以将两先生合传，不仅是因为他们去世时间相隔不远，更是因为他们都是“刚直廉介”“特立独行之儒”，能够让弟子时时深切地自我反省。也正是缘于此，合传没有从完整记叙情节、塑造人物形象方面着力，而是抓住两位先生精神上的相同点，突出他们贫贱不移、刚直廉介的品质，意在显示对自己潜移默化的影响。尤其对李晴山，芸台先生不惜笔墨，描写其冬夜粗衣“犹闻读书声”、断炊经常买“饼以为食”、饥饿而“不妄受一钱”等事迹，从中都可以看到芸台先生少年求学贫而益坚、为宦勤政清廉正直的影子。从芸台先生对通经致用和经解策问的注重，也能看到李先生“文以励行”的为学观、对策务求“剀切详尽”的治学论对他的影响。结尾的论赞，画龙点睛，称赞两先生“绩学砥行”，“为吾乡特立独行之儒”，不但抒发对先生的思念之情，更写到思念之时的自我反省，令人十分动容，深化了两先生的人格力量和对他的巨大鞭策作用。

净因道人传

题旨

本文选自《揅经室集》二集卷六。女诗人、女画家张因，字净因，与芸台先生同乡，都是扬州甘泉县北湖公道桥人。一生贤孝，多才多艺，安贫乐道，所以芸台先生谓之“道人”，即道德极高的人。

净因道人者，余老友甘泉秋平黄居士文旸[1]妻也。父张坚，甘泉公道桥[2]北湖儒者。母徐氏，北湖坦庵[3]先生曾孙女。道人幼读书，习诗礼，知孝义，兼工绘事，夜观恒星，皆能指而名之。年二十五，归于黄，事舅姑以孝闻，戚党咸呼之曰“赵五娘”，用《琵琶记》故事也，其孝可知。[4]

居士雄于文，为里中老宿，屡不第，家贫，以馆谷自给[5]。道人常典簪珥以为炊，或以画易米，与居士相倡和，或赌记书籍策数、典故以为乐。舅姑殁，写《偕隐图》以寄意。乾隆岁丙午[6]，饥甚，居士有贫友来投者，道人解衣衣其妻，而自忍冻，分米为糜[7]以食之。吴梅村[8]祭酒之孙贫饿于竹西路，居士割宅居之，其子女失母，道人抚之至成立。长官慕道人名，求见其诗者，闭门谢曰：“本不识字也。”

注释

[1]居士：长者，家主。这里是对黄文旸（yáng）的尊称。黄文旸，字时若，号秋平，也是甘泉县人，工诗词，擅古文，通声律，曾被聘为两淮盐运使词曲局总裁，为清代重要的戏曲目录学家。　[2]甘泉公道桥：甘泉县公道桥镇，在扬州北郊，为芸台先生祖居地。　[3]坦庵：徐石麒，字又陵，号坦庵，明末清初人，隐居北湖，精研名理，工诗度曲，焦循《北湖小志》有《徐坦庵传》。　[4]舅姑：古指公婆。戚党：亲友、乡人。《琵琶记》：元末戏曲作家高明改编创作的宋元南戏，赵五娘为剧中书生蔡伯喈之妻，是一个有才艺的贤孝妇。　[5]老宿（sù）：年老而资深的人。馆谷：借指塾师的束脩或幕宾的酬金。　[6]乾隆岁丙午：乾隆五十一年（1786）。　[7]糜：粥。　[8]吴梅村：吴伟业，字骏公，号梅村，太仓人，明崇祯进士，入清官至国子监祭酒。工书画，诗名显著，尤长七言歌行，人称“梅村体”，与钱谦益、龚鼎孳并称清初“江左三大家”。

曲阜衍圣公[1]尚幼，余荐居士往为之师。道人与居士以《六十自寿诗》相倡和，山左[2]盛传之。居士长余二十七岁，余童时即见居士、道人于埽垢山房[3]。岁癸亥[4]，邀二老来西湖，扁舟涉江，登虎阜，泛莺脰湖，皆有诗[5]。余于署中开别馆居之，每二老出游，竹舆小舫，秋衫白发，萧洒于湖光山色间，余内子孔亦以诗与道人相倡和。岁乙丑[6]，归扬州，画《埽垢山房联吟图》以寄意，名士多题者。

岁丁卯[7]，居士客于外，其弟暨长子妇死，道人经其丧，劳且哀。季冬，居士归，道人以微病卒。仆媪[8]邻妇来，相撞而哭，感其仁贤，血满地，不知谁喀[9]者。道人卒年六十有七。所著《绿秋书屋诗集》五卷。子二，金宝、銮其。家讳[10]称“因”。

论曰：程子引《诗》“诚不以富，亦祇以异”以证虽饿而民称也，有以哉[11]！道人之贤孝，且艺且贫，异矣[12]！非然者，吾乌得而称之[13]。

注释

[1]衍圣公：孔子嫡长子孙的世袭封号，这里指七十三代衍圣公孔庆镕，七十二代衍圣公孔宪培嗣子，孔宪增嫡子。[2]山左：特指山东省，因其在太行山之东。[3]埽垢山房：位于扬州西郊扫垢山一带，明清时期此处曾是园林密集的地方。埽（sǎo），古同“扫”，今多写为“扫垢山房”。[4]癸亥：1803年。[5]虎阜（fù）：苏州虎丘。莺脰（dòu）湖：位于江苏苏州吴江区平望镇，因形似莺脰，故名，为范蠡泛游的五湖之一。[6]乙丑：1805年。[7]丁卯：1807年。[8]媪（ǎo）：年老的妇女。[9]喀（kā）：吐。[10]家讳：也叫“私讳”，家族内部遵守的改字、缺笔等避父祖名的做法。[11]程子：宋代理学家程颢、程颐的尊称，这里指程颐。“诚不以富，亦祇以异”：通常译为“不是她家比我富，是你变心的缘故”，最新有人解读为“背信的夫君不可能得到富足，结果会异于常人”，出自《诗经·小雅·我行其野》。程颐认为《论语·颜渊篇》第十章曾在这里引用此句，当是错简，应该引用于《论语·季氏篇》第十二章，引证伯夷、叔齐义不

食周粟，饿死首阳山，“民到于今称之”，不是因为其富贵，而是因为其行绝异，万古流芳。有以：有因，有道理。这句译为：我要评论说几句，程颐夫子引用《诗经》的“诚不以富，亦衹以异”诗句，来证实伯夷、叔齐虽然饿死可是民众至今一直称赞他们，这就是不因富贵而传名，只是凭借异行（与众不同的高尚节操）以流芳，很有道理。［12］道人之贤孝，且艺且贫，异矣：净因道人贤惠和孝悌，而且又多才多艺、安贫乐道，真与众不同。［13］非然者，吾乌得而称之：如果不是这样的话，我又怎么能如此赞许她呀。

评述

芸台先生平生极少为女性作传。《揅经室集》所收人物传三十余篇中，仅有五篇女性人物传，这其中还有他自己母亲林氏传和他的四世祖厉氏传，另有两篇是他应浙江门生“泣以行略闻”求为传。为张因作传，不仅是因为他们夫妇与芸台先生夫妇交往极为密切，更是因为张因这个“道人之贤孝，且艺且贫，异矣”。

原文分传与论两个部分，传只用几百字，便记叙了张因这个北湖女性的平凡一生，紧扣张因“贤孝”和“且艺且贫”的闪光点，塑造了一个孝义感人、才艺超群的卓越女性形象。论，作者抑制不住强烈的感情，用议论与抒情手法，连连直接赞叹其“贤孝”和“且艺且贫”之奇异超人。

传这一部分，又可分为四段阅读，第一段总起概括介绍，用“习诗礼，知孝义，兼工绘事”为轴，展开其一生经历；第二、三、四段，分别从早年居乡、老年来杭、卒年哀毁三个时间段，用大量的事迹，展现张因出众的才华、洒脱的性格和孝义的品德。

全篇虽然文字极简，却叙事颇多，脉络清晰，而且还运用了多种描写方式来塑造形象，突出个性与品德。用得最多的，是细节描写，穿插于叙事之中，如少年“夜观恒星”“指而名之”，婚后“戚党咸呼之曰‘赵五娘’”，贫困之中“典簪珥以为炊”“以画易米”“或赌记书籍策数、典故以为乐”，而贫友来投却又“解衣衣其妻，而自忍冻，分米为糜”，烘托了张因孝义的品德和多才多艺、安贫乐道的形象。尤其，最后病卒“血满地，不知谁喀”这个细节，对张因的贤义形象可谓尽情渲染，感人至深。除了细节描写，全篇还有对话描写“本不识字”，动作描写“扁舟涉江，登虎阜，泛莺脰湖”，外貌与场景描写“竹舆小舫，秋衫白发，萧洒于湖光山色间”，张因不慕虚荣、洒脱飘逸的形象呼之欲出。

李尚之传

题旨

本文选自《揅经室集》二集卷四。李锐，字尚之，天资过人，天文历算为世之翘楚，然而运穷命背，于嘉庆二十二年（1817）咯血而亡，年仅四十八岁。芸台先生当时在两广总督任上，得知噩耗已是第二年的夏天，悲伤不已，作此传痛惜英才早逝。

李锐，字尚之，一字四香，元和县学生员[1]。幼开敏，有过人之资，从书塾中检得《算法统宗》，心通其义，遂为九章八线之学。[2]

古算术至唐以后几于亡。明泰西利玛窦[3]入中国，有《几何原本》[4]一书，徐光启、李之藻之徒从而演绎之，《周官保氏》《九章》之遗法不能烛照数计也[5]。李之藻《同文算指》以西术易《九章》盈朒方程之说[6]，梅宣城定九谓非利氏本意[7]。盖中西术其理则同，而立法则异，三率比例较古法方田、粟米、差分为密，而少广为西法所无，是略而不备矣[8]。宣城梅氏，近世推绝学，以梅氏智计，岂有不知古法与西法不同者？第囿[9]于西术，而《九章算经》诸书皆未之见，所见者惟《周髀》[10]勾股之法，虽欲深求古术，然若无古籍，出于意测耳。李君起而振之，力求古学。王孝通《缉古算经》[11]，词隐理奥，无能通之者，君与阳城张君古余[12]共著《细草》，详论二十术，而《商功》之“平地役功广袤之术”，较若列眉矣[13]。又于同邑顾君千里得秦九韶《九章算经》[14]，乃穷究天元一术，论其法与借根方[15]不同，于是郭守敬、李冶之说始明[16]，知唐顺之、顾应祥之书甚无谓也。[17]

注释

[1]元和县：清代县名，辖境在今苏州市。生员：通过院试的童生，俗称秀才。 [2]开敏：聪明机敏。《算法统宗》：又称《直指算法统宗》，明代程大位著，是明清时期影响较大的一部以珠算盘为计算工具的数学著作。九章八线之学：古代数学。九章，即《九章算术》，中国古代第一部数学专著。 [3]泰西：旧泛指西方国家。利玛窦：字西泰，意大利人，明代在华传教28年，是天主教在中国传教的最早传教士之一。 [4]《几何原本》：古希腊数学家欧几里得著，利玛窦和徐光启译。 [5]《周官》：《周礼》初名，记述西周政治制度的儒家经典。《保氏》：为《周礼·地官》章节，保氏为周代职官名，与师氏并掌小学教育教国子之职，教六艺，其中第六艺为九数，即古算法，《九章算术》本于此。遗法：留传下来的方式、方法。烛照数计：用烛照着，按数计算。比喻料事准确，语出韩愈《送石处士序》。 [6]《同文算指》：明代利玛窦、李之藻编译，是我国第一部系统介绍欧洲笔算的数学书。李之藻，字振之，浙江仁和（今杭州）人，万历年间进士，精历法、算学。盈朒（nǜ）方程：关于盈亏问题的方程。 [7]梅宣城定九：梅文鼎，字定九，号勿庵，

安徽宣城人，清初著名天文学家、数学家。 ［8］三率：算学术语，指已知所有数、所有率与所求率三项，而计算所求数的方法。明末《同文算指》卷将这样的各种比例算法归为“今有术”。方田：正方形及矩形以边线长短求田地面积的算法。粟（sù）米：此处指古代粮食交易的计算方法。差分：当为衰分，指从大渐差而小。少广：由已知长方形面积或长方体体积求其一边之长的算法。以上皆为古九章算法。 ［9］第：但是。囿：局限，拘泥。 ［10］《周髀（bì）》：中国最古老的数学和天文学著作，约成书于公元前1世纪，介绍并证明了勾股定理，唐初改名《周髀算经》。 ［11］《缉古算经》：唐初数学家王孝通撰《缉古算术》，被奉为《缉古算经》，是中国现存最早解三次方程的著作。 ［12］张君古余：清代数学家、藏书家张敦仁，字仲篙，一字古余，泽州府阳城（今山西阳城）人，李锐曾入其幕，助著《缉古算经细草》，将《缉古算经》羡道、筑堤等二十术均有术无草补足术文等，并运用宋代已失传的天元术，将《缉古算经》“从立方开之”改为“各以天元入之”，简化成列方程（求三次方程的正根）解应用题。 ［13］《商功》：为《九章算术》第五章，测量体积、计算工程用工的算法。“平地役功广袤之术”语出《缉古算经》之篇首《上缉古算经表》。役功：兴建土木工程的劳役。袤（mào）：长度。古称南北的距离。南北曰袤，东西曰广。较若列眉：清楚得就像排列着的眉毛。形容事物很有条理地、非常清楚地摆在面前。 ［14］同邑：同县。顾君千里：清代著名校勘学家顾千里，名广圻，元和（今江苏苏州）人。秦九韶：字道古，南宋著名数学家，与李冶、杨辉、朱世杰并称宋元数学四大家，著《数书九章》，代表了宋元时期数学的高峰。 ［15］借根方：西方代数学名词，清康熙年间传入。 ［16］郭守敬：元代著名科学家，字若思，用天元术求周天弧度，编《授时历》。李冶：金元时期的数学家，原名李治，字仁卿，著有《测圆海镜》等。［17］唐顺之：字应德，号荆川，武进（今江苏常州）人，明代儒学大师、数学家，通晓元代所传“回回术法”，精通弧矢割圆术，著有《勾股弧矢论略》等。顾应祥：字惟贤，号箬溪，精于九章勾股之学。但他们都对天元术茫然不解，被认为是中国数学在14世纪之后由盛转衰的见证。

今译

李锐，字尚之，一字四香，元和县学的秀才。小时候就聪明机敏，所学皆能洞达，天资过人，在书塾中得到《算法统宗》这本书，通晓其中的意思，于是就开始研究关于九章八线的学问。

中国古代数学到唐代以后几乎失传。明代西洋人利玛窦来到中国，带来（古希腊数学家欧几里得的）《几何原本》一书，徐光启、李之藻等一众数学家由此进行推演铺陈，但是难以深入透彻地通晓《周礼》里保氏所教的古算法及后来《九章算术》里的古算法。李之藻（翻译）的《同文算指》，把《九章》关于盈亏问题的方程算法，变换成西方的算术，清初的数学家宣城人梅定九认为这并不是利玛窦的原意。中西数学的原理应该是一样的，可是采取的计算方法并不同，后来总结出来的运用三率计算比例的方法，比《九章算术》里的方田、粟米、差分等古算法更为严密，不过《九章算术》里的少广算法则是西方算术里所没有的，这就叫作简略却不够完备。宣城人梅定九，被公认为历算造诣独到，凭他的才智，难道不知古算法与西方算法不同吗？可是他局限于西方算法，《九章算经》等古代算经都没见过，只看过《周髀》的勾股之法，即使想深入探求古算法，但如果没有古籍，那么一切都只能是出于想象和猜测。李锐挺身而出，着力探求古算术，进而振兴光大。（唐初数学家）王孝通所撰《缉古算经》，词义隐曲，数理深奥，没有人能够通晓。李锐与阳城人张古余共著《缉古算经细草》，详细阐述了《缉古算经》中羡道、筑堤等二十种算术，而《九章算术·商功》中的测量体积、计算工程用工的算法也就像排列的眉毛，清楚无疑。又从同县的顾千里那里得到（南宋著名数学家）秦九韶所著的《九章算经》，于是深入钻研天元术，论证其算法与西方传入的借根方有什么不同，于是（元代著名科学家）郭守敬用天元术求周天弧度的方法，（数学家）李冶以《测圆海镜》为代表的天元术理论终于被世人所明白；也终于知道明代数学家唐顺之、顾应祥由于对天元术茫然不解，所以他们的书很是没有什么意义和价值。

君尝谓“四时成岁，首载《虞书》；五纪明历，见于《洪范》”[1]，历学乃“致治之要、为政之本，《通典》《通考》置而不录，不亦傎乎[2]？”因著《历法通考》，其书体例大略以颛顼、夏、殷六历久矣隳亡[3]，记载咸缺；太初术[4]本之殷历，立法疏阔[5]；三统术[6]虽推法较密，然亦用太初四年增一日之术，是四分术无异于太初也。故断自三统术始，至国朝之椭圆法[7]止。唐瞿昙悉达《九执历》[8]、宋荆执礼《会天历》[9]，史志佚其法，乃于《开元占经》[10]《宝祐四年会天历》中求其术而为之说焉，惜未成书。惟《三统术注》《四分术注》《乾象术注》《奉元术注》《占天术注》《日法朔余强弱考》六科[11]而已。又有《召诰日名考》《方程新术草》《勾股算术细草》《弧矢算术细草》《开方说》，皆藏于家。

君天禀高明，潜心经史，以唐、宋人诗文为雕虫小技不足观也。然工四书之文[12]，家居教学，从游[13]者多登第，君则屡不得中。且兰草未征[14]，臼炊频梦[15]。行自伤，得咯血疾，戚戚少欢悰[16]，犹复静心调摄，力疾著书，卒以此殁矣[17]。

注释

［1］《虞书》：相传是记载夏朝之前的虞朝之书，后与《夏书》合为《虞夏书》编入《尚书》第一部分。五纪：岁、月、日、星辰、历数。《洪范》：《尚书·周书》篇名，“洪范”意为治国之大法。［2］《通典》：唐代史学家杜佑撰，专叙历代典章制度的沿革变迁，为中国历史上第一部体例完备的政书。《通考》：《文献通考》的简称，宋元学者马端临撰，记载上古至宋宁宗时的典章制度的沿革。《通典》以精密见称，《文献通考》以博通见长，二者与《通志》合称为“三通”。置：弃置。傎（diān）：颠倒错乱。［3］颛顼（zhuān xū）：黄帝之孙。颛顼历在周末成形，秦统一后推行全国，至汉武帝太初元年（前104）止。颛顼历与黄帝历、夏历、殷历、周历和鲁历，合称“六历”。隟（xì）：同“隙”。［4］太初术：即太初历，汉武帝太初元年（前104）邓平等人所造，因将一日分做八十一分，故又称“八十一分律历”。清乾隆以后避高宗弘历讳，历均改为术，如三统术、四分术、乾象术等。［5］立法：树立规范，规定法则。疏阔：粗略，不周密。［6］三统术：即三统历，西汉末刘歆据《太初历》等历法修成，是我国史志上第一部记载完备的历法。［7］断：起，划分时间的上限。椭圆法：清代自雍正年间到清末，天文历法引入欧洲地心椭圆体系，用开普勒行星运动三大定律计算，这是我国古代天文历法的最后一个阶段。［8］《九执历》：原为印度古历法，唐代传入中国，开元六年（718）由瞿昙悉达译成中文。九执即九曜（yào），指金、木、水、火、土、太阳、太阴、计都和罗睺九位星君。［9］《会天历》：南宋保章正（天文官职）荆执礼在宝祐四年（1256）所编历

法。清代失传，阮元搜求辑入《宛委别藏》，《揅经室外集》卷二作有《宝祐四年会天历一卷提要》。［10］《开元占经》：瞿昙悉达所著天文学著作，明万历年间在一尊古佛腹中失而复得，其对研究唐宋元时期的天文学发展极有价值。瞿昙悉达所译《九执历》原文即见于《开元占经》一百零四卷。［11］科：科段，本指文章的段落或部分，这里当指未付印的书稿。［12］四书之文：明清科举考试所用的文体，多取“四书”语命题，亦称八股文、时文。［13］从游：随从求学。［14］兰草：子孙。征：预兆，迹象。［15］臼（jiù）炊：炊臼之梦，丧妻，典出唐代段成式《酉阳杂俎·梦》：“江淮有王生者，榜言解梦。贾客张瞻将归，梦炊于臼中，问王生，生言：‘君归不见妻矣，臼中炊固无釜（谐音“妇”）也。’贾客至家，妻果卒。”［16］行：不久。自伤：自我伤感。咯（kǎ）：用力咳，吐。戚戚：忧伤的样子。欢悰（cóng）：欢乐。［17］犹复：仍然如以前。调摄：调养身体。力疾：勉强支撑病体。

今译

李锐曾说“四季组成一年，这句话第一次载于《虞书》；抓住日、月、星辰、岁、历数这五个方面就明了历法，这句话见于《洪范》”，历数之学是“安定清平的关键，治理国家的根本，《通典》《通考》弃置不录，这不是将主次颠倒了吗？”所以，他编著了《历法通考》，这本书所用体例大致考虑颛顼历与夏历、殷历等六历时间太久，记载都有缺失；汉武帝时期的太初历源于殷历，编制方法（用八十一分法）比较粗略；（西汉末刘歆等修订的）三统历，虽然推算的方法比较周密，然而还是用太初历四年加一天的历法，还是与太初历一样是四分历。所以，从三统历开始，直到当朝雍正、乾隆年间天文历法引入欧洲地心椭圆体系止，他都能洞彻本源。唐代瞿昙悉达的《九执历》、宋代荆执礼的《会天历》，这两部历法在史志中失传，他从《开元占经》《宝祐四年会天历》中发现了两历法，准备进行详细的阐述介绍，可惜最后未能成书。完稿的只有《三统术注》《四分术注》《乾象术注》《奉元术注》《占天术注》《日法朔余强弱考》这六本书稿。还有《召诰日名考》《方程新术草》《勾股算术细草》《弧矢算术细草》《开方说》书稿，都藏在家中。

李锐天资崇高明睿，专心研究经史，认为唐宋人热衷的吟诗作文只不过是雕虫小技，不值一提。可是，他精于科举八股文体，居家教书，随从求学的人很多考取进士，李锐却屡考不中。况且久无所出，而又频频丧妻。不久，内心伤感，得吐血疾病，便更戚戚寡欢。但他仍然如以前那样，一边静心调养身体，一边支撑病体不停写书，最终因为过于劳累而死。

元昔在浙，延君至西湖，校《礼记正义》[1]。予所辑《畴人传》[2]亦与君共商榷，君之力为多。嘉庆二十三年夏，江君子屏来岭表[3]，谓予曰："尚之殁矣。"并述阳城张君之言云："元朱世杰《四元玉鉴》[4]虽用天元一术，然茭草形、正负之法猝读难通[5]，因寄尚之，俾[6]为推究。二十一年，演成数段，寄至豫章[7]，寻根推密，极为精审。越两月而凶问[8]至，良可哀也。"《四元玉鉴》乃予藏本，录以赠张君者。惜乎，李君《细草》[9]未成，遂无能读是书者矣。君之子可久书来求作传，书中于君之世系、行事及生卒年月不具，但云终于六月而已。今与江君共论之，姑举所知者而为之传。君中年无子，以兄之子可久为子，及三娶某氏，始生一子，今尚在襁褓[10]中也。悲夫！

注释

[1]《礼记正义》：唐代孔颖达对汉代郑玄注《礼记》所作之疏，是《礼记》研究史上的集大成之作。芸台先生重刻《十三经注疏》中，《礼记正义》由洪震煊所校，而李锐所校为《周易正义》《春秋谷梁传注疏》《孟子注疏》，这里说李锐校《礼记正义》为笔误。 [2]《畴人传》：中国第一部天文学家、数学家的传记体专著，芸台先生编纂，李锐、周治平襄助完成，是中国历史上第一部纪传体科技史，对后世影响深远。门生罗士琳又作《续畴人传》，诸可宝与黄钟骏又分别辑《畴人传三编》《畴人传四编》。 [3]江君子屏：即江藩，字子屏，号郑堂，江苏甘泉（今江苏扬州）人，为惠栋再传弟子。应芸台先生之聘，主讲山阴（今江苏淮安）丽正书院。岭表：岭外，即岭南地区。 [4]《四元玉鉴》：元代数学家朱世杰著，在天元术基础上发展为“四元术”（高次方程组），是我国古代数学顶峰之作，只是解说简略，深奥难懂。此书失传，后芸台先生在浙江访寻发现。 [5]茭（jiāo）草：即茭白，菰的别名。“茭草形段”问题，见于《四元玉鉴》“垛积术”中“落一形垛”（即三角垛）求每层茭草束数。猝读：读完。 [6]俾（bǐ）：使。 [7]豫章：南昌。 [8]凶问：死讯，噩耗。 [9]《细草》：指李锐对《四元玉鉴》的校算未完稿《四元玉鉴细草》。 [10]襁褓：包裹婴儿用的被子和带子。

今译

我过去在浙江，邀请李锐到杭州西子湖畔，校勘《礼记正义》。我编著《畴人传》也与李锐共同商榷，李锐出力最多。嘉庆二十三年（1818）

的夏天，江子屏来到岭南，对我说："尚之死了。"并告诉我阳城人张古余说的话："元代朱世杰的《四元玉鉴》虽然也是用天元术，但'茭草形段'垛积问题、方程正负之法难以读懂，就寄给尚之，让他推求研究。嘉庆二十一年（1816），推演出了几个片段，寄到江西南昌，其中方程求根探寻奥密，非常精密详尽。没想到过了两个月，噩耗传来，真令人悲痛。"《四元玉鉴》一书原是我的藏本，是我抄录赠给张古余的。痛惜呀，李锐详细的解题步骤没有完成，以后再没有人能够读懂这本书了呀。李锐的嗣子可久写信来，求我作传，信中对于李锐家族的世系、以往的事迹以及生卒年月都没写，只说在六月去世而已。现在我与江子屏都说，姑且写我们所知道的情况吧。李锐到了中年都没有儿子，把兄长的儿子可久入继为子，一直到后来第三次娶妻某氏，方才生一儿子，如今还在襁褓之中。真悲伤啊！

评述

《揅经室集》中，有几篇大儒名家的人物传，如焦循传、凌廷堪传等，写法不重其生平事迹的铺陈，而重其理论成果的介绍。本篇李锐传，除了突出其天文历算方面的成就，还激荡着对其英年早逝的痛惜之情。

李锐早年跟随乾嘉学派钱大昕学习经学及天文历算，一生致力于古典天文、数学史料的整理与发掘，醉心于方程论领域的探索和研究，其成就代表着乾嘉学派在天文、数学领域中的顶峰地位。芸台先生早就闻其盛名。乾隆六十年（1795），芸台先生刚为浙江学政，从杭州文澜阁《四库全书》中抄得元代大数学家李冶的《测圆海镜》，就让焦循寄给李锐校算，因为只有李锐才能读懂这本"数百年绝学"之书，"知学友中，惟尚之独能明之"，甚至赞誉他就是当今的李冶。在《定香亭笔谈》中，芸台先生很推重他的天文算术，并称李锐为"江以南第一人也"。嘉庆四年

（1799），李锐终于应邀入芸台先生幕，从苏州来到杭州，与焦循同住诚本堂，助力完成了中国历史上第一部纪传体科技史《畴人传》。嘉庆七年（1802）他来到杭州，又入芸台先生所设的十三经局，与江藩同寓于武林书院，参加芸台先生主持的重刻《十三经注疏》文化工程，分校《周易正义》《春秋穀梁传注疏》《孟子注疏》。嘉庆九年（1804）他入张敦仁幕，又鼎力助撰《缉古算经细草》《求算术》《开方补记》等书。李锐潜心经史，八股时文也十分精通，但屡试不中，生活窘迫，而且发妻龚氏早卒，爱子夭折，为了子嗣两次续弦，穷困与忧伤最终压垮了他，临终还嘱托弟子黎应南，将他最后三年病重期间未竟的书稿《开方说》（下卷）完成。

芸台先生原传没有分段，这里按照邓校本《揅经室集》分为五段。第一、四段前后呼应，强调其“过人之资”“天禀高明”，痛惜其“屡不得中”、失子丧妻、咯血伤殁。第二、三段，一叙其对古典数学的整理挖掘，先后经他整理过的中国古代数学名著有李冶的《测圆海镜》和《益古演段》，王孝通的《缉古算术》，秦九韶的《数书九章》，《九章算术》，等等，这里没有一一列举，重点突出的是古算术唐以后失传，李锐“起而振之，力求古学”，终于彰显出古典数学天元术理论的意义与价值；一叙其对古典历法的整理挖掘，突出其历学观点，介绍《历法通考》，并叹惜其探寻恢复《九执历》《会天历》的书稿未成，列举了历学方面《三统术注》《四分术注》《乾象术注》《奉元术注》《占天术注》《日法朔余强弱考》等六部书稿，又附列了数学方面的五部书稿。最后一段，通过写生前交游、死后作传，既交代了李锐在经学及史学方面的成就，又将作传者对英才早逝的痛惜、儿子尚幼坎坷命运的悲伤描述得淋漓尽致。

由于李锐最重要的数学书稿《开方说》书未竟人已卒，芸台先生在传中无法评介其数学研究方面的成果。到道光三年（1823），芸台先生终于将他的十一种遗稿全部汇刻，名为《李氏遗书》，不但其弟子参加校印，还让自己儿子阮福、幕宾江藩也一同参校。除了阮氏刊本，后来又有多种其他重刻本。据最新研究，《开方说》中众多重要的成果，如关于方程正根个数的判定法则，负根和重根的概念，方程的非正数解隐含的虚根共轭的思想，先求一根首位再由变形方程续求其余位数字和其余根的“代开法”，等等，都标志着李锐在方程论领域突破了中国古典代数学的窠臼，成为清代数学史上一位引人注目的学者。

小沧浪

题旨

本文为《小沧浪笔谈》诗文随笔集卷首语。小沧浪亭，在济南大明湖北岸，四面临水，景色优美。芸台先生自从乾隆五十八年（1793）来到济南，三年间最为醉心于此。调任浙江后，忆此“所历之境”，作此写景随笔名作。

小沧浪者，历下[1]明湖[2]西北隅别业[3]，即杜子美所言北渚[4]也。鱼鸟沈浮[5]，水木明瑟[6]，白莲弥望[7]，青山向人，至此者渺然有江湖之思。

别业为盐运使阿雨窗（林保）[8]所筑，雨窗移任天津，方伯[9]江滋伯（兰）[10]领之；方伯移任云南，余乃领之。与学署相距一湖，少[11]暇即放舟来读书于此。或避暑竟日，或坐月终夜，笔床茶灶，夷犹[12]其间。鹊华[13]在北，惜为城堞[14]所掩；历山在南苍翠万状，远望梵宇[15]小如箱箧[16]。或黑云堆墨，骤雨翻盆，万荷竞响，跳珠溅玉，霅然[17]而霁，残霞雌霓[18]，起于几席；斜日向晚，湖风生凉，皓月转空，疏星落水，鸳鸯鸂鶒[19]，拍拍然不避人也；及其清露湿衣，仰见参昴[20]，城头落月，大如车轮，是天将曙矣。

此境罕有人领之者。

注释

［1］历下：济南古称，历指历山，即今千佛山，相传舜帝曾躬耕于此，秦代济南称为历下邑。［2］明湖：即大明湖，济南市区湖泊，由济南众多泉水汇流而成，景色优美秀丽，人文胜迹众多，如历下亭、铁公祠、小沧浪亭、汇波楼等。［3］别业：指本宅之外，另建在风景优美处供游憩的园林房舍。［4］北渚：北面的水涯。语出杜甫《陪李北海宴历下亭》“东藩驻皂盖，北渚凌清河。海右此亭古，济南名士多”。［5］沈浮：即沉浮，在水上。语出《诗经·小雅·菁菁者莪》：“泛泛杨舟，载沉载浮。”［6］明瑟：莹净，明净。一说“水木明瑟”应解为“水明木瑟”，即水清澈、树茂密，瑟意为众多、茂盛。［7］弥望：一望无际。［8］阿雨窗（林保）：阿林保，字雨窗，满洲旗人，后官至闽浙总督。乾隆五十七年（1792）时任山东盐运使，捐钱复建铁公祠、佛公祠和小沧浪亭。［9］方伯：明清时期对布政使的尊称。殷周时代意为一方诸侯之长，后泛指地方长官。［10］江滋伯（兰）：江兰，字滋伯、芳谷，号畹香，扬州盐业总商江春的堂兄弟，安徽歙县人，擅诗文，精瓷器，好治园，曾在河南、山东、云南任布政使、按察使、巡抚等职。［11］少（shǎo）：稍微。［12］夷犹：从容自得。［13］鹊、华（huā）：鹊山、华不（fū）注山，一在历城县北泺口镇，一在济南市东北，两山隔黄河相望。“华不注”意为此山如花跗注于水中。［14］城堞（dié）：城上的矮墙，泛指城墙。［15］梵宇：佛寺。［16］箱箧（qiè）：盛物的箱子。［17］霅（zhà）然：散开貌。［18］雌霓（ní）：即雌蜺。虹的内环色彩鲜盛，为雄，名虹；外环色彩暗淡，为雌，名蜺，即霓，今称副虹。［19］鸂鶒（xī chì）：俗称紫鸳鸯，形大于鸳鸯，而多紫色，

好并游。　［20］参昴（shēn mǎo）：参星和昴星，西方白虎七宿之二，语出《诗经·召南·小星》“嘒彼小星，维参与昴”。

今译

小沧浪亭，济南大明湖西北隅的一处园林房舍，也就是大诗人杜甫诗中所提到过的“北渚”所在。水清树密，鱼鸟出没，白莲一望无际，青山静立对人，到这儿令人思绪悠远，顿生江湖退隐之念。

房舍为盐运使阿林保所筑，阿林保调任天津，布政使江兰接下了这里；江兰调任云南，我便接下了这里。这里与我的学政署衙相隔一湖，我稍有闲暇就行船到这里读书。有时整天在此避暑，有时整夜坐于月下，笔架毫末，小炉煮茶，我在这里从容自得。（赵孟頫《鹊华秋色图》所画的）鹊山、华不注山在北面，可惜被城墙所遮挡；而南边的历山苍翠碧绿，庙寺远望小如箱箧。有时黑云如墨团堆积，倾盆暴雨突降，雨珠打在万千荷叶上争着发出声响，就像珍珠洒在玉石上那样跳跃四溅；忽而乌云散开，雨止天空放晴，残余的晚霞和虹霓从我坐卧的几席前升起；日斜天晚，湖风送凉，皓月升空，疏星落水，鸳鸯和鸂鶒鼓翅起飞，一点都不避人。等到清亮的露水沾湿了衣服，抬头望见天上参昴二星，而月亮已经落在城头上大如车轮，原来是天快亮了。

这种意境极少有人能够领略呀。

评述

调任浙江学政后，芸台先生常忆山东的“所历之境”“湖山之胜”，于嘉庆三年（1798）编成《小沧浪笔谈》诗文随笔集。本文是卷一的篇首语，未编入《揅经室集》，原无篇名，也未分段。这里以《小沧浪》为篇名，沿用了以篇首词语为标题的传统习惯。

随笔顾名思义，是随手笔录，这种文体通常篇幅短小，在选材与表达方式上特别灵活。《小沧浪笔谈》是事后回忆，随忆随记，用芸台先生自序的话说是“就其尚能记忆者，香初茶半，与客共谈，且随笔疏记之”，所以，其选材很有特色，所选往往是作者记忆最为深刻的事与景。本文对小沧浪亭的回忆描写，集中体现了这样的取材特色。小沧浪亭是他几年间“少暇即放舟来读书”的地方，文章开头对“水木明瑟”的优美风景只是概括，第二段对“笔床茶灶”的读书情景仅仅一笔带过，重点选择了夏日下午到翌日天明这个时间段，集中描写了雨打万荷、月照飞鸟、月落晨露这三个场景。作者为什么对这三个场景记忆最为深刻呢？这三个场景，都是对小沧浪亭风景的动态描写，是作者几年间“避暑竟日”“坐月终夜”时感受最深的场景，可以说是倾听到了天籁，感受到了大自然的脉脉深情，最终也将自己融入了自然之中。正如他在《小沧浪亭》组诗里描写的那样——“我向沧浪独立时，五更露气到清池。城头落月轻黄色，多少鸳鸯睡不知”，伫立于小沧浪亭，一夜到天明，可谓如痴如醉。小沧浪亭的风景已经让他进入物我两忘、天人合一的境界，所以作者将小沧浪亭这段描写置于篇首，视为全篇的“风舟之滥觞”。有人将这三个场景看作夏季与初秋的两个时间段，没有注意到作者描写这三个场景前后的时间衔接，也没有注意到与“避暑竟日”“坐月终夜”的前后呼应，更没有理解作者“竟日”“终夜”的那种沉醉，正是这种沉醉让作者感叹“此境罕有人领之者”。

除了选材具有特色，本文的写景也文笔灵动，特色昭然。作者对小沧浪亭的景色描写，采取总分结合的写法，先总写，写其静态；再分写，写其动态。开头总写“鱼鸟沈浮，水木明瑟，白莲弥望，青山向人”，用概括性的静态描写让人向往而生“江湖之思”；中间总写小沧浪亭远望“鹊华在北”“历山在南”的景色，让人有置身其间、身临其境的感觉。

第二段三个场景的动态描写，更是生动传神，如诗如画。其中，第一个雨打万荷的场景描写，“黑云堆墨，骤雨翻盆”，“霅然而霁”，写出了夏雨来得急猛去得快捷的特点；“万荷竞响，跳珠溅玉”，“残霞雌霓，起于几席”，写得有声有色，动静相宜，美妙无比。第二个月照飞鸟的场景描写，“斜日向晚，湖风生凉，皓月转空，疏星落水”，真切地写出了湖风的凉爽、湖水的清澈；“驾鸯鸂鶒，拍拍然不避人也”，以动写静，以鸟衬人，不仅写出了湖上夜景的宁静安闲，也充分渲染出人与物相亲、人与景相惜的感情色彩。第三个露湿月落的场景，“清露湿衣，仰见参昴，城头落月，大如车轮，是天将曙矣”，以景写人，生动刻画出作者痴迷一宿、天亮惊觉的心理与神态，把小沧浪亭迷人的意境渲染得淋漓尽致。

本文虽然篇幅短小，但表现了作者写景抒怀的出色才能，描摹景物极具情态，展现自然生动传神，尤其善于多角度、多层次地描写湖山的动态之美、变化之妙；更表达了作者对自然的深厚情怀，流露出拥抱自然、融入自然的纯真天性。遗憾的是，芸台先生这样的随笔、杂记类的文章并不多见，除了时间与精力不足，还有一个最主要的原因就是芸台先生触景生情的时候首选的文学体裁是诗。

蝶梦园记

题旨

本文选自《揅经室集》三集卷二。芸台先生因受浙江学政刘凤诰一案的牵连，革职进京，一时无处落脚，几经搬家，直到嘉庆十六年（1811），才在西城的上冈，租到一屋，惊喜有小园"亭馆花木之盛，在城中为佳境"，更有"异蝶来园"。此记浪漫而梦幻，深情而睿智，是不可多得的佳作。

辛未、壬申间，余在京师，赁屋于西城阜成门内之上冈[1]，有通沟[2]自北而南，至冈折而东。冈临沟上，门多古槐，屋后小园不足十亩，而亭馆花木之盛，在城中为佳境矣。松、柏、桑、榆、槐、柳、棠、梨、桃、杏、枣、柰、丁香、荼蘼、藤萝之属[3]，交柯接荫；玲峰、石井，嵚崎[4]其间；有一轩、二亭、一台，花晨月夕，不知门外有缁尘[5]也。余旧藏董思翁自书诗扇，有"名园蝶梦、散绮看花"之句[6]，常悬轩壁，雅与园合。

辛未秋，有异蝶来园中，识者知为"太常仙蝶"。继而复见之于瓜尔佳氏[7]园中，客有呼之入匣奉归余园者，及至园启之，则空匣也。壬申春，蝶复见于余园，画者祝[8]曰："苟近我，我当图之。"蝶落其袖，审视良久，得其形色[9]，乃从容鼓翅而去。园故无名也，于是始以思翁诗及蝶意名之。

秋半，余奉使出都，是园又属他人，回忆芳丛[10]，真如梦矣。癸酉春，吴门杨氏补帆为画园图[11]，即以思翁诗翰装冠卷首，以记春明游迹焉[12]。

注释

[1]上冈：今北京西单附近的下岗胡同南边，原为元大都城墙南墙根，明代旧城残垣形成高冈，得名上冈、下冈。 [2]通沟：畅通的沟渠，原是元大都的护城河，明代改称大明沟，今为西河漕。 [3]柰(nài)：又名频婆，苹果的古称，古代北方人工栽培的大苹果品种。(我国古代栽培的苹果最初称“柰”和“林檎”。据考证，“柰”为梵语端好之意；“林檎”则表示飞鸟来聚于林。)。荼蘼(tú mí)：蔷薇科落叶小灌，春末夏初开黄白色重瓣花，宋王淇有“开到荼蘼花事了”诗。藤萝：又名紫藤萝，与同属的紫藤皆为优良的观花藤本植物。属：种类。 [4]嵚(qīn)崎：本义高峻，这里指高低不平的样子。 [5]缁(zī)尘：黑色灰尘，常引喻世俗污垢、人世间的风尘。 [6]董思翁：明代书画家董其昌，松江府华亭(今上海市)人，字玄宰，号思白，是明代后期最杰出的书画家之一，其诗扇所题诗为《冯元成第观牡丹》：“名园占领艳阳多，未以沉冥废啸歌。坐竹兴仍修禊后，看花愁奈送春何。窗前散绮摇书带，台畔凝香乱钵罗。莫向花丛问姚魏，年来蝶梦不曾过。”散绮(qǐ)：展开美丽的绸缎，比喻绚丽的云霞，语出南朝谢朓《晚登三山还望京邑》诗：“余霞散成绮，澄江静如练。”句：短语。 [7]瓜尔佳氏：满族姓氏，满族八大姓氏之一。 [8]祝(zhòu)：发誓，保证。

［9］审视：仔细地看。形色：形态、颜色。 ［10］奉使：奉命出使，这里指授职漕运总督。芳丛：丛生的繁花。 ［11］癸酉：嘉庆十八年（1813）。吴门：苏州的别称，原为春秋时期吴国故地。杨氏补帆：杨昌绪，字补凡，一作补帆，号凤凰山人，长洲（今江苏苏州）人，乾隆嘉庆年间画家，曾入阮元浙江巡抚幕，为之作《天台桃源图》等画。 ［12］诗翰：诗文手迹。春明：本义春光明媚，因唐都长安城东门之一名春明门，后指代京都。游迹：游踪，出游的行踪。

评述

与《小沧浪》未编入《揅经室集》不同，《蝶梦园记》两度编入《揅经室集》。一是作为《题蝶梦园图卷，用董思翁自书诗韵》这首诗的长序，编入《揅经室四集》诗卷之十；一是单独成文，编入《揅经室三集》卷二。后来，在漕运总督任上，为蝶梦园作画、题诗、撰文；在云贵总督任上，梦回蝶梦园，“小园蝶梦记秋亭，又是滇园梦蝶醒”①；年近八十归田回乡，还诗忆蝶梦园，“比似小园仙蝶梦，又成三十一年前”②。终其一生，阮芸台为什么对蝶梦园念念不忘呢?

蝶梦的故事，最早发生在庄子身上，庄子梦为蝴蝶，梦中的庄子很快乐适意，梦醒后的庄子也很陶醉，陶醉在到底是“我”梦为蝴蝶，还是蝴蝶梦到变成了“我”。然而芸台先生的《蝶梦园记》，却是感伤的，满是梦境般迷离惝恍的愁绪。全篇概括地说，写的就是美好与神奇转瞬即逝的那种感伤。第一段，写小园之美好，小园位于京城元大都的护城河边、古

① 《揅经室续集》卷八《中秋宜月灯月》。

② 《揅经室再续集》卷五《壬寅正月居道桥桑榆别业，十数日茶隐，用丙申年京师南城龙树寺茶隐诗卷中韵》。

城脚下，有冈丘、有流水，有亭台、有花木，可谓“城中佳境”。尤其作者此刻罢官失意，无处落脚，忽然得此“花晨月夕”的世外桃源，自然是备感美好。第二段，写蝴蝶之神奇，蝴蝶是“太常仙蝶”，入匣能够神奇消失，落袖竟能听懂人语，这样通灵觉性的仙蝶飞入小园，让小园变得更为灵动美妙。然而，美好的时光总如蝶梦一般短暂。第三段小园很快“又属他人”，美好与神奇转瞬即逝，作者无限感慨浓缩在一句“回忆芳丛，真如梦矣”。“芳丛如梦”，是全篇最为感伤的一句话；而世事无常，才是芸台先生此刻深切的体验与感悟。他早年通达，浙江巡抚任上曾被嘉庆帝期许成“一代伟人”，谁知天威一怒，转眼便“芳丛如梦”，一切回到当初的起点。蝶梦园应该说是他失意时最大的安慰，也是这段京城岁月最富诗意与哲理的一种概括，因而便成为他一生的记忆。尤为难得的是，芸台先生是在罢官失意之时，得“芳丛如梦”之感慨；而在他仕途重新得意，赴任漕运总督之后，还心怀戒惧，请人绘画、题诗、作文，惕惕不忘“芳丛如梦”之悟，时刻提醒自己好梦易醒，盛筵必散，所以他对蝶梦园的这种记忆更体现了他对人生认识的透彻与深刻。

《蝶梦园记》的写法，也非常有特色。四百字的短文，用最朴实的语言，写出了非常浪漫梦幻的情境，可谓用写实笔法，造浪漫幻境，虚实相间，交映生辉。写小园时，虚写小园之美好时，语言简练，一句“花晨月夕”留足了想象的空间，但在实写树木品种时却不厌其烦，竟然一一列举了松、柏等十五种花木，又精确交代了“一轩、二亭、一台”，既流露出作者对小园之珍爱，也给人以强烈的真实感，为下文写“异蝶”作铺垫。写蝴蝶时，虚写蝴蝶的“形色”乃至神态，完全略去“太常仙蝶”的种种传说与故事，实写其出现、消失之奇怪，懂人语让画者“审视”之奇特，突出的是蝶通人性、超凡自在，让人对蝴蝶之“异”的感受非常强烈。最后虚写“忆”“画”等事宜，又让人有余声绕梁之感，可谓语短意长，余味无穷。

化州橘记

题旨

本文选自《揅经室集》三集卷五。化州，清代属高州府，今属广东省茂名市，因盛产橘红而被誉为橘州。嘉庆二十年（1815）十一月起，芸台先生赴高州等四州阅兵，路过化州，闻橘红盛名，遣仆人进赖园，以数千钱买得数枚橘果，既留下了清廉的佳话，也留下了妙趣的佳文。

按志[1]，橘红[2]出化州者佳。化州四乡多橘，以城内者佳。城内多橘矣，以及闻州衙谯鼓者为致佳[3]。及闻鼓之橘多矣，以衙内苏泽堂[4]前者为致佳。苏泽堂前只两树矣，尤推赖氏园中老树一株为致佳。

老树久枯，其根下生新树，今数十年，高丈许，故复称老树。赖氏守此，世为业，买者就树摘之，以示其真。花多实少之年，一枚享千钱，虽官不能攫之。园中近老树者数十株亦佳，然惟老树皮红，有白毛戟[5]手，香烈而味辛，识者入手能辨之。夫苏泽堂橘，官物也，征之者多，则州牧不暇给，长官若买之，则官不受价，否则攫而已。

予于庚辰十一月过州，知赖园之橘可买也，命仆人入园访

老树，赖叟曰："老橘卖已尽，惟零丁数枚矣。"即以数千钱摘之。赖叟其古橘中人[6]欤？或云化城多蒙石[7]，苏泽堂当石上，而赖园老树根下蒙石之力或更巨，物性所秉[8]，或亦然欤？

注释

[1] 志：指《广东通志》，其载"化州仙橘……治痰症如神，每片真者可值一金。每年结实，循例报明上官，至期采摘批制。即官斯土者，亦不易得"。 [2] 橘红：《粤小记》载，"所谓橘红者，即今之陈皮是也。"化州橘红明清时期素为朝廷贡品。 [3] 谯（qiáo）鼓：谯楼更鼓。致：同"至"，极。 [4] 苏泽堂：原为苏辙谪居化州之所，"在州署内，乾隆十二年建"（清光绪《高州府志》卷十二）。 [5] 戟（jǐ）：刺激。 [6] 橘中人：典同"橘中叟""橘中戏"，事见唐牛僧孺《玄怪录·巴邛人》，传说古时巴邛有一人家橘园，霜后两橘大如装满三斗米的瓮，剖开，每橘有二老叟相对象戏，谈笑自若，据一叟所说"橘中之乐不减商山"，四仙人或为商山四皓。 [7] 蒙石：今多写作礞石，一种矿物类化痰良药。 [8] 物性：事物的本性。秉：主持，决定。

评述

有人说，从此记可见芸台先生出行经常轻车简从，这大概有点夸张，因为清代官员出行都有一套礼制规定，更何况总督阅兵，代表国家威严，有一大群人要随从行仪，就算是想轻车简从也是不行的。不过，从此记能够推见芸台先生的清廉之极致：一是其任两广总督此时已有四年，能推见这几年无当地官员送礼送过橘红，否则他不会借路过化州之机，花“数千钱”才摘得“零丁数枚”；二是总督让仆人前来买橘，是按“花多实少之年，一枚享千钱”这样的市场价买的，可推见其一向严格自律，拒绝扰民。

此记能见芸台先生清廉之极致，也能见其笔墨之妙趣。化州橘红作为贡品，上上品称为署内橘红，近年在故宫发现了广东进贡给慈禧的署内橘红，何谓署内橘红？原来是指州衙署内之橘皮，苏泽堂前，赖氏老树一株尤为“致佳”。芸台先生为了突出赖园的老树，第一段笔墨详略变化飘逸如神，一方面惜墨如金，篇首说“按志”，连志名都没点出，更没有具体引用；另一方面，却不惜笔墨，连用两“佳”、三“致佳”，层层渲染，步步拉近，推出“赖氏园中老树一株为致佳”。第二段笔墨正面侧面交替灵活，正面叙述枯而复生、赖氏世守、买者现摘、一枚千钱的故事，描绘出皮红毛白、香烈味辛的形态，虽相邻老树，“识者入手能辨之”。接着侧面烘托其珍稀，作为官物已经令州牧“不暇给”。第三段的笔墨可谓亦庄亦谐，一边诙谐地问难道赖翁是传说橘中的老叟吗，一边认真地探究老树橘红为何能够“治痰症如神”，难道是树下有礞石，“物性所秉”？全篇集科学性与传奇性于一体，文笔轻盈，妙趣横生。

新建南海县桑园围石工碑记

题旨

本文选自《揅经室集》二集卷五。桑园围，因围内有众多桑树园得名，是珠江三角洲著名的古老大型堤围，守护着“粤东粮命最大之区”。谁知芸台先生才到广州，桑园围的三丫基段就决堤，“民命田稼所伤实多”。两年后上马桑园围石方工程，将十三公里的险段全铺叠上石块，道光元年（1821）竣工立碑，作此碑记。

南海县之西南有西樵山[1]焉，势高而基厚，连缀甘竹、飞鹅各小阜[2]，盘礴[3]数十里，西、北两江之水[4]所共抱而泄海者也。此山古必居海潮中，数千年两江泥沙附山而渟[5]，渐渟渐广，山之距水亦渐远，于是始有田。田患大水之浸，于是北宋以后始围以堤，始有桑园围之名。田之未围堤也，大水浸之，则泥沙加积焉，一年积二、三分厚之泥沙，百年即高一、二尺厚之田地。自有堤而田无水患，地亦不复加高，然而顺德、香山、新会[6]下游之海变田者，愈久愈多。下游之田既多，则上游两江浩瀚之水难速泄，以难速泄之水抱不复加高之田，水高田低，且以不坚之堤捍之，乌能不险而溃哉？国朝以来，屡经修筑，以卫民生。溯宋、元、明事载前碑志，不具述。

注释

［1］南海县：其地所指位于佛山市南海区。西樵山：位于南海区西南，形成于海底火山喷发，有七十二奇峰，明清时期雅称“南粤理学名山”。［2］甘竹：甘竹堡，位于桑园围南界，顺德区西南甘竹河岸。飞鹅：飞鹅山，位于桑园西围最北界，地处三水区。阜：土山。［3］盘礴：箕（jī）踞而坐，即随意张开两腿坐着，形似簸箕。［4］西、北两江之水：指西江、北江的交汇。［5］渟（tíng）：水积聚不流。［6］顺德：清代属广州府，今广东佛山市顺德区。香山：清代属广州府，今广东中山。新会：清代属广州府，现为广东江门市辖区。

余于嘉庆二十二年冬初莅粤，是年夏水决三丫基[1]，民命田稼所伤实多。察知岁修[2]资少，乃筹库资发商生息，岁得银四千六百两以济之，然终不能无大患。南海人伍元兰、伍元芝兄弟[3]并官刑部郎，捐银六万两；新会人卢文锦[4]前官工部郎，捐银四万两，请于险处皆建石堤以障之。其险者如三丫基、禾义基、天后庙、大洛口、吉赞横基诸处，堤上用条石叠之，堤坡堤根用磈[5]石护之，共叠石一千六百余丈，护石二千三百余丈。始斯役者，南海令仲振履[6]；终斯役者，南海令吉安；躬斯役而劳心力者，佐贰[7]顾金台、李德润，举人潘澄江、何毓龄等。二十五年工成，用银七万五千两，余银还之三部郎，三部郎不愿复受，请以济三水县堤及公事之用。

注释

[1] 三丫基：位于桑园围海舟堡段，是桑园围最险工段，因而最早铺砌石块。 [2] 岁修：每年有计划地对水利工程维修和养护。[3] 伍元兰、伍元芝兄弟：为洋商伍敦元子，见前《洋商伍敦元徇隐夷船夹带鸦片，请摘去所得顶戴并责令严禁杜绝折》注释。 [4] 卢文锦：广州十三行之一的广利行主人，继承其父卢观恒充行商，因其重视地产，由此广利行生意日益式微。 [5] 磈（kuǐ）：石头高低不平。 [6] 仲振履：字临候，号云江，江苏泰州人，嘉庆年间进士，在广东多有善政，曾协助芸台先生筑虎门炮台。 [7] 佐贰：担任副职的官吏。

夫桑园围内数十里如一小邑[1]，若溃，则顺德、龙山诸地兼受其冲，伍与卢无田庐在其中，乃捐银至十万之多，志在保障[2]，可谓好义而乐善者矣。是役也，工钜用多[3]，不可不奏而行。二十四年，元会同抚[4]部奏，奉旨允行。道光元年，以工竣奏，且请照礼部建坊[5]例奖伍、卢，以坊题钦定“乐善好施”四字，奉旨又允行。余阅水师出虎门，归过顺德，历斯围各险处勘其工，谒海神庙，致祷[6]焉。且诫围中各堡绅士、耆老等，自兹后岁逢大水，土堤之薄者厚之，低者崇之，漏者塞之，石堤之坏者增之修之，磈石之卸者增之垒之。官士请树碑以记其事，书此付之，庶几此一方永臻[7]安定焉。

注释

［1］邑：县。 ［2］保障：保护防卫生命、财产、权利等不受侵害。 ［3］工钜用多：工程巨大，费用繁多。钜：同“巨”。 ［4］抚：巡抚的简称。 ［5］建坊：古时因功名或特殊事迹，受到官方建牌楼以表扬功迹。 ［6］致祷：进行祈祷。［7］臻：达到。

评述

面对关乎“民命田稼”的重大水利工程，芸台先生向来高度关注，倾尽全力。之前湖广总督任上，他刚建好江陵县的范家堤、沔阳州龙王庙石闸；来到两广，面对年久失修的古老堤围，他募捐建成桑园围石方工程。碑记自然首先要表彰工程的捐修者与主修人，所以芸台先生不惜笔墨，赞扬了伍元兰、伍元芝和卢文锦三部郎，并“无田庐”，捐银十万两，“志在保障”，是“好义而乐善”；也记载了主持完成工程的诸位姓名。他无意写自己，然而在字里行间，我们还是看到了芸台先生对桑园围地理历史的透彻把握，为桑园围水患治理所耗费的心血。初遇水灾，芸台先生便“察知”是“岁修资少”；发现筹资生息不能杜绝“大患”后，肯定一番募捐发动，请旨大修，请旨建坊表彰，又亲自“历斯围各险处”勘查工程质量，特别告诫“围中各堡绅士、耆老等”长远维护，重建重管，寄托了长治久安的期盼。

真正体现芸台先生深厚功底的，是碑记第一段对桑园围地理历史的概括与分析。开篇抓住一山两江的地理特征，一山“盘礴”，两江“共抱”，用词形象而准确。接着，判断“此山古必居海潮中”，符合现代海底火山爆发的地质分析；揭示泥沙淤积的历史过程，“泥沙附山而渟”，

“渐渟渐广”，由一年而至百年，“愈久愈多”，形象展示了围田的历史演变；最后，推演归结到田越来越多，上游水难速泄，加之围堤不坚，“乌能不险而溃哉”？层层剥笋，结论呼之欲出，桑园围“屡经修筑”，现在又该重修再建，“以卫民生”。

重建肇庆总督行台并续题名碑记

题旨

本文选自《揅经室续集》二集卷二。道光五年（1825），芸台先生便重建肇庆行台，并续刻自乾隆九年至嘉庆十二年（1744—1807）历任两广总督的题名碑，立于堂前。此记平实地记叙了先为总督行台，复为总督署衙，再为总督行台的这一段历史。

两广总督若明韩雍[1]、王守仁[2]，皆驻兵广西梧州，而广东肇庆、广州皆有行台。嘉靖四十三年，总督吴桂芳因东事重于西事[3]，始移驻肇庆，以行台为署，握各营劲兵为兼顾之计，诚据形胜[4]也。我大清乾隆十一年，总督策楞[5]始常驻广州，以广州之行台为督署，肇庆之署为行台。台中久无居人，堂室[6]朽坏，数十年来更全倾圮[7]。元来此，皆瓦砾场，惟石狮、碑础仅存矣。

近年广东全海肃清，内地安丰，广西边徼亦皆绥靖[8]。元屡以简阅[9]东西官兵，往来肇庆，止宿于阅江楼上，念此间为两省扼要地，总督署虽移而兵不可移，各营将尚皆有署，乃总督于城中无一椽，非政体。道光五年，于旧基重建行台，惟立门屏[10]两重，堂室两重，取可以校武暂驻而已，无多构也。复于堂西开马射之埒[11]，阶上设步射之序[12]，阶下可练小

队[13]，东南建帅字旗，修复城南炮台，庶几体制得宜，而往来均便，且重兵所在，当务其本也[14]。堂前题名碑[15]自乾隆九年后未续刻，爰书列之，以续前而开后焉[16]。阮元记。

注释

[1]韩雍：字永熙，江苏苏州人，明代中期名臣，成化元年（1465），平定大藤峡起义后，以左副都御史之职提督两广军务。 [2]王守仁：本名王云，字伯安，号阳明，浙江余姚人，明代杰出的思想家、文学家、军事家，他提出的心即理、良知等哲学命题和“知行合一”的方法论，史称“阳明学派”，有著作《王文成公全书》三十八卷行世。他于嘉靖六年（1527），总督两广兼巡抚，平定断藤峡叛军后便辞官回乡，两年后病卒。 [3]吴桂芳，字子实，江西新建人，明代抗倭将领，以兵部右侍郎提督两广军务，后累官工部尚书。东事：指的是抗御潮州倭寇、平定河源盗首李亚元等战事。 [4]形胜：险要之地。 [5]策楞：钮祜禄氏，满洲镶黄旗人，清朝大臣，累迁为广州将军，授两广总督。 [6]堂室：厅堂和内室。 [7]倾圮（pǐ）：倒塌毁坏。 [8]边徼（jiào）：边界，边境。绥靖：安定。 [9]简阅：察看，阅兵。 [10]门屏：门与屏之间，这里当指行台辕门及帅字旗前的牙门。 [11]马射：即骑射，骑马和射箭。埒（liè）：本义矮墙，这里特指马射场四周的土围墙。此句译为：又在大堂西边开辟骑马射箭的驰道。 [12]步射：射者徒步使用弓箭拉射。序：教射的场所。此句译为：台阶之上设立步兵教射的场所。 [13]小队：人数少的队伍。 [14]体制：指规则、制度。重兵：指人数多、实力强的军队。务其本：致力

于根本。“庶几”句译：应该能够既有体统，而又往来方便，况且这里本是重兵驻扎的地方，一切都应该保证练兵之所需。［15］题名碑：刊刻有姓名的石碑，这里指原刻有乾隆九年（1744）那苏图之前的历任两广总督姓名的碑石。［16］爰（yuán）：于是。“爰书”句译：于是书写清代自乾隆九年（1744）那苏图起历任两广总督的姓名，一一刻碑排列，以接续过去、开启未来。

评述

肇庆，古称端州，汉代至清代多次成为岭南的政治中心，从嘉靖四十三年（1564）起，始为两广总督府的驻地，只是到了乾隆十一年（1746），总督府才降为行台。所谓“行台”，就是大吏出巡时所驻的地方。不过，芸台先生在1818—1825年，曾四度出巡到肇庆阅兵，都住在肇庆西江北岸的阅江楼，从未住在肇庆的总督行台，这是因为行台早已“朽坏”“倾圮”，成了“瓦砾场”。

这篇重建碑记，记叙了肇庆总督行台的历史、重建的原因及规模，结构严谨，层层递进。开篇，由远及近，先叙述了行台近四百年（其中曾为督署约两百年）的历史，描写“堂室朽坏”“皆瓦砾场”的行台现状，伏下必须重建的题旨。接着，由面到点，交代两广海清边宁，“内地安丰”的总体形势与肇庆阅兵无台可住的现实问题，并突出肇庆地理上为“两省扼要地”、军事上“总督署虽移而兵不可移”，表明重建行台更有居安思危、常备不懈的深远意义。然后，水到渠成，介绍了重建规模，虽然规模不大，仅两道门、两进房，但有“马射之埒”“步射之序”，又修复了炮台，表明重建一切皆以练兵校武为目的，照应上文，突出题旨。

本篇碑记史料翔实，文字平实，但又不失典雅庄重，字里行间自有一种知古察今、深谋远虑的气势流露。

英清峡凿路造桥记

题旨

本文选自《揅经室续集》二集卷二。英清峡，北江从英德到清远之间的峡谷，栈道“为各省通行之要路”，但却“芜圮”之极，人人“履险”而“畏其陨”。道光五年（1825），总督组织整修，“凿路造桥”，总计用银近五万两，新治道路近八十公里，修造桥梁一百四十五处。第二年秋，芸台先生作此记后，便告别两广远赴云贵了。

广东英德、清远两县峡江，为各省通行之要路。自宋嘉祐六年，转运使荣諲[1]始开峡山栈道；明嘉靖四年，府判符锡[2]曾修；十五年，兵备道[3]吴宪复加修治。国朝康熙初元，平南王[4]重修，历今百有余岁，芜圮[5]极矣。行旅负纤之人，陟倾崖，缒危栈，援竹木，厉水石，莫不履险而畏其陨也。[6]

道光五年，元议修通之，乃于阅兵韶州时，往来亲督勘丈，于三百七十余里之中，分为南、中、北三段。南段自清远县白庙[7]起，至英德县细庙角止，元率盐运司翟公（名锦观）[8]督盐商治之；中段自英德县大庙峡[9]起，至新旺汛止，上驷院卿[10]、督理粤海关达公（名达三）率洋商治之；北段自英德箭迳山起，至弹子矶[11]止，广东巡抚成公（名成格）[12]率南韶连道衍公（名衍庆）[13]治之。凡平治道路二万四千四百余丈，修造桥梁一百四十五处，凿崖石，叠栈级[14]，伐竹木，六年秋工始毕，用银四万九千两有奇。每年冬，查勘修补一次，以为例。

时元将往滇池，书此以记其岁月工段，待后人视此程式耳[15]。

注释

［1］荣諲（yīn）：据《宋史·荣諲传》，"荣諲，字仲思，济州任城人"，举进士后，"为广东转运使"。"广有板步古河路绝险，林箐瘴毒。諲开真阳峡至洸口古径，作栈道七十间抵清远，趋广州，遂为夷涂。"其中，真阳峡即"浈阳峡"，涂同"途"。［2］符锡：明代江西新喻（今新余）人，历任韶州通判、太常典簿等职。嘉靖为明世宗朱厚熜的年号，嘉靖四年即1525年。［3］兵备道：全称整饬兵备道，明朝在边疆及各省要冲地区设置的整饬兵备的按察司分道，道官通常由按察司的副使或佥事充任，管理地方兵马、钱粮和屯田等。［4］平南王：尚可喜，字元吉，号震阳，祖籍山西洪洞，尚可喜原为明朝副将，后投奔后金，又随清兵入关，顺治六年（1649）改封"平南王"，驻粤二十六年，康熙十五年（1676）二月，被其子尚之信夺权，同年病死，赐谥号"敬"。［5］芜圮：毁坏荒芜。［6］行旅：远行的人，往来的旅客。缒（zhuì）：用绳子拴住人或东西，从上往下送。危栈：高而险的栈道。厉：涉水。此句意为：远行和背纤的人，登上倾斜的山崖，悬缒于险峻的栈道，攀缘竹条树枝，在水流乱石中跋涉，人人都身处险境惧怕掉下

山崖。［7］白庙：位于清远市北江上游，距飞来寺三公里，现为白庙渔村。［8］翟公（名锦观）：翟锦观，字絅之，号云庄，贵州毕节人，嘉庆年间进士，后升广东盐运使。［9］大庙峡：位于英德市黎溪镇南的北江河段，全长约六公里，两岸高山对峙，水流湍急，最窄处仅一百五十米，岸边建有祈求平安的庙宇，故得名大庙峡。［10］上驷院卿：上驷院，官署名，清朝内务府所辖三院之一。与武备院、奉宸苑合称“内三院”，掌管宫内所用之马，设卿二人，正三品。［11］弹子矶：坐落于今英德沙口镇北江西岸，在临江峭崖上，有一圆形深窝形似弹坑，故名“弹子矶”。［12］成公（名成格）：成格，伊尔根觉罗氏，字果庭，满洲正黄旗人，嘉庆进士，道光五年（1825）任广东巡抚，道光十八年（1838）官至礼部尚书，卒于任上。［13］南韶连道：为旧区划名，由南雄直隶州、韶州府、连州直隶州组成，还包括连山直隶厅。驻地在韶州府。衍公（名衍庆），据《大清宣宗成皇帝实录》，为道光七年（1827）迁江苏按察使。［14］凿崖石，叠栈级：在崖壁崖孔，置以横木，铺木板阶梯以为栈道，多见于巴蜀地区。［15］滇池：古称滇南泽，又名昆明湖，为西南第一大湖，在云南省会昆明的西南，这里借指昆明。工段：交通、水利等工程划分的施工组织。程式：固定格式。此句译为：此时我即将前往滇池所在的昆明任职，作此篇以记载施工的时间和南、中、北三个工段，留给后人当作可效法的一种固定格式。

评述

英清峡，不但是五岭南北的重要航道，北江与珠江三角洲的水上交通线，而且是岭南与中原的重要通道。芸台先生但凡出省进京，英清峡是唯一的水路。陆上的这条栈道，往来的多是呼声震天的纤夫，所以又称为纤道，八百年来只进行过三次重修，最后一次重修距芸台先生再次重修时也“百有余岁”。

芸台先生是如何重修整治的呢？这篇凿路造桥记，让我们看到他作为一方大吏，在进行重大民生工程中的主要做法和特点。

第一，采取官商联手模式，落实分段专人负责制。英清峡栈道，是一条始筑于宋代至芸台先生重修栈道时已八百余年“通行之要路”，要重修这样一条近四百里之长的山上险道，首先要解决的是组织与资金问题。所以，芸台先生发动盐商、洋商积极参与，总督、巡抚、道员与海关、盐运司共同承头，分三段组织施工，既保证了资金，又保证了工程质量。可贵的是，他能够根据不同项目类型采取不同的模式，对赈灾等慈善项目，如在浙江多次设粥厂救助饥民，他采取官方发动捐款、民间主办的模式；而对军事项目，如浙江造兵船、广州筑炮台，他则采取官方既发动捐款，又完全主办的模式。由此可见他为政切合实际、注重实效的特色。

第二，在前期议修之时，总督亲自勘丈考察，深入调研方案。重修栈道是道光六年（1826）四月开工，而议修勘丈则早在道光五年（1825）十月，趁出阅清远及韶州之便，“往来亲督勘丈”，确定分段维修方案。《弟子记》记载：“大人自清远白庙至英德弹子矶，见峡山奇峻，削壁摩霄，绵亘数百里，澄波奔流，深澹不测，尝惜郦道元言之不详，而柳子厚足迹亦未经也。”其实，对北江峡道的考察调研，先生任两广总督之后一直未停，早在道光二年（1822），他便对北江英清峡之南的清远峡（清远至三水）进行了地形研究，撰《清远峡记》。

第三，在工程结束之后，重视建管结合，构建长效管理。作此文之时，他已经接到调任云贵总督的上谕了，但他撰此记，特别提示“每年冬，查勘修补一次”，并明确要“以为例”，期望“后人视此程式”。据《弟子记》，此记后来勒石，“立碑峡山寺（即飞来寺）门”，正是为了提醒后人勿忘修补。他希望每一善政都能够传之久远，最典型的莫如学海堂，除了为学海堂构建种种能够“传之久而行之远”的制度，又为学海堂打破他多年从不收礼的习惯，赴任云贵总督之际，将众人临别馈赠尽收入册，“皆留之粤中，以为学海堂经费及添刻经解各公事之用”（《弟子记》卷六）。

赋铭

蔷薇赋

题旨

本文选自《揅经室集》四集卷一。嘉庆二十二年（1817），芸台先生刚接任湖广总督，“简兵（阅兵）之行”途中，路过湖北襄阳，船停汉皋山下，策马荆山林峦，看到漫山遍野的野蔷薇，激情涌起，作此赋盛赞蔷薇，这是他唯一的托物赋花之作。

舣余舟于汉皋兮[1]，策余马于荆山[2]。当季春之佳令兮，敷众芳[3]于林峦。有蔷薇之嘉卉兮，施修条于树端。纷朴樕而荫翳兮[4]，亦丛灌而交攒[5]。或孤植于石罅[6]，或隐被于柴关[7]；或偃[8]日而如盖，或围圃而作樊。谢人力之培植，远樵斧而不删[9]。

注释

［1］舣（yǐ）：停船靠岸。汉皋：山名，在湖北襄阳西北，西汉刘向《列仙传·江妃二女》记载了周人郑交甫于汉皋台下遇二女解佩相赠的传说，当为我国最早的河神传说。［2］荆山：位于襄阳郡南漳县西，漳水发源于此。山有抱玉岩，传为楚人卞和得璞处。［3］敷：展开。众芳：百花。［4］朴樕（sù）：小树。《说文解字》：“朴樕，小木也。”荫翳（yì）：枝叶繁茂。［5］丛

灌：丛生的灌木。攒（cuán）：凑集，聚拢。［6］罅（xià）：裂缝。［7］被：遮盖。柴关：柴门。［8］偃：覆盖。［9］樵斧：柴斧。删：削剪枝条。

今译

我的船停在汉皋山下啊，我策马奔驰在荆山。正是阳春三月美好的时节啊，山林峰峦开满了百花。最为夺目的就是那美好的蔷薇花啊，一条条的花枝随风飘摇。初生的也纷繁茂盛啊，丛生的也交错聚攒。有的孤独地长在石缝里，有的浓密得遮挡住了柴门，有的像伞盖覆盖住日光，有的成了园圃的篱樊。它们都无须人工栽培，也未受过樵夫的刀斧。

茁琼蕊而葳蕤[1]，缀白华之檀栾[2]；香芬烈[3]以盈路，散春风而未残。欲折枝以相贻，箴[4]刺手而莫攀；虽奇馨之袭人[5]，羌[6]服媚而靡艰。绝樛木之求思[7]，如汉女之贞闲[8]。鄙无臭于棠梨[9]，斥淹治于牡丹[10]。色皓皓[11]其白雪，骄阳春而不寒。

注释

［1］茁：生长旺盛。琼蕊：美称白色的花。葳蕤（wēi ruí）：草木茂盛、枝叶繁密下垂貌。［2］白华：白色的花。檀栾（tán luán）：秀美貌。［3］芬烈：香气郁烈。［4］箴：缝衣或针灸用的工具，同“针”，此外指蔷薇枝茎上的尖刺。［5］馨：散布得远的香气。袭人：熏人。［6］羌，连词，表转折。［7］绝：割

断；切断。樛（jiū）木：树枝向下弯曲的树。思：助词，用于语末。［8］汉女：即传说中的汉水女神。贞闲：贞静贤淑。［9］臭：香气。棠梨：野生梨树，枝条细小如刺，伞状白花有强烈怪味，古人用棠梨的树枝堵门，故称为杜梨，有成语“杜门谢客”。［10］淹：时间久，程度深。冶：容态艳丽妖媚。［11］皓皓：洁白貌。

今译

玉英一样的白花茁茂而繁密，一朵朵连缀在一起婉娈秀美；郁烈的香气充满山道，在春风里久久发散而花不凋残。如想折枝用来赠送，刺手还是莫要摘取；奇妙的香味熏人欲醉，佩戴在身上却很困难。（蔷薇）毫不理会俯身而来的树枝，就像汉水女神那样贞静淑娴。鄙厌没有香气的棠梨，远离艳丽妖媚的牡丹，花色皓皓犹如纯洁的白雪，娇艳地盛开在温暖的春季。

疑碎剖其卞璞[1]，琢玉英而为鞶[2]。抑神女之弄珠[3]，结百琲之珊珊[4]。昔筚路[5]之初启，岂斯木之尽刊[6]？何灵均[7]之多颂？惟纫佩于芷兰[8]。斯楚骚[9]之所遗，爰摘词而永叹[10]。

注释

［1］卞璞：和氏璧，泛指美玉。［2］玉英：玉之精英。鞶（pán）：古人佩玉的皮带。［3］神女：即汉江两仙女，见前“汉皋”条、“汉女”条注释。［4］琲（bèi）：成串的珠。珊珊：玉佩声或晶莹貌。［5］筚路：柴车。语出《左传·宣公十二年》

“筚路蓝缕，以启山林”。［6］刊：砍伐。［7］灵均：屈原之字。［8］纫佩：捻缀秋兰，佩戴在身，语出《楚辞·离骚》：“扈江离与辟芷兮，纫秋兰以为佩。”纫本义是搓绳，后“纫佩”喻对别人的德泽和教益铭感于心。芷：香味令人止步的草，特指白芷这种香草，也叫“辟芷”。［9］楚骚：战国楚屈原所作的《离骚》。［10］爰：于是。摛（chī）词：铺陈文辞。

今译

这些花朵疑是和氏璧那样的美玉剖开碎裂而成，再精选玉英雕琢成为玉带；抑或是汉江二位神女拨玩的明珠，结成了一串串晶莹的珠琲玉环。最先楚国先君熊绎乘坐柴车开辟山林的时候，哪里能够将荆山丛生的树木全部砍光？屈原为何写下那么多的诗歌？因为他只对别人的德泽和教益铭感于心。这就是屈原《离骚》所留下的情操，于是铺陈文辞而久久地长叹。

评述

芸台先生新接湖广总督后，“简兵之行”走在三国古战场上，似乎怀古之情特别强烈，既作有咏史组诗《荆襄杂诗九首》，又分别作有《赤壁赋》《蔷薇赋》两赋。初读《蔷薇赋》，也能感受到其悠长的思古之情；可是细细品味，似乎并不止于思古与赋物。

全赋可分为三段，第一段写策马荆山遇蔷薇，盛赞其既平凡普通，又生命力顽强旺盛，朴樕荫翳，丛灌交攒，远离人烟，蓬勃生长。第二段写其花色香味和内在美，盛赞其秀美自爱、贞静贤淑的品格，花枝“刺手”、花语斥冶的风骨，白华檀栾，香芬盈路，拒绝艳媚，花如神女。第三段写作者面对蔷薇的丰富联想，由蔷薇联想到荆山和氏璧、汉江神女珠，想到楚国先君熊绎筚路蓝缕开辟荆山，想到屈原披芷佩兰洁身自好，进一步渲染烘托蔷薇的纯洁高尚的内在美质，表达作赋者追求高洁完美、不愿同流合污的品格与情感。

显然，《蔷薇赋》的托物言志，有屈原《橘颂》的影子，不过《蔷薇赋》既借花言志，又以花自比，比之《橘颂》似乎更进了一层。蔷薇的平凡普通，与芸台先生的出身低微颇为契合；蔷薇的顽强与旺盛，又极像芸台先生历经挫折而越挫越勇；蔷薇花香“奇馨”、花枝“刺手”、贞静淑娴而绝不艳媚，更与芸台先生天性雅正、学养深厚而又摒弃媚俗、风骨刚毅绝类无二。芸台先生正是从漫山遍野的野蔷薇上，看到了刚走出仕途低谷的自己，虽然遭遇挫折，仍然不改初心，才赋赞蔷薇以表心迹。看似不起眼的《蔷薇赋》，对于芸台先生初任总督之时的内心思想感情和高尚品格追求，有很强的展示意义。

《蔷薇赋》的赋体，也是学的屈宋之“骚体”，他在《荆襄杂诗九首》之七《古郢都》中就大赞道：“惟有屈宋辞，万古流春风。”“骚赋”尚处在诗向赋的过渡阶段，与汉赋散韵结合的特点还略有不同。《蔷薇赋》是一韵到底，不过《蔷薇赋》同样也有汉赋铺采摛文，体物写志的艺术特色，对蔷薇外观内在的摹写，铺陈直叙，文辞优美，可谓之“铺采摛文”；对蔷薇的品格精神咏赞，寄托讽喻，抒发情志，可谓之“体物写志”。

《揅经室集》收录的赋作只有六篇，其中四篇皆为早期之作。这四篇中，殿试之作两篇，让他大露峥嵘：乾隆五十五年（1790）散馆大考，作《御试一目罗赋》，钦取一等第一名；次年翰詹大考，作《御试拟张衡天象赋》，又被乾隆帝亲擢一等第一名。另外两篇《拟潘安仁射雉赋》《炙輠赋》是翰林馆课，可见芸台先生年轻的时候就是作赋高手，只是入仕后作赋甚少，仅有的两篇，皆作于湖广总督任上。

赤壁赋

题旨

本文选自《揅经室集》四集卷一。芸台先生沿长江“简兵”，舟过蒲圻县赤壁（今湖北赤壁）古战场，感慨而作此赋。此赋精练生动地描写了赤壁之战的主要过程，显示了他作为大吏与大儒过人的史识，及作为赋体骈文家的深厚功力。

丁丑之春，余从邺下移节武昌[1]，复以简兵[2]之行，溯襄、郧、彝陵[3]，操舟师下荆州。乘风东归，过所谓赤壁者，慨然叹曰：“余所经之地，古皆篡窃于曹公，维[4]彼乱世，实生奸雄。揽兹陈迹[5]，不知感慨之何从[6]也。”

注释

[1] 邺下：古时邺城的别称，先后为曹魏等六朝都城，遗址在今河南安阳北，这里借指河南安阳。移节：旧称大吏转任或改变驻地。　[2] 简兵：通过演习挑选军吏士卒。此次“简兵之行”，既检阅水兵，又沿途巡历调研，查勘江堤，正如此赋结尾所说“总盂甄而校武，修堤防而劭农”。其时间和路线，据赋首“溯襄、郧（yún）、彝陵，操舟师下荆州。乘风东归，过所谓赤壁者”，赋尾“出荆门，回郢中”所叙，是在春二月中旬从武昌出发，经过襄阳府、郧阳府、

（荆门州）宜昌府（古称彝陵），然后带领水师从宜昌的彝陵峡口来到荆州府（府地江陵），沿长江舟过蒲圻县赤壁（今赤壁市）古战场，复上溯再回宜昌，出荆门山（或荆门州），返襄阳宜城（楚昭王、楚惠王所建郢都处）。 [3] 襄：湖北襄阳市简称，地处襄水之阳而得名。郧：古代诸侯国名，故地在湖北安陆。彝陵：古名夷陵，因"水至此而夷，山至此而陵"而得名，古属荆州之域，清代改名为彝陵。 [4] 维：句首语助词。 [5] 揽：通"览"，观看。陈迹：旧迹，遗迹。 [6] 何从：从何处，怎么办。

今译

丁丑年的春天，我从河南郧城转到湖北武昌任湖广总督，又开始了练兵演习之行，逆水而行经过襄阳、安陆、彝陵，指挥水师顺流而下来到荆州。乘风东归，经过人们所说的赤壁古战场，我慨然长叹道："我所经过的这些地方，三国时期都曾被曹公所窃取，当时乱世，果生奸雄。饱览着这一片当年的古战场，我的感慨一时不知从何说起。"

斯壁也，抗洞庭之北，据监利[1]之东；众山凝碧，绝壁留红；春江晓开，残月落弓；戈船偃旗，军堠[2]静烽。天下治平，舟楫尽通，东吴西蜀，往来憧憧[3]。溯建安之挟令[4]，出南郡以兴戎[5]；攘江陵之军实，秣北马于渚宫[6]。舍彼精骑，泛此艨艟[7]；波涛之性不习，樯橹之用未工。斯不待吴廷斫案[8]，已先决其无功。况夫公瑾用智，孔明效忠，公覆赞助，载荻蒙冲[9]。进夏口以西拒，当乌林而砺锋[10]；凭沙羡[11]以自守，射连舰而进攻；破江天之寒色，纵一炬以横空；起鸣

雷于万鼓，扇巽女[12]于残冬；付舳胪于嘻出[13]，化猿鹤与沙虫[14]。几于林乌[15]焚巢，台雀坠铜[16]，折鼎一足[17]，当涂路穷[18]。笑江波而回指，乃仅免于华容[19]。余固曰：“非赤壁而亦败，矧[20]天假以东风。”

注释

[1] 监利：荆州府所属的县名，位于洞庭湖北面。 [2] 军堠（hòu）：旧的军事堡垒。 [3] 憧（chōng）憧：往来不断的样子。 [4] 溯：往上推求和回想。建安：汉献帝年号，此时朝廷的政治大权主要由曹操所掌控，赤壁之战即发生在这个时期。挟令：即挟天子以令诸侯，挟持或挟制皇帝并以其名义号令诸侯。 [5] 南郡：秦置，含湖北旧荆州、安陆、汉阳、武昌、黄州、德安、施南诸府及襄阳境其地，治所在江陵县（今荆州市）。兴戎：发动战争。 [6] 军实：军队中的器械和粮食。渚（zhǔ）宫：春秋楚国的官名，故址在今江陵县，这里代指江陵。 [7] 艨艟（méng chōng）：又作艨冲、蒙冲，古代狭而长的进攻型快艇。 [8] 斫（zhuó）案：用刀砍长桌，喻英勇决断行为。 [9] 公瑾：周瑜，字公瑾，东吴名将，建安十三年（208），孙、刘军队联合，赤壁之战大败曹军，奠定三分天下的基础。公覆：黄盖，字公覆，东吴名将，赤壁之战中提出火攻战术，并前往曹营诈降，火攻大破曹操军队，是赤壁之战的主要功臣之一。 [10] 夏口：古地名，因在夏水（湖北仙桃以下的汉水古称）入长江处。此时刘备进驻夏口，与孙权结成联盟。乌林：位于湖北长江赤壁的北岸，赤壁之战周瑜于此破曹兵，火烧赤壁实则火烧乌林。 [11] 沙羡（yí）：古县名，东汉时为江夏郡十四县之一，今

武汉市武昌和江夏的区域。 [12] 巽（xùn）女：指风。巽为八卦之一，《易·说卦》："为木，为风，为长女。" [13] 舳舻（zhú lú）：船头和船尾的并称，泛指前后首尾相接的船。嘻（xī）出：即"嘻嘻出出"，火炎熊熊貌，或状鬼神之声。 [14] 猿鹤与沙虫：即成语"猿鹤沙虫"，战死的将士或死于战乱的百姓。典出《艺文类聚》卷九十引《抱朴子》："周穆王南征，一军尽化。君子为猿为鹤，小人为虫为沙。" [15] 林乌：即乌林，与下句"台雀"同前后颠倒。 [16] 台雀：即铜雀台，曹操在击败袁绍后，即建安十五年（210），营建邺都（今河北临漳县西），建铜雀台于漳水之上，因楼顶铸有大铜雀而得名。 [17] 折鼎一足：即成语"折足覆餗（sù）"的缩写，折断鼎足致使食物翻出，比喻力不胜任，必然败事。典出《周易·系辞下》："《易》曰：'鼎折足，覆公餗，其形渥，凶。'言不胜其任也。" [18] 当涂：本义挡路，引为执政。亦可解作"当涂高"，三国魏的代称，语出汉代谶语"代汉者，当涂高也"。 [19] 华容：即华容道，历史地名，即赤壁之战中曹军逃入华容县界后向华容县城逃跑的路线。 [20] 矧：况，况且。

今译

这片赤壁，耸立在洞庭湖的北边，占据着监利的东边；群山浓绿，绝壁赤红；春江清晨雾散，弯月将落如弓；战舰旗帜偃倒，旧堡熄灭狼烽。天下安定太平，江上船只畅通，向东吴越、向西川蜀，舟楫往来不断。追想建安时期曹操挟天子以令诸侯，大军开到南郡大起兵戎；抢夺江陵的军械和粮食，把北方的战马喂养在楚国的渚宫。舍弃自己精锐的骑兵不用，坐上南方的战舰艨艟；（然而）波涛的水性并不熟习，摇橹的技艺尚未精通。还没等孙权当廷刀斫奏案决断迎战，就已经确定曹兵难以成功。何况再加上周瑜运用智谋、孔明尽力尽忠，黄盖竭力相助率领装满荻草的艨艟。刘孙联军进驻夏口抵挡西来的魏军，将敌人阻挡在乌林并亮出了锐利的刀锋；凭借着沙羡的地利守住阵地，向前后相连的曹船射箭进攻；冲破江天的寒气，燃烧着的大火横越天空；敲响雷鸣般的万鼓，摇动着东风起于残冬；前后相连的大船尽付熊熊的火焰之中，万千的将士皆化成了猿鹤与沙虫。乌林的老巢几乎焚尽，铜雀台楼顶的铜雀坠落，魏国的霸业鼎折一足，统兵的曹操道尽途穷。曾经笑对大江并傲视孙刘联盟，哪想到最后落得仅仅脱身华容。我一直说："没有赤壁的一场大火曹公也要大败，更何况老天送来了东风。"

余今出荆门[1]，回郢中[2]，顺江水以安流[3]，乘长风之渢渢[4]。总盂甄而校武[5]，修堤防而劭农[6]。拟苏子[7]于黄州，乃情地[8]之不同。毋徒伤于古人之故垒，惟穆然[9]于江上之青峰。

注释

[1] 荆门：当指长江南岸的荆门山，在今湖北宜昌市宜都县西北，李白有诗《荆门浮舟望蜀江》。抑或指清代荆门州。 [2] 郢中：郢都，这里当指楚昭王所建鄀都、楚惠王所建鄢都，今湖北襄阳宜城。 [3] 安流：舒缓平稳地流动。 [4] 渢（fēng）渢：象声词。 [5] 总：统领。盂（yú）：行猎阵名。校武：考较武艺。 [6] 劭（shào）农：劝农，鼓励农耕。 [7] 苏子：苏轼尊称，苏轼于元丰五年（1082）贬谪黄州（今湖北黄冈），作《赤壁赋》，记叙月夜泛舟游赤壁的主客对话，表达吊古伤今之情感和矢志不移之情怀，情韵深致、理意透辟，是影响巨大的文赋佳作。

［8］情地：处境，置身之地。　［9］穆然：静思貌。

今译

我如今离开荆门，回到古楚郢中，顺着平稳的江流，驾着沨沨的长风。统领着阵容严整的军队比练武艺，还要修整堤防大力鼓励农耕。模仿苏东坡在黄州作《赤壁赋》，可是我们各自的处境和置身之地大不相同。我就不再为古人的营垒徒然悲伤，只穆然沉思着面对江上的青峰。

评述

这篇《赤壁赋》可以称为“文赋”，起于宋人以散文形式写赋。芸台先生自己说是仿苏东坡的《赤壁赋》而作，所以他们写的都是“文赋”。但先生又很明白，这两赋其实是大不相同。不相同的原因，他在赋的结尾，意味深长地说是“情地之不同”。“情地”既指置身之地，苏东坡当时是身在黄州（黄冈），先生所凭吊的赤壁则是在蒲圻（赤壁）；“情地”又指当时处境，苏轼《赤壁赋》写于被贬谪黄州期间，那是他一生最为困难的时期之一；而芸台先生此时已完全摆脱了被罢浙江巡抚的阴影，走上了仕途的新高峰。正是这种“情地”的不同，决定了芸台先生此时不会再有强烈的怀古伤今之感，也不需要自我安慰式的强作达观，而是面对“陈迹”，回顾往事，以古鉴今，沉静思考，正如赋中所说：“毋徒伤于古人之故垒，惟穆然于江上之青峰。”一方大吏的地位，经学大儒的身份，使他摆脱了旁观者的角度和心态，用一种主导者以史资政的角度，审视这一段历史，写出了一篇赋体的论史韵文。

论史文与咏史诗一样，比的是对历史的识见。自古人们对赤壁之战的看法，大多感慨如此强大的曹操，“千里长江隘舳舻”（明代杜庠诗），就这么被东风一炬，“赤壁楼船扫地空”（李白诗），最有代表性的说法是杜牧的诗句，“东风不与周郎便，铜雀春深锁二乔”。可是芸台先生在赋中，却看出曹操来到江边，“舍彼精骑，泛此艨艟；波涛之性不习，樯橹之用未工”，已经是以短击长，“已先决其无功”了，所以他认为“非赤壁而亦败，矧天假以东风”。他在同时间所作的《荆襄杂诗九首》之九《赤壁》诗中，用千古大江的雄壮烘托公瑾当年的气势风流（“千古大江流，想见周郎火”），用“草草”“匆匆”来嘲讽貌似强大的曹操（“草草下江陵，匆匆让江左”），同样得出“纵使不东风，二乔亦岂锁”的结论。显然，芸台先生的诗与赋，是专反杜牧诗意之作，明确地告诉杜牧，将周瑜的胜利归于偶然太过简单，曹操由于轻敌冒进、以短击长，早就种下失败的种子了。赋予诗别出新意，显示出芸台先生具有政治家、军事家的战略眼光，看清大势，见识超人。

此赋也具有较强的文学性。作者在赋中表达的情感比较内敛冷静，因而此赋不以抒情取胜，而以描写动人。除了赤壁优美的景色描写（“众山凝碧，绝壁留红；春江晓开，残月落弓”），赋中最精彩的是战争描写。作者用骈体韵文，精练而生动地描写了赤壁之战的主要过程，战争之起写曹操不可一世（“溯建安之挟令，出南郡以兴戎；攘江陵之军实，秣北马于渚宫”），战局之尾写其穷途末路（“几于林乌焚巢，台雀坠铜，折鼎一足，当涂路穷。笑江波而回指，乃仅免于华容”），前后形成强烈对比，嘲讽辛辣；而战争的高潮部分，孙刘联军大胜的过程和场面（“进夏口以西拒，当乌林而砺锋；凭沙羡以自守，射连舰而进攻；破江天之寒色，纵一炬以横空；起鸣雷于万鼓，扇巽女于残冬；付舳舻于嘻出，化猿鹤与沙虫”），写得有声有色，气势恢宏。先对战争双方进行描写，而后推出结论，将说理寓于描写之中，是这篇赋体韵文论史的最大特色。描写的语言经过千锤百炼，通篇一韵到底，对偶灵动而工整，音韵错落而和谐，也让此赋读来朗朗上口。

胡西棽先生墓志铭

题旨

本文选自《揅经室集》二集卷二。胡西棽（shēn），名廷森，字衡之，“西棽”为其号，是芸台先生八岁那年的启蒙老师。嘉庆八年（1803）辞世之际，芸台先生在浙江巡抚任上，正巧进京返回，路过扬州，于灵前哭祭，又作此铭，表达其难忘师恩之情。

先生姓胡，讳曰廷森，字衡之，号西棽，先世唐宣歙节度使、常侍学之后[1]。十五世，当元时，祖大中籍饶州[2]，官休宁[3]，遂迁焉。高祖学龙，迁江都。父涛龄，国学生。先生身长体腴，事父孝，年逾三十，犹引过受杖。侍母疾，雪夜长跽[4]呼天，疾为痊。幼读书，试未第，乃以文学[5]佐大吏幕府之奏章。通达治体[6]，所缮奏皆称旨[7]。两江总督萨公载[8]等交聘延致之。

注释

［1］宣歙（shè）：唐方镇名，治宣州（今属安徽），领宣、歙、饶三州，后复置，改领宣、歙、池三州及采石军使。常侍：中常侍或散骑常侍的简称。学：胡学，字真翁，唐代官吏，徽州婺源（今属江西）人，官至银青光禄大夫、散骑常侍。 ［2］饶州：元

代为饶州路，明清时期为饶州府，今改名为江西鄱阳县。［3］休宁：休宁县清代属徽州府，今隶安徽黄山。［4］跽（jì）：长跪。［5］文学：文章博学。［6］通达：通晓，洞达。治体：规范的文体。［7］称旨：符合上意。［8］萨公载：萨载，满洲正黄旗人，清朝大臣，乾隆四十四年（1779）授两江总督。

先生兼精刑律，年五十，无子，或曰："掌刑者艰于嗣[1]。"先生曰："吾儒生，欲活人无尺寸权。正欲佐人，于刑中求嗣也。"故其治刑也，以仁辅义，有合于欧公求生不得之旨[2]，所全实多，卒举丈夫子[3]。遂杜门却聘，谢外交，与里中秦序堂、沈既堂诸先生为湖山游[4]，杖履吟咏，有香山之风。

注释

［1］嗣：嗣续，子孙繁衍承继。［2］欧公求生不得之旨：出自欧阳修为父所作的墓表《泷冈阡表》，"（太夫人告之曰）汝父为吏，尝夜烛治官书，屡废而叹。吾问之，则曰：'此死狱也，我求其生不得尔。'吾曰：'生可求乎？'曰：'求其生而不得，则死者与我皆无恨也……'"意思是其父想为死囚寻求生路，虽然最后无法免除他的死刑，但死囚和其父已没有遗憾了。［3］丈夫子：儿子，男孩。古代儿女通称子，男称丈夫子，女称女子子。［4］秦序堂：秦黉，字序堂，号西岩，自号石研斋主，江苏江都人（今属扬州）。乾隆十七年（1752）进士，历官翰林编修、四川道御史、湖南岳常澧道道员，归里居扬州旧城南门小盘谷。乾隆帝南巡，曾手书赐匾额"旧城读书处"，著有《周礼纂注》等。沈既堂：沈业富，字既堂，江苏

高邮人，乾隆年间进士，官翰林院编修、太平知府、河东盐运使。著有《味灯书屋诗集》。因与芸台先生为姻亲，曾为之作墓志铭，收于《揅经室集》二集卷五。

元初任巡抚时，先生至杭，为擘画[1]一切，元以政事切问[2]之，悉其情。逾月，兵刑、漕赋[3]事略定，先生曰："可矣。"乃返扬州。嘉庆元年，恩诏县举孝廉方正[4]一人，里中搢绅[5]皆以先生应举，具牍达之官矣，而史胥慭之[6]。先生曰："搢绅勿与史胥言，言则不廉不正矣。"以是卒未达大府[7]。嘉庆八年，先生卒于家，年八十有五。先生工诗，善于言情，其佳处极似放翁，著《西琴诗草》一卷。授职州吏目[8]，配李安人。子德生，职州同知[9]，侧室刘安人出。冬十一月，葬扬州西门外老人桥之右。元幼时以韵语受知于先生，先生授元以《文选》之学，导元从李晴山[10]先生游。先生于元外祖林公[11]为执友。公子妇林氏，元母之姪也。元入觐[12]返，过扬州哭先生，乃为铭曰：先生之行，在孝与慈。先生之学，在《书》与《诗》。先生之才，经济匡时[13]。韬晦恬退[14]，世莫之知。知之深者，非元伊谁？丸丸宰木[15]，罔道具宜[16]。爰伐乐石[17]，载此铭词。

注释

［1］擘（bò）画：筹划，安排。　［2］切问：恳切求教。［3］漕赋：旧时的漕粮赋税。　［4］孝廉方正：清代特诏举行的制

科之一，自雍正时起，新帝嗣位，诏直省府、州、县、卫各举“孝廉方正”，赐六品章服，备召用。乾隆以后，定荐举后送吏部考察，授以知县等官及教职。［5］搢（jìn）绅：插笏于绅，绅为古代仕宦者和儒者围于腰际的大带，引为官宦或儒者的代称，与“缙绅”同。［6］史胥：掌管文书的小吏。慭（yìn）：慭置，意为搁置。［7］大府：上级官府。［8］吏目：州职官名，或掌文书，或佐理刑狱及官署事务。［9］州同知：明清知州的副职，清简称州同，以别于各府之同知，从六品，与州判分掌督粮、捕盗、海防、水利诸事。［10］李晴山：李道南，号晴山，芸台先生17岁从学的蒙师。见前《李晴山乔书酉二先生合传》注释。［11］林公：林廷和，乾隆年间举人，曾任福建大田知县。［12］觐（jìn）：觐见，朝见（君主）。［13］经济：经世济国。匡时：匡正时世。［14］韬晦：才能行迹隐藏不露。恬退：淡于名利，安于退让。［15］丸丸：一团团。宰木：坟墓上的树木。［16］具宜：无不合宜，合适得体。语见韩愈《进学解》，“少始知学，勇于敢为；长通于方，左右具宜。”［17］伐：敲打，凿击。乐石：碑石或碑碣。

评述

墓志铭通常有志和铭两部分，志用散文，铭用韵文；志记叙逝者家世、生平和事迹，铭表达悼念和赞颂之情，也就是古人所说的“志者，记也；铭者，名也”[①]。《揅经室集》中，共收墓表、墓碣、神道碑、墓志铭等墓碑文体三十篇，多是为至亲好友所撰。《胡西棽先生墓志铭》是全集第一篇墓碑文。

① 徐师曾《文体明辨序说》，人民文学出版社，1962。

胡西棽历经康、雍、乾、嘉四朝，“身长体腴”，有“经济匡时”之才，却只能为“刑名幕宾”，协助办理诉讼案件，芸台先生似乎很为其师抱屈，发出“知之深者，非元伊谁”的强烈感慨。他仁德治刑，“刑中求嗣”，晚年得子，便“杖履吟咏”。其诗“善于言情”，1801年芸台先生为其刊印了《西棽诗草》集。

这篇墓志铭记的部分，没有流水账般记其一生经历，主要抓住其“通达治体”的幕宾才能，仁德治刑、“刑中求嗣”的为幕生平，以及师生相知情深的点滴往事，注重刻画人物形象，运用多种方式展现人物性格。其一，是善于精选情节来刻画，如第一段所选“年逾三十，犹引过受杖”和“侍母疾，雪夜长跽呼天”两个情节，强烈突出其孝道；第二段所选老年终于得子后，胡西棽先生竟然“杜门却聘”，“杖履吟咏”，表现其恬退洒脱的性格。其二，精选对话，如“吾儒生，欲活人无尺寸权。正欲佐人，于刑中求嗣也”，透露出胡西棽为幕的真实内心世界，还有一种抱负难展的无奈；又如“搢绅勿与史胥言，言则不廉不正矣”，显示了他正直的品质和硬气的个性。

这篇墓志铭铭的部分，不但高度称赞其德行才学，更强烈抒发了对恩师的伤悼之情。第三段在“哭先生”作铭前，先回忆了师生情深的两个片段，一是幼时求学，“以韵语受知于先生”，这说的是八岁时的事，“余八岁时，初能诗，有‘雾重疑山远，潮平觉岸低’之句，先生亟赏之，即以《文选》授余，因以成诵”（《定香亭笔谈》卷三）。另一个片段，是芸台先生刚由学政改任一省巡抚，请先生至杭“为擘画一切”，说的是胡西棽先生八十二岁时的事。芸台先生对其师幼年赏识和教授《文选》一直铭记在心，他的《文选》情结也由此而来，而对其师八十高龄助他定“兵刑、漕赋事”，更是感动不已。这两个片段，为其最后的抒情作了有力铺垫，使铭文更有一种打动人的力量。

广州大虎山新建炮台碑铭

题旨

本文选自《揅经室集》二集卷七。嘉庆二十三年（1818），芸台先生接任两广总督不久，便海上阅兵，也就是碑铭中所说的“丁丑冬阅虎门水师”，当年底奏请新建大虎山、大黄滘两炮台，并与商户同捐银共六万两。第二年四月大虎山炮台筑成，作此碑铭，记叙大虎山炮台的概况以及广州海防四道门户的总体构建。

广州省城南海中有大虎山，为内外适中扼要[1]之地，昔人未于此建炮台者，以其东南弥望皆水漫无逼束[2]故也。余于丁丑[3]冬阅虎门水师，乘兵船出零丁[4]、鸡颈[5]诸外洋，遍观内外形势，及澳门夷市[6]而归，乃择于大虎山筑建炮台。或曰：“山前弥望皆水，若贼船不近山，岂能招之使来受炮耶？”余曰：“此即昔人所以不于此建炮台之故也。”岂知水虽弥漫，而沙厚积于远水之底，外潮内江，急水深泓[7]，所浚涤[8]而行者，皆近此山之根。爰乘小舟亲测之，近山者其深数十丈，若远至百丈以外，渐浅矣，二百丈大舟不能行矣。筑台周一百廿丈，高丈八尺，女墙[9]三十六，神庙、药局[10]、兵房毕具，置大炮自七千斤至二千斤者三十位，发之能击三百丈之外。此无异对面有山，逼而束之，使近出此山之前也。

注释

［1］扼要：扼据要冲。　［2］逼束：狭窄。　［3］丁丑：1817年。　［4］零丁：又称伶仃洋，位于广东珠江口外，为一喇叭形河口湾，北起虎门，口宽约四公里，南达香港、澳门，宽约六十五公里，水域面积约两千一百平方公里。　［5］鸡颈：鸡颈洋，邻近澳门南湾鸡颈山的水面。　［6］夷市：夷人做买卖的地方。　［7］深泓：深潭。　［8］浚（jùn）涤：疏通，冲刷。　［9］女墙：城墙上呈凹凸形的墙垛，用于城顶防护和御敌屏障。　［10］药局：弹药库。

今译

广州省城的南边海上有一座大虎山，处在向内向外的适中地带，是扼据要冲的地方。过去人们没有在这里建炮台，应该是觉得东南边一望无际都是辽阔的水面，没有一处狭窄。我在丁丑年接任两广总督，冬天检阅虎门水师，乘坐兵船驶出零丁、鸡颈等外洋，遍观江海内外的地势，一直巡看到澳门洋人做买卖的地方才返回，最后选择在大虎山建炮台。有人说："大虎山前一望无际都是辽阔的水面，假如贼寇的船不驶近山，难道能把贼船招引过来主动挨炮轰吗？"我说："这只是过去人们没有在这里建炮台的缘故。"却不知道，这里虽然水面辽阔，但水底都堆积着厚厚的沙子，外有海潮，内有珠江，急流深潭，冲刷所形成的深水道，都靠近这座大虎山的山脚。我曾乘小船亲自测量过，靠近大虎山的这条深水道有几十丈深，而百丈以外的水下便渐渐变浅，二百丈长的大船便不能行驶了。我们在大虎山上所筑的炮台，周长一百二十丈，高一丈八尺，城墙上有三十六个墙垛，神庙、弹药库、兵房俱全。安放了从七千斤至二千斤重的大炮共三十门，炮弹能打到三百丈之外。（由于百丈以外沙厚水浅）这就像对面有山，逼得水道变狭窄，使敌船只能靠近到大虎山前。

此台之外，有沙角炮台[1]，为第一门户，进而横档[2]、镇远[3]为第二门户，此大虎为第三门户。又于大虎之内新建猎德[4]、大黄[5]二炮台为第四门户。方今海宇澄平[6]，无事于此，此台之建，聊复尔耳[7]。然安知数十年后，不有懼此台而阴弭[8]其计者；数百年后，不有过此台而遽取其败者。又若山之内山之外，或淤高而耕为田，或浚深而改其道，则亦未能预料矣。爰为铭曰：

岭南薄海，虎门洞开。乘潮立壁，冯山起雷[9]。

声威所击，无坚不摧。波恬风偃，巍巍乎此台。

注释

[1] 沙角炮台：地处东莞虎门海口东岩的沙角地域，建于嘉庆六年（1801），与大角山炮台东西斜峙，形成虎门海口的第一重门户。 [2] 横档：即今上横档炮台，位于大虎山岛之南、下横档岛之北，建于康熙年间，扼守虎门西水道。现为虎门炮台主要组成部分，全国重点文物保护单位。 [3] 镇远：镇远炮台，在上横档炮台东面，建于嘉庆二十年（1815），设炮位四十个，与威远炮台、靖远炮台合称为“三远炮台”。 [4] 猎德：猎德炮台，与大黄滘炮台、大虎山炮台同为嘉庆二十二年（1817）阮元所奏建，在鸦片战争中成为广州城防东面的重要炮台。 [5] 大黄：大黄滘炮台，位于沙洲岛的龟岗之上，扼守珠江西南主航道，是清代广州的护城炮台。船近该岛必须转航方能驶入主航道，故俗称该岛为车歪岛。第一次鸦片战争期

间，其在抵御英国军舰入侵广州的战斗中发挥了巨大作用，是广州唯一保持得比较完整的鸦片战争时期的古炮台。［6］澄平：即承平，太平。［7］聊复尔耳：姑且如此罢了。［8］阴弭（mǐ）：暗地里停止。［9］立壁：形容山崖等像墙壁一样陡立。冯（píng）：同“凭”，依仗，倚托。

今译

除了大虎山炮台之外，还有沙角炮台，这是广州海防的第一道门户；继续向前，还有横档、镇远两大炮台，这是海防的第二道门户；到了大虎山炮台，这是海防的第三道门户。又在大虎山炮台的后面新建了猎德、大黄滘两炮台，这是海防的第四道门户。如今海疆安宁，这里没有战事，新筑大虎山炮台只是备用而已。然而，谁知道数十年后，有没有什么人因为害怕这个炮台而暗自取消进攻广州的图谋呢？数百年后，有没有什么人经过这个炮台而遭受巨大失败呢？又假如从山脚边到山远处，有的地方淤积变高从而耕作为田，有的地方疏通变深成为航道，这也是没办法推测的。于是作铭曰：

岭南靠近大海，虎门面海敞开。峭壁迎潮如立，火炮踞山响雷。

声威所到之处，其力无坚不摧。风平浪静保安宁，大虎山炮台巍然而立。

评述

这篇碑铭，显示了芸台先生强烈的海防意识与可贵的科学精神，表明芸台先生在第一次鸦片战争爆发二十年前就对英夷“恃强桀骜”抱有高度警惕，对抵御外国侵略早有筹划。

芸台先生的海防意识，首先体现在他强烈的紧迫感与危机感，接任总督一个月后，便“阅虎门水师”，乘兵船出零丁、鸡颈诸外洋，在珠江口“遍观内外形势”，当月底拟定炮台加建方案，上奏嘉庆，开工建设，第二年四月底建成，速度之快，可见其迫切的心情与忧患的意识。这里要补充的是，他这次共增建了大虎山、大黄滘及猎德炮台三座炮台，奏折里明确是“来年正月兴工”，所以这三座炮台应该筑于1818年，而非目前众多材料所说的1817年。碑记结尾中所说的“此台之建，聊复尔耳”，还说“数十年后”“有懼此台”，“数百年后”“有过此台”，只是他的隐晦之言，一种障眼法，结合对照他多次要求预防“夷患”的奏疏及其他诗文，他建炮台强海防，针对的就是眼前越来越嚣张跋扈的大英帝国，其子阮福在《弟子记》中说得非常明白：“此时洋面无多盗，所以建炮台添兵者，暗防英吉利货船之桀骜也。”芸台先生的预言也很快就得到了验证，四年后（即1822年），“英夷狡欲回国”，经过大虎山炮台时“实多疑惧”（出处同上）。碑记还记载了大虎山炮台的规模，铭文对三十门大炮“无坚不摧”威力的歌咏，还有严密的四道门户海防方案的介绍，这些无不体现出他强烈的海防意识。他的海防措施对保护沿海的安宁起到了重要的作用，《清史稿·阮元传》对此给予了高度赞扬：“元增建大黄滘、大虎山两炮台，分兵驻守。迭疏陈预防夷患，略曰：‘英吉利恃强桀骜，性复贪利，宜镇以威，不可尽以德绥。彼之船坚炮利，技长于水短于陆。定例外国货船不许擅入内洋，倘违例禁，即宜随机应变，量加惩创。各国知彼犯我禁，非我轻启衅也。’终元任，兵船不至。”

碑记还用了不少笔墨，解释了过去一直“未于此建炮台”的原因，细释了增建的可行性。他亲自乘小船测量水深，得出“近山者其深数十丈”，“远水之底”则“沙厚积”“大舟不能行”，澄清了长期以来的一个认识误区，表现出实事求是的科学精神，由此也可见芸台先生作为扬州学派领袖经世致用、博综贯通的治学特点。

诗选

五言古诗

同人登岱至对松山，日暮而返

题旨

本诗选自《揅经室集》四集诗卷一“甲寅”编年。乾隆五十九年（1794）初冬十月，芸台先生到沂州（今山东临沂）主持考试，顺路二登泰山而作此诗，在诗中描写了对松山一带的胜景，表达了对远离尘世之向往。

未及上翠微，暂揽松山胜[1]。嵌岩置修除，缘壁起盘磴[2]。拂衣千仞上，阑危不可凭[3]。峰高多夕阴，天半风初劲[4]。坐我万松间，苍翠互相竞。白云横不流，中有新寒[5]凝。林壑媚幽姿，泉石动清听[6]。已忘世人情，羡彼飞鸟性[7]。

注释

［1］未及：来不及。翠微：山顶。暂：暂且。松山：对松山，又名万松山，在泰山朝阳洞北。　［2］修除：长长的台阶。盘磴（dèng）：盘曲而上的石级。　［3］拂衣：提起衣襟。千仞：形容极高或极深，古以七尺或八尺为一仞。危：高。　［4］夕阴：傍晚阴晦的气象。天半：高空，如在半天之上。初劲：开始强劲。　［5］新寒：气候开始转冷。　［6］林壑：山林涧谷。媚：可爱。幽姿：姿态优雅。清听：清越动听。　［7］性：本性。

今译

来不及登上东岳青绿的山顶，暂且先饱览松山的胜景。长长的台级嵌置在山岩，盘曲的石磴沿着峭壁而行。提起衣襟登上千仞的山峰，栏杆陡得让人不敢靠凭。高山顶上的傍晚更为阴晦，半空之中山风也变得强劲。我坐在葱郁的万松之间，看万松争比谁更苍翠青绿。白云如带横亘不流，初冬的寒气空中凝固。山林涧谷姿态优雅可爱，石间清泉清越动听。我已忘记了尘世的烦恼，真想像飞鸟那样保持自由自在的本性。

评述

这是芸台先生早期的山水诗名篇，写登泰山至“岱岳最佳处”的对松山所见景色，一行人缘壁而起，拂衣登高，强烈感受到高峰之上初冬的“风初劲”，万松苍翠自在“互相竞”，白云自不流，泉石自清听。诗人深受感染，忘情陶醉，陶醉得完全忘记了尘世的烦恼，对“飞鸟性”心生羡慕。先生这一类的山水诗，所描写的山水大多道险境幽，远离人烟，保持着本真的面貌，力求不投射赏游者的性灵情感，但往往寄托了诗人的高逸情怀、尘外向往。这样抒情风貌的山水诗，我们可以称之为本真山水诗，这是先生山水诗两种抒情风貌的其中一种。

这首写泰山的诗，在众多泰山诗中独树一帜，入选徐世昌所编的清诗总集《清诗汇》（原名《晚晴簃诗汇》）。芸台先生不写游山过程，不写登顶之景，独选对松山的景色，可谓角度独特。二至四韵登高，重在写其险峻，五至七韵坐赏，重在写其清幽，可谓剪裁巧妙；写险峻多用夸张，写清幽多用拟人，可谓表现手法富于变化。全诗意境隽永，引人入胜，大有魏晋山水诗之风韵，从中可见先生的本真山水诗深受中国早期山水诗代表人物谢灵运的影响。

早 行

题旨

本诗选自《揅经室集》四集诗卷一“甲寅”编年。乾隆五十九年（1794）底，芸台先生早行，走在从邹县到曲阜的乡村路上，写下这首诗，表达对农民温饱的担心，反映了诗人关注现实生活、关心百姓疾苦的人文情怀。

戒道[1]鸡声歇，炊烟起孤村。寒林无恋叶，随鸟下平原[2]。平原多枯草，繁霜被其根[3]。鸟来无所食，还向空巢翻[4]。村中有老农，晓起抱诸孙[5]。传闻达官[6]过，策杖倚蓬门。屋西积草廪，屋东延朝暾[7]。布衣木棉厚，颜色有余温[8]。悬知尔室中，尚有升斗存[9]。

注释

[1]戒道：登程，出发上路，戒即预备之义。 [2]寒林：秋冬天寒时的林木。平原：广阔平坦的原野。 [3]繁霜：浓霜。被（pī）：遮盖。 [4]翻：飞。 [5]诸孙：本家孙辈。 [6]达官：旧指官职高的官吏。 [7]草廪：草圈的粮垛。暾（tūn）：刚出的太阳。 [8]木棉：即草棉、棉花。颜色：面容。余温：这里指留着晨晖的温暖。 [9]悬知：料想，预知。升斗，借指少量的口粮。

评述

芸台先生忧民济世的情怀并不是始于成为镇守一方的疆臣之后。这首诗表明，他早在年轻任学政之时，就处处体察民情，关心百姓疾苦。早行路上，看到“平原多枯草”“鸟来无所食”，便担心黎民百姓的生活，看到“屋西积草廪”，推知其家“尚有升斗存”，方才稍感放心。细细品味结尾，他看似对民众生活境况太容易满足，“其实恰恰暗示他所见到的民不聊生的情形太多了”，因而才为老农家“尚有升斗存”而感到宽慰。平淡敦厚的诗句，藏有“诗人‘哀民生之多艰’的深衷”[①]。

这首诗前四韵的景物描写，寒冬之景与忧民之情如水乳般交融，孤村、寒林、枯草、繁霜、空巢等众多意象，组成了寒冬凄清荒寂的意境，渲染了诗人“哀民生之多艰”的心情。后五韵的人物描写，从“策杖倚蓬门”到“颜色有余温”，由远拉近，辅以细节特写，表现诗人的观察细致入微，展现了一个关注民生、富有人文情怀的士大夫形象。

① 以上皆引自田汉云、古明《论阮元的诗》，扬州师院学报（社会科学版），1991年第3期。

冒雨由缙云[1]趋丽水[2]，道出桃花、交青、黄龙诸岭，云气万状，胜于晴时（组诗其二）

题旨

本诗选自《揅经室集》四集诗卷四“戊午”编年。嘉庆三年（1798）春三月，芸台先生到处州（今浙江丽水）主持考试，冒雨走在从缙云县到丽水县的括苍古道上，面对雨中诸岭的“云气万状”，激情洋溢，作组诗四首，这里选其中第二首。这首诗描写了他登上山岭后所见到的奇妙风光。

陟险有悚志，探奇多旷情[3]。松篁[4]易成响，况以风雨声。杂花满四山，红白垂繁英[5]。上有千仞峰，苍翠流余清[6]。下有百道泉，乱石交喧鸣。其中亘白云，与我相纵横[7]。

注释

[1]缙云：缙云县，清属处州府，位于浙江省南部、丽水地区东北部。　[2]趋：快走。丽（lí）水：清代丽水县，今为莲都区。　[3]陟：登高。险：险要，险峰。悚：恐惧，惶恐。志：心情、情趣。旷：心境开阔，性情豁达。　[4]篁：竹林。　[5]繁英：茂盛的花。　[6]余清：余留的清凉之气。　[7]亘：连绵不

断，伸展开去。纵横：肆意横行，毫无拘束。

今译

攀登险峰让人心生惶恐，探求奇景令人更加心旷神清。松海竹林本来就动辄发出松涛竹吟，何况再交加着风雨的声音。四面的山上均开满了各种各样的山花，枝头挂满了红的白的花朵。向上看有高耸千仞的山峰，苍翠间流动着清凉之气。向下看有无数条流淌的清泉，在乱石丛中交汇喧闹响鸣。高峰峡谷间白云连绵不断涌动，无拘无束地绕着我驰骋横行。

评述

这篇组诗四首，也是芸台先生年轻时期的本真山水诗名篇。此时，虽然调任浙江学政已经第三年了，先生却是第一次翻越浙江桃花岭。登岭穿云，步入自然，以孩童般探奇的眼光张望山水，以水晶般的心灵感受自然，尘世间所有的烦恼都被弃之云外，惶恐的心情（“悚志”）全来之“陟险”，心旷神怡（“旷情”）皆得之“探奇”。组诗的第一首，就是诗人写冒雨登山的惊险，“路穷岭直立，遂乃冲云登”，一路到尽头，山岭像是直立；冲破云雾，就好像登在云中。这里所选的第二首，便是描写登上山岭后所看到的奇丽风光，第一韵的“陟险有悚志，探奇多旷情”，既是承上启下的过渡句，更是一种哲理性的概括，是诗人游山的审美宣言，蕴含了中国自古以来就有的“陟险”“探奇”的美学思想。

以下五韵，充分显示了诗人写景“尤为工妙”的特色。“尤为工妙”赞语，是清诗研究大家钱仲联，在《梦苕盦诗话》对芸台先生诗的评价。从这五韵中能够看出，先生写景妙就妙在有声有色，善于捕捉自然界中各种美妙的声音，描绘各种鲜艳夺目的色彩，具有极强的感染力。

纤代赈（节选）

题旨

本诗选自《揅经室集》四集诗卷十“癸酉”编年。嘉庆十八年（1813）六月，芸台先生在漕运总督任上，督运四千余船漕粮，过邳州，入山东，遇到数万逃荒的饥民[1]，“汹汹相聚”而来，芸台先生当机立断，立即以纤代赈[2]，事毕作叙事长诗《纤代赈》四十三韵，这里节选的前十八韵，咏赞了漕运最底层的劳动者，表达了对他们凄苦生活、悲惨命运的同情。

鸿雁年年飞，所谋在江湖[3]。闲民无聊赖[4]，惯作牵船夫。粟米[5]四百万，转运达帝都。南漕[6]五千船，船与廿夫俱。牵夫十万辈，岁岁相挽输[7]。南牵来瓜州[8]，北牵过长芦[9]。负纤面扑地，蹴踏[10]声齐呼。前船呼邪许[11]，后船唱喁喁[12]。当暑无笠盖[13]，逢寒无裤襦[14]。阴雨沐毛发，烈日炙肌肤。岸宿犯霜露，川涉陷泥涂[15]。或为颁[16]白首，或为鬑鬑[17]须。兵吏促行程，执朴[18]相逐驱。恋船如恋家，孰肯为逃逋[19]。问伊何所乐，问伊何所图[20]？一饭何所乐？一身何所图[21]？所累惟此口，藉船相为糊。[22]有时力衰尽，沟壑在路隅。[23]

注释

［1］《纤代赈》中有如下描写："今年春夏旱，山东二麦枯。农民无收获，握粟如珍珠。俯首挖草根，煮及荠与荼。仰首剥树皮，屑及柳与榆。" ［2］以纤代赈：每船安排二十名饥民，一路拉纤，既大大加快了漕运速度，又让数万饥民"腹饱心且安"，化解了一场重大民变危机。 ［3］谋：谋求，追逐。江湖：江河湖泊。这句意为：就是为了追逐广阔的江河湖泊。 ［4］聊赖：依赖，这里指生活上的依托。 ［5］粟米：泛指粮食。 ［6］南漕：南粮，清代对所有运抵京、通各仓漕粮的总称。 ［7］挽输：运输。［8］瓜州：古镇名，位于扬州古运河与长江交汇处。 ［9］长芦：古镇名，即今河北沧州市所在。 ［10］蹴踏：踩，踏。［11］邪许（yé hǔ）：拟声词，众多人齐用力时的呼喊声。［12］喁（yú）喁：低语声。 ［13］笠盖：竹篾编成的笠形覆盖物。 ［14］襦（rú）：短衣，短袄。 ［15］"岸宿"二句意为：岸上住宿冒着霜和露水，过河又陷入泥泞之中。［16］颁：古同"班、斑"，头发花白。 ［17］鬑（lián）鬑：须发稀疏貌。 ［18］朴（pō）：朴刀，一种双手使用的较大的刀。 ［19］逃逋（bū）：逃亡。 ［20］伊：他。这二句意为：问他还有什么乐趣，问他还有什么希望。 ［21］这二句意为：我只有一餐饭饱腹，还能有什么乐趣？我只有独自一人，还能有什么希望？ ［22］藉：借。糊：用粥填塞，比喻勉强维持生活。这句意为：这么劳累完全是为了糊这张嘴，勉强活下去。 ［23］有时：终有一天。沟壑：借指野死。路隅（yú）：路边。这句意为：终有一天体力衰竭，死在路边。

评述

大运河千年的漕运，真正的主角是十多万的纤夫，而纤夫们则是最底层最为悲苦的群体。对大运河的这些纤夫，历代诗人却颇为吝惜笔墨，很少给予关注。嘉庆十七年（1812）秋，芸台先生接任漕运总督后，近距离地看到这些纤夫的生活与劳作，并深入了解了他们的喜怒哀乐，作长诗《纤代赈》，记叙了以纤代赈化解数万饥民围聚漕舟的重大社会事件，写尽了纤夫的苦难与悲惨。

节选的部分，首先描写了拉纤的壮观场面，十万纤夫蹴踏声呼、船歌震天，诗人热情洋溢，劳动场面写得气势宏大。接下来，诗人截取了一个个特写画面，描绘了他们异常凄苦艰辛的生活，这些以牵船为生的纤夫，无不日晒雨淋，风霜泥泞，早早衰老，一生无所乐，只是勉强糊口，而力衰岁荒的时候连生存的希望也无。芸台先生这首描写清代十万纤夫生活惨况的诗，填补了清代诗歌有关底层群体形象塑造的空白，丰富了大运河漕运文化的内涵，更难得的是，表现出一个封建时代的封疆大吏关注纤夫命运、同情百姓疾苦的悲天悯人的人文情怀。

乙酉春夏间屡登粤秀山憩坐学海堂因题

题旨

本诗选自《揅经室集》续集卷六“乙酉”编年。此处的“乙酉”是道光五年（1825）。这一年的春夏间，两广总督阮元在屡次登上粤秀山后，作此五古十六韵，此诗算得上是一首详细描写学海堂的长诗。

夙好在诗书，高情属云岫[1]。峨峨粤台山，尽启南海秀[2]。层岩[3]三叠成，古木百年茂。堂开古木中，木让乃肯构[4]。堂前独宏敞，山海得奇觏[5]。堂后倚碧岑，清樾密云覆[6]。翳荟与繁柯[7]，夹荫堂左右。海月出黄昏，新凉满晴昼[8]。山水湛清华，动静验乐寿[9]。炳焉有文章[10]，壮丽复沉厚。山房在翠微，精舍[11]颇不陋。到此林更深，轩户殊气候[12]。最高结笠亭[13]，望远又明透。随山为缭垣，万绿围一囿[14]。堂房易于新，树石难此旧。何由新耳目，还以古籍授。

注释

[1] 夙好：素所喜好。诗书：本指《诗经》和《尚书》，这里泛指一切经典。属（zhǔ）：专注。云岫：云雾缭绕的峰峦。　[2] 峨

（é）峨：高耸的样子。粤台山，即越秀山。启：展开。 [3] 层岩：高耸的山岩。阮福注，“学海堂在山中层，启秀山房为上层，至山亭又在上”；“此岩谷间本有老树数百株，绿榕、红棉之属，交柯接叶，堂成，诸生等又栽杂花数百株”。 [4] “堂开”二句：阮福注，“就其山麓稍平之地为堂，堂向东南，芟木数株，乃让出堂基。” [5] 宏敞：高大宽敞。奇觏（gòu）：奇观。觏，遇、看见。阮福注：“坐堂中，远见百里，山水重复，上云下海，三塔参差，风帆叶叶，随潮从狮子洋来。” [6] 碧岑：青山。清樾：同“青樾”，成荫的绿树。 [7] 翳荟：草木茂盛。繁柯：繁密的树枝。 [8] 晴昼：晴朗的白天。 [9] 湛：清澈。清华：景物清秀美丽，语出谢混《游西池》“景昃鸣禽集，水木湛清华”。乐寿：快乐与长寿，语出孔子《论语》“知者乐水，仁者乐山；知者动，仁者静；知者乐，仁者寿”。 [10] 炳：显著，昭著。文章：错综华美的色彩或花纹，这里指大自然中各种美好的物象、色彩、声音等。 [11] 精舍：学舍，儒家讲学的学社。 [12] 轩户：门与窗户。气候：泛指时令、季节。 [13] 结笠亭：笠帽似的亭子，这里指至山亭。 [14] 缭垣：围墙。囿：泛指四周有栏挡的园子。

今译

我一向喜好经书与诗文，高逸的情怀寄托在云雾缥缈的山林名胜。站在巍峨的越秀山顶，南海的秀美风景尽收眼底。高耸的山岩向上叠加三层，分别建有学海堂、启秀山房、至山亭。岩谷间很多古树，百年来葱郁茂盛。学海堂就辟于古林之中，为构建堂基古木让开了一方平地。堂前宽敞开阔，山海壮丽的奇观格外分明。堂后背倚青山，绿树葱郁如同浓云覆盖。茂盛的草木和繁密的树枝，在堂左右绿荫相迎。黄昏的海上升起了明月，晴朗的白天早晚充满了初秋的凉阴。山水如此清秀美好，让人体会到了智者的乐与动、仁者的寿与静。大自然中鲜明的色彩与形象，宏伟瑰丽而又厚重深情。启秀山房在青翠掩映的半山上，作为儒生们读书的学舍颇为温馨。这里的林木更为幽深，门窗内外似乎处在不同的节令。山上最高的地方有一笠帽般的小亭，透空敞亮而又能纵目远望风景。学堂顺着山势砌成围墙，满山的翠绿围出了一座园林。新建一座学堂很容易，但却很难能像学海堂拥有这样古茂的山林。要想让书生们提高见识、增长学问，还得给他们传授那些典籍儒经。

评述

学海堂嘉庆二十五年（1820）创建的时候，校址是在城西的文澜书院。道光四年（1824，即去年），阮总督终于将学海堂搬到了让他十分满意的越秀山上。这首长诗，用典雅的语言、细致的笔触，尽情渲染赞美了越秀山的风景，学海堂的环境，以及从山房（启秀山房）、山亭（至山亭）到四周缭垣（围墙）的书院全貌，让人真切地感受到阮总督对书院的深厚感情。

结尾两韵，语言朴实，却说出了两个哲理，一是文化物化形态方面的新易旧难，二是创新与传承方面的新由旧出。学海堂如何专重经史训诂，诗人写在学海堂门口的两副对联表明其宗旨与追求，一副是“公羊传经，司马记史；白虎论德，雕龙文心”，一副是“智水仁山，在此堂宇；经神学海，发为文章”。

梅花蜜

园中梅花盛开至两月之久，二月蜜房已满，割之，是梅花所酿也。

题旨

本诗选自《揅经室集》续集卷八“戊子”编年。昆明的云贵总督署大堂的东边便是宜园，有古梅数十株，芸台先生入园又新植数十株，所以诗中谓之“百树梅”。道光八年（1828）春，先生童心大发，入园细致观察蜂房中忙碌的小蜜蜂，吮吸品尝饱含梅香芳魂的甜蜜，作诗歌吟了小生灵的奉献精神。

春半园花残，蜂酿可收拾[1]。呼童开其房，蜜脾垂数十[2]。一脾穴满百，蜂头何戢戢[3]。甘露颔可含，黄粉翅能翕[4]。莹如冰壶清，白若玉膏湿[5]。计彼冬春间，花稀寒不蛰。惟有百树梅，衙衙[6]采之急。割脾留半台，淋漓注且挹[7]。梅花香与魂，全与蜜为入。甜味翻银匙，万花归一吸。

自注：

蜜脾：蜜房片片，侧垂如脾，窝孔侧列于脾，蜜含孔内。甘露颔可含，黄粉翅能翕：蜂含花露于颔下，沾花黄于翅股之间。衙衙：蜂一日有两衙。留半台：蜂王所居有台，割蜜须留其半，割少则蜂惰，割多则蜂饥。

注释

[1] 春半：春季过半。收拾：收集、收割。　[2] 蜜脾：蜜蜂

造的酿蜜的房。《埤雅·释虫》载："蜂采取百芳酿蜜，其房如脾，今谓之蜜脾。" [3] 戢（jí）戢：密集貌。 [4] 黄粉：黄色花粉。翕（xī）：收，合。 [5] 冰壶：盛冰的玉壶。玉膏：玉的脂膏，古代传说中的仙药。 [6] 衙衙：形容群蜂早晚聚集，簇拥蜂王，如同旧时官吏到衙门排班。 [7] 台：蜂王居处。语出宋代陆佃《埤雅·释虫》："叠积如台，语曰蜂台。"注：灌入。挹（yì）：舀，把液体盛出来。

今译

园里的梅花春半一凋谢，蜜蜂的酿蜜就可以收集了。呼唤童儿打开蜂房，蜜脾侧垂累累有好几十。每个蜜脾满百的孔穴，多少蜂头密密地挤在一起。蜂嘴吮含百花露，花粉振翅被吸翕。晶莹清亮犹如盛冰的玉壶，洁白又像玉膏一样润湿。看来采花是在冬春之间，天寒花少蜜蜂可没有多少花可采蜜。宜园的梅花只有百株，蜜蜂早早晚晚采花急。收蜜要留下一半的蜂台，淋漓的蜂蜜不停地注入和盛出，梅花的香气与芳魂全凝聚在这梅花蜜里。翻动银匙泛出醉人的甜味，万花之精华都在这一口的吮吸。

评述

这首诗的题材很是独特，专咏梅花蜜。梅花本来就是芸台先生珍爱的意象，对宜园之梅的反复吟咏就看出他对梅花是如何一往情深。这首诗结尾将"梅花香与魂"放在梅花蜜中，化无形之梅香为有形之梅蜜，写出"万花归一吸"的动人佳句。

然而，这首诗最成功的地方却是将读者带入了蜜脾垂垂的另一微观世界，塑造了"蜂头何戢戢"的勤劳而高洁的形象，它们每天吮含花露，吸附花粉，纵使天寒花稀也没有蛰藏停飞，从早到晚，不知疲倦，分泌的都是晶莹清亮、洁白湿润的蜜汁，奉献给人类“梅花香与魂”，诗人对这样的小生灵怀有别样的深情。

芸台先生作此诗时已是六十五岁高龄，对小生灵的世界能够观察得如此细致，描写如此逼真，尤其将收蜜的场景写得香与味俱全、形与神俱备，将品尝丰收的陶醉感写得动人心弦又勾人魂魄，让人不得不惊叹这位封疆大吏如此难得的雅兴与童心。

五言律诗

莱州蜉蝣[1]岛

题旨

本诗选自《揅经室集》四集诗卷二“乙卯”编年。渤海莱州湾的海边，有一座无人海岛，浮沉水面如蜉蝣。乾隆六十年（1795）三月，芸台先生来到海边，眺望小岛，吟诗记录了其对齐物逍遥的感悟。

山根走入海，出海更成山[2]。一碧揩铜镜，孤青拥钿鬟[3]。潮生春蛰起，月黑夜珠还[4]。谁复能齐物[5]，蜉蝣天地间。

注释

［1］蜉蝣：虫名，其成虫的生存期极短，故谓之朝生暮死。［2］山根：山脚。更：再，又。 ［3］揩（kāi）：擦，抹。钿（diàn）：嵌金花的首饰。鬟：环形发髻。此句意为：孤耸的绿岛，如一头青发的美女对镜照着钿鬟。 ［4］蛰（zhé）：本指动物冬眠，这里指潜伏的虫子。夜珠：夜明珠。还：返回。这里所说的是《后汉书》所载“孟尝还珠”典故。 ［5］齐物：万物齐一。此句意为：还有谁能够如此明白万物齐一的道理？庄子有《齐物论》，认为一切事物归根到底都是相同的，要达到无差别的精神自由之境，就必须挣脱世俗观念的束缚，忘掉物我之别。

评述

小岛之所以名为蜉蝣，自然是因为它的渺小，它的羸弱，好似一夜的海浪就能卷没此岛。然而，此时年轻的芸台先生，正意气风发地高扬人生风帆，又有着不同常人的视野和胸襟，因而他眼里的小岛不是状若蜉蝣的小昆虫，而是与大陆山根相连，俏如浴海的美人；不是浮沉无知的小石头，而是悟透齐物逍遥自在的哲人。庄子在《齐物论》里说，大小、寿夭其实都是相对的，世界万物其实是齐一的，尤其生死寿夭、是非得失、物我有无，“天下莫大于秋毫之末，而太山为小；莫寿乎殇子，而彭祖为夭。天地与我并生，而万物与我为一”。因而只要你超越了万物差别，了解万物齐一的道理，就能达到逍遥的境界。芸台先生借称赞小岛懂得了齐物的道理，显示其心有羡慕。表明虽为大儒，但看自然万物的眼睛里，也常有老庄洞察天地的辩证目光。此诗咏小岛而有大格调，想象丰富，比喻新奇，既有气魄，又有境界，称得上诗人咏岛的代表作。

自乍浦彩旗门观海至秦驻山[1]

题旨

本诗选自《揅经室集》四集诗卷五“壬戌”编年。乍浦是杭州湾以北的一个海口重镇，依山傍海，自古就有江浙门户之称。嘉庆七年（1802）八月，为了防备浙江一带最大的海盗蔡牵，芸台先生来到乍浦，于彩旗门观海，至秦驻山巡视，增派兵丁，添设大炮，并吟诗以抒胸臆。

八月试新寒[2]，苍茫海岸间。天风吹大水[3]，落日满群山。潮汐防冲突，艨艟计往还[4]。劳劳[5]千里事，行路反成闲。

注释

[1] 秦驻山：乍浦诸山之一，又名秦望山，三面临海，五峰参差，因秦始皇东巡于此遥望东海而得名。 [2] 试：尝试，第一次经受。新寒：天气刚开始转凉。 [3] 大水：大海或大河。 [4] 冲突：水流冲击堤岸。艨艟：古代的一种战船，船体狭而长，机动性强。计：商议，谋划。 [5] 劳劳：辛劳，忙碌。

评述

芸台先生从山东到浙江巡抚多年，深受海纳百川的影响，具有博大胸襟，所以每吟大海诗篇气势就非同一般。这首诗起句便境界阔大，颔联画面壮丽，“天风吹大水”的内在动感强烈，海蓝与霞红的对比色彩绚丽。颈联举重若轻，一省的海塘工程，半边海疆的安全，用语浅显自能吞吐风云，胸襟非凡要安邦护民。尾联偏言其闲，以闲衬忙，倍增其忙，可见文事武备，忙得不可开交，反把千里奔波当作闲暇。这首诗除了欣赏诗人描写天风大水、落日群山的壮丽风光，还能看出一个封疆大吏的胸襟气概、文韬武略，以及难以言表的艰辛劳烦。

他登临山水之际，有时陶醉于本真山水之中，尽可能地忘掉“世人情”，力求远离凡尘浊世；有时则怀着强烈的士大夫“兼济天下”的主体意识，带着深厚的忧民济世情怀，此时诗人面对山水，想的是身为巡抚、总督的职责担当，展示的是非同一般的胸襟气度。这样的山水诗，我们便称为士人化的山水诗。本篇便是此类名篇。

甬江夜泊

题旨

本诗选自《揅经室集》四集诗卷六"癸亥"编年。甬(yǒng)江在宁波东北，其入海口在明清时期以来多次遭到海上之敌的进犯。嘉庆八年（1803）十一月初七，浙江水师正在海边围剿蔡牵海盗的关键时期，芸台先生赶到宁波，为了靠近海战最前线，夜泊甬江，风雨身寒，想到了孤岛荷戈的军士应比自己更觉寒冷和寂寥，作诗表达了对士卒的体恤关心。

风雨暮潇潇，荒江正起潮[1]。远帆连海气，短烛接寒宵[2]。人静怯闻角，衣轻欲试貂[3]。遥怜荷戈者，孤岛夜萧寥[4]。

注释

[1] 潇潇：风雨急骤貌。荒：广大无边。 [2] 海气：海面上的雾气。宵：夜。此二句可译为：水师的战船已经远去，与海上茫茫的水雾相连；舱里的蜡烛越烧越短，时间逼近了寒冷的夜晚。 [3] 角：号角。貂：这里指貂皮衣服。此二句可译为：夜深人静的时候，害怕突然听到号角；寒冷感觉衣服变得轻薄，就想要穿貂。 [4] 荷：拿，持。戈：古代一种兵器。萧寥：寂寞冷落。

评述

这首诗传诵很广，王力的《古代汉语》、朱东润的《中国历代文学作品选》都选录了此诗，众多的赏析文章对其中的“远帆”“短烛”“海气”“寒宵”等意象，对“连”“接”“怯”“怜”等字，都有精妙的分析。这里从大处着眼其特色，既有诗人一以贯之的写江海景色气势之宏大，更有描写心理之细腻。首联之下的后三联，都是诗人的心理描写，颔联以景写情，渲染了冷寂凄清的氛围，间接描写了诗人牵挂海战的沉郁心理；颈联、尾联则直接描写了诗人怯闻、欲试、遥怜等心理状态，表现了诗人一方面充满战斗豪情、渴望荡平海寇，另一方面又担心战争伤害，体恤士兵艰苦的复杂心情。作为封疆大吏，能够如此推己及人，宅心仁厚，难能可贵。

这首诗对战争的描写，采取虚实结合的手法，给人以无限的想象空间：实写的是江上船舱里夙夜匪懈、运筹帷幄的场景，“短烛”“寒宵”等暗示了海战最高指挥员既牵挂又从容的心态；虚写的是海上战船冒雨出发入海的场景，“闻角”“荷戈”渲染了将士们豪迈的气势。实写通过直接描写方式，虚写则用想象及联想，虚实之间跌宕生姿，提高了境界，升华了情感。

春 雨

题旨

本诗选自《揅经室集》四集诗卷十“丙子”编年。在江西巡抚任上的第三年，即1816年，春天在江西南昌，芸台先生望雨雨至，喜作五律，表达了喜悦的心情。

半月畅春晴，翻生望雨情[1]。东风变云气，密雨下江城[2]。遥想匡庐[3]上，应多瀑布声。湖山一千里，处处起新耕[4]。

注释

[1] 畅：无阻碍，不停滞。翻：改变，翻转。这二句意为：半个多月一直都是晴朗的春天，现在反而产生了对下雨的期盼。 [2] 云气：稀薄游动的云。江城：江边的城市，这里指赣江边的南昌。这二句意为：东风吹来了游云，南昌下起了细密的雨。 [3] 匡庐：即庐山。 [4] 新耕：这里指人们正在翻耕整地的景象。

评述

芸台先生对自然界的雨雪一直抱有一种特殊的关注，尤其是对下雨，用他的话说，就是“一年农事最关心，较雨量晴直到今”。这首《春雨》

诗，与古今很多直接描写春雨的诗不同，没有从小处落笔，没有细写春雨如何“随风潜入夜，润物细无声”，而是由雨生发，于大处着眼，驰骋想象，通过雨前雨后诗人的“望”与“想”等心理活动，渲染春雨过后万壑奔流、千里新耕的喜人景象，更多流露出的是主政一方的封疆大吏之牵挂，关注的是境内风调雨顺、耕织民生。

八念（之三）

珠湖草堂

题旨

本诗选自《揅经室集》四集诗卷十一“己卯”编年。嘉庆二十四年（1819），芸台先生已经五年没有回乡了，年岁愈高，宦游愈久，思乡之情也越发强烈。作组诗《八念》，思念扬州的平山、康山、隋文选楼、曲江亭、木兰院，思念槐泗的祖墓雷塘、公道的宗族祠堂、赤岸湖边的珠湖草堂。这里选的是组诗之三《珠湖草堂》，表达对故里湖乡朴实纯真生活的思念。

我念[1]珠湖岸，先人[2]旧草堂。到门布帆落，曳屐[3]板桥长。偶捕鲜鱼煮，旋舂[4]新稻尝。农乡好风景，那得[5]久相忘。

注释

[1]念：惦记，思念。 [2]先人：祖先，这里指其祖父阮玉堂。 [3]曳：拖，拉。屐（jī）：本指木头鞋，这里泛指鞋。 [4]旋：不久，很快。舂（chōng）：把稻、麦等放在石臼中捣去皮壳。 [5]那得：怎会，怎能。

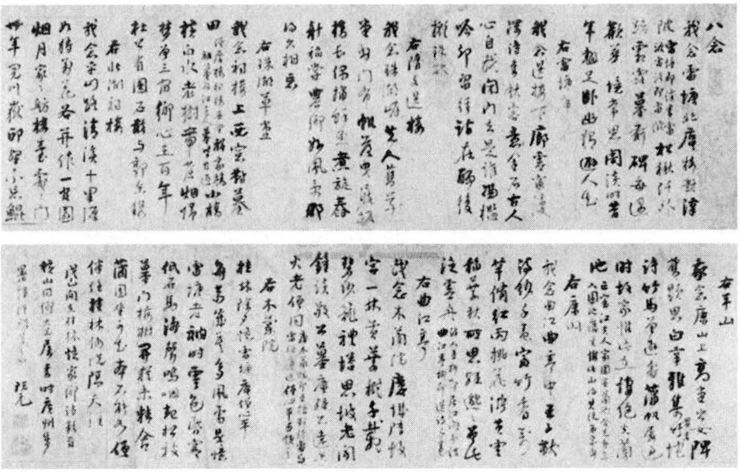

阮元书于广州总督署的《八念》诗手稿，2014年由扬州双博馆拍藏

评述

清代扬州以北，有六个小湖，湖湖相连，绵延近百里，统称北湖。最北边的一个小湖，叫赤岸湖，别称珠湖。珠湖的别称来自“老蚌珠光”的传说，《梦溪笔谈》也曾有记载，说这一带湖上有老蚌，“其大如半席，壳中白光如银”，而其“珠大如拳”，“如初日所照”。芸台先生的祖父阮玉堂曾在湖边筑有珠湖草堂；父亲阮承信后来又新修湖光山色楼、三十六陂亭等八景。而他每次回乡，都要到珠湖草堂徜徉一番。作成《八念》的五年前，他曾回到湖上，写诗这样抒发自己的喜悦之情，“扁舟入珠湖，帆共湖云飞”；作成《八念》三年后，他又回到湖上，他似乎更加兴奋，“脱然舟入湖，如鱼纵活泼”。

而作此诗时，他在两广总督的衙中思念珠湖草堂，想起了什么呢？虽然首联想到的是“先人”，尾联表示忘不了的是故里湖乡的好风景，这些确实都是芸台先生思念的地方，但他展开描写的却是他回乡的细节，农家生活的细节。船满帆径直到草堂的门口，鞋子还没穿好，便着急地拖着鞋子跑上板桥，本来短短的板桥现在却觉得太长，用这些细节描写表现诗人兴奋与迫切的心情，特别给人一种真切感和亲切感。而偶捕鲜鱼，“偶”更能衬鱼之“鲜”，旋舂新稻，“旋”更能表稻之“新”，描写煮鱼尝稻的这些生活细节，既有湖乡风味又有农家风情，展现了令人向往的农乡朴实纯真的生活。这些生活细节描写，是诗人记忆深处最难忘的，表达了他对故里的思念，产生了最拨动心弦的效果。

舟中望庐山

题旨

本诗选自《揅经室集》四集诗卷十一“己卯”编年。嘉庆二十四年（1819），芸台先生回京给嘉庆帝庆祝六十寿辰，冬天返回两广，路过庐山，于舟中作诗，描绘了庐山雪中的远景，表达了对庐山所蕴含的人文精神的倾心。

残夜沧江雪[1]，匡庐顶上明。晓来青嶂[2]外，疑是白云生。全弃虎溪迹，多涵鹿洞情[3]。此中吾道在，难与浅人评[4]。

注释

［1］残夜：夜将尽时。沧江：泛指江流，因江水呈苍色，故称。　［2］青嶂：如屏障的青山。　［3］弃：舍去，忘记。虎溪：南庐山东林寺门前的一条小溪，相传晋慧远法师居此，送客不过溪，过此虎辄号鸣，故名虎溪。涵：包容，包含。鹿洞：即白鹿洞书院，在庐山五老峰东南麓，宋代朱熹重修，制定《白鹿洞学规》，把儒家修身处事方面的教育思想，用学规的形式固定下来，成为后世学规的范本和办学准则，正如明代大教育家王阳明所说“夫为学之方，白鹿之规尽矣”，所以尾联云“此中吾道在”。此二句可译为：大雪让人

完全找不到东林寺虎溪的踪迹，却给后屏山的白鹿洞倾注了更多的深情。 [4] 吾道：我的学说或主张，语出《论语·里仁》。浅人：这里指见识短浅的人。

评述

芸台先生的很多诗，诗中有画，具有极强的画面感，正如他自己所说“诗笔”可以兼作“画笔”。这首诗就体现了他描绘景物的特色与卓越之处，“残夜”之时，沧江能见雪，山顶能见明，一个“明”字就真切写出雪之白之厚；望到天明竟然远望出了错觉，青山如嶂，好像是白云飘起。以错觉来暗喻，妙趣天成；“生”字更是独具匠心，化静为动，甚至新雪的那种雪绒质感都呼之欲出。这两联，可以看出诗人对自然的感受敏锐，观察真切，并善于捕捉鲜明生动的形象，采撷大自然丰富绚丽的色彩，形成虚实相生、明暗交织的画面，“画面上，淡淡夜色为底色，客舟、大江，山脚、山顶，层次分明；巨细、高低、明暗，对比鲜明”（田汉云、古明《论阮元的诗》）。

登沙角炮台阅水师毕，即乘水师提督之兵船过零丁外洋[1]，看大崙山[2]、望老万山[3]，回澳门阅香山[4]兵，因题船额曰“瀛[5]舟”

题旨

本诗选自《揅经室集》四集诗卷十一“丁丑”编年。沙角炮台地处东莞虎门海口东岩，与大角炮台东西斜峙，形成虎门海口的第一重门户。芸台先生嘉庆二十二年（1817）底来此阅兵，并乘兵船一路视察大崙山、老万山，阅澳门香山兵，葡萄牙人奏“夷乐”，迎接清朝的兵船。芸台先生作诗纪行，既显示了他坚定保卫海疆的决心与气势，也展现了清帝国最后的威武雄壮。

茫茫沙角外，巡海一登台。潮向虎门落，舟从龙穴[6]开。

“瀛帆”乘夜月，火炮动晴雷。回棹澳门外，西夷迎节[7]来。

自注：

迎节：夷人奏夷乐迎“瀛舟”。

注释

［1］零丁外洋：即零丁洋（亦称伶仃洋），位于广东珠江口外，内伶仃岛和外伶仃岛之间。　［2］大崙（yú）山：即大屿山岛，位于

珠江口外，是香港特区最大的岛屿。［3］老万山：现名大万山岛，位于万山列岛南端。［4］香山：清代香山县，位于珠江口西岸，澳门当时属于香山县。1839年，林则徐来广东禁烟，驻兵于香山县城，曾令澳葡当局驱逐英商义律等人。［5］瀛：瀛海。［6］龙穴：指龙穴岛，位于珠江口蕉门、虎门两水道出口的交界处，是广州市南沙区最大的海岛。［7］节：本指符节，古代使者所持以作凭证，这里用节帅意，总督自称。

评述

芸台先生接任两广总督后，面对“恃强桀骜，性复贪利”的英国人，坚定地向嘉庆帝上奏说要“镇以威”，这首诗充分表现了他的坚定与威武，写得很是气势磅礴。开篇，用茫茫大海作为背景，用沙角炮台作为垫脚，突出一个高大的保卫海疆的巨人形象。颔联的场景描写既精巧又阔大，精巧在于“虎门”“龙穴”对得绝妙，又暗伏时间在潮落之后、地点在虎门与龙穴岛之间；阔大在于虎门、龙穴让人联想无限，“落”“开”很有动感，写出零丁洋上的辽阔壮观，表现出巡海者的宏大气势。下面的两联，一写大清水师的军威，月夜扬帆，火炮震撼；一写大清“节帅”的国威，奏乐前来迎接的“夷人”，当是在澳门半岛定居的葡萄牙人。这两联表明先生有着清醒而深刻的认识，没有如雷的军威，就没有强大的国威。

所以，这次视察阅兵后，他马上上奏嘉庆帝，立即增建大黄、虎山二炮台作为“重门之势”，没钱就自己带头，并发动商户，共捐银六万两，于第二年四月如期完成两炮台修建工作。其中，大黄炮台，又称车歪炮台，扼守珠江要道，第一次鸦片战争时，在抵御英国军舰入侵广州中起到过战斗堡垒的作用，目前是广州市唯一保持得比较完整的鸦片战争时期的古炮台；虎山炮台地处珠江中流，四面环水，规模宏大，被英国侵略军视为眼中钉，两次鸦片战争时期有两次被英国侵略军占领破坏，炮台基础遗存今天仍清晰可见。

芸台先生在两广十年间，英国侵略者一直不敢犯境，“兵船不至”，就是因为他强化海防，多次采取措施严惩“恃强”英夷。他万万没想到，他致仕归里的第三年，第一次鸦片战争就爆发了；第四年，英军便打到镇江他的家门口了。

度梅岭用前韵

题旨

本诗选自《揅经室集》四集诗卷十一“己卯”编年。梅岭即庾岭，是两广五岭之首大庾岭的主峰，就是当年陈毅被困作绝笔诗《梅岭三章》的地方。芸台先生于嘉庆二十四年（1819）出梅岭，进京给嘉庆帝庆祝六十寿辰，曾作诗《度梅岭》。返程从江西赣州回梅岭，已是冬季，用前诗之韵，再作《度梅岭用前韵》诗，表达了诗人对岭上梅花的陶醉和对梅岭的热爱。

古梅开驿岭，芳讯动江关[1]。寒减虔州水，香先庾浦山[2]。落帆犹恋卧，登峤竟忘孱[3]。细雨浓花里，人从天际还。

注释

[1] 芳讯：花开的讯息。江关：指瞿塘关，为瞿塘峡南面的屏障。这二句意为：古梅提前盛开在岭上驿道边，花开的讯息让尚在长江上扬帆的我心动不已。 [2] 虔州：赣州的古称。庾（yǔ）：庾岭，在江西大余县南，岭上多梅树，故又称梅岭。这二句意为：赣江天寒水浅行船缓慢，到了庾岭下水边的小山未见梅花就先闻其香。 [3] 峤（jiào）：特指五岭。孱（chán）：瘦弱。这二句意为：停船上岸还有点留恋一路卧船的舒适，不过一登梅岭竟完全忘了自己的孱弱。

评述

梅岭得名，并非源于岭上的梅花，但梅岭确是历史上有名的四大探梅胜地之一。芸台先生出岭南的时候，正值仲秋，在《度梅岭》诗中，他曾诙谐地对岭上梅花说，“你”要等“我”冬天返回岭南的时候再开放：“试向梅花语，开时待我还”。哪知梅花开得早，他返程才到江西，便已盛开，他一路催船快行，偏偏天寒水浅；终于到了庾岭脚下，还未见梅花就先闻到梅花香；本来老人登山，体力已经不足，可是他一登上梅岭，竟完全忘了自己年高力衰。

这首五律诗，前三联处处写梅，却处处不见梅，运用间接描写，从侧面淋漓尽致地渲染梅花的浓郁香气与神奇魅力——梅开的芳讯，让诗人兴奋激动，赶路匆匆，登岭抖擞，忘其老孱，也表现出诗人赏梅心切、闻香神清，对梅花的钟爱达到沉醉的程度。尾联“浓花”，是全诗唯一的对梅花盛开的直接描写，而“人从天际还”，有一种飘飘欲仙的感觉，则是诗人对梅花最后的一笔侧面烘托，写尽了诗人对梅花的陶醉，写出了梅花令人神往的无穷魅力，颇有神来之笔之感。全诗人梅一体，语言浅显平易，从容恬淡之中更蕴含风流。

七言古诗

大龙湫歌

题旨

本诗选自《揅经室集》四集诗卷三“丁巳”编年。嘉庆二年（1797）三月的一天，芸台先生沿温台驿道，即括苍古道，进入雁荡山[1]，诗情激荡喷涌而出，一天的游程竟作长短诗十四首。这一组雁荡山系列诗中，最为著名的一首便是《大龙湫歌》，激情洋溢地赞美了奇绝的大龙湫瀑布美景。

山回路断溪谷穷，灵湫阴闷龙所宫[2]。眼前无石不卓立[3]，天上有水皆飞空。飞空直落一千尺，鬼神不任疏凿功[4]。绝壁古色划尔破，山腹元气冲然通[5]。有时静注绝不动，春阳下照神和融。有时飞舞渐作态，已知圆嶂[6]生微风。一瓯春茗啜已尽，水花未散犹复摇玲珑[7]。飒然乘飙更挥霍，随意所向无西东[8]。不向寻常落处落，或五十步百步皆濛濛[9]。岂料仙境在人世，谁作妙戏[10]惟天公。云烟雨雪银河虹，玉尘冰縠珠帘栊[11]。万象变幻那足比，若涉拟议皆非工[12]。石门飞瀑已奇绝，到此始叹无能同[13]。惟有天柱[14]矗立龙湫中，屹然百丈与此争雌雄。

注释

［1］《定香亭笔记》中记载："登四十九盘岭，入雁宕山，穷极大龙湫、灵岩、灵峰诸胜，奇险怪僻，此境又胜于前。" ［2］山回：山势回环。穷：尽头。灵湫（qiū）：大水池，古时以为大池中往往多灵物。闷（bì）：深闭。 ［3］卓立：高高地站立。 ［4］任：堪，承当。功：功绩，功业。 ［5］古色：古雅的意趣、色调。元气：泛指宇宙自然之气。冲然：突出貌。 ［6］嶂：直立像屏障的山峰。 ［7］瓯（ōu）：杯子。茗：茶，特指嫩芽制成的茶。啜：尝，喝。玲珑：玉声，泛指清越的声音。 ［8］飒然：迅疾、倏忽貌。飙：暴风。挥霍：迅疾貌。 ［9］寻常：经常。濛濛：迷蒙。 ［10］妙戏：美妙的表演。 ［11］玉尘：玉屑。冰縠：用冰蚕丝织成的绉纱。帘栊（lóng）：门窗的帘子。 ［12］涉：着，作。拟议：比拟。 ［13］石门飞瀑：当指永嘉石门瀑布，因芸台先生刚作《游古永嘉石门观瀑布》诗，有"行看雁荡大龙湫，与此相衡孰奇绝"之问，亦有人言为青田县的石门洞飞瀑。无能：没有办法做到。同：等同。 ［14］天柱：指雁荡山天柱峰，立地擎天，气势磅礴，峰北侧有摩崖"壁立千仞"和"天不塌，赖以柱其间"。

今译

山回路断溪谷到了尽头，幽深的大灵湫像一座龙宫。眼前每块巨石都高高耸立，天上全是水花飞入空中。瀑布从空中直落千尺，鬼神都难以完成这样的开凿伟功。绝壁古雅的色调被瀑布划破，山中的混沌之气贯通。有时静静地注下来像一条直线动也不动，在春天阳光的照耀下光与水神奇相融。有时飞舞起来渐渐显出不同的形态，原来圆形的峰嶂那儿吹来了微风。一杯春茶已经啜完，落下的水花未散还发出清越的玉声。一阵疾风飒然而来，瀑布更为轻捷，随意飘落不分西东。不向寻常落处落，不管五十步还是百步都水汽迷蒙。想不到仙境就在人间，能如此美妙表演的只有神奇的天公。像云、像烟、像雨雪、像银河的彩虹，如玉屑、如冰蚕丝绉纱、如窗前珍珠串成的帘子。万般的变幻都不足以与之相比，再去作什么比拟都不可能如此精工。永嘉的石门飞瀑已算得上奇绝，到此才感叹无法与此等同。只有天柱峰矗立在龙湫中，高耸挺立才能与它一争雌雄。

评述

芸台先生在《定香亭笔记》提到的“大龙湫、灵岩、灵峰诸胜”，现在简称为“二灵一龙”，又称为“雁荡三绝”，而大龙湫瀑布又是“三绝”中的首绝，与贵州黄果树瀑布、黄河壶口瀑布、黑龙江吊水楼瀑布并称中国四大瀑布。在这四大瀑布中，大龙湫以其落差近两百米为中国瀑布之最，有“天下第一瀑”之誉。诗人身临其境，惊叹不已，作了这一首十四韵的长诗。长诗曾入选《清诗选》（人民文学出版社出版），被推为自明代楼钥、清代袁枚之后又一篇咏赞大龙湫的名作。

其主要艺术特色，首先就在于通篇飞扬的激情、磅礴的气势。这首诗采用歌行体，既能放情长言，又能疏而不滞，每逢诗情喷涌而出之时，便用歌行体，酣畅淋漓地写出自己的激情与气势。全诗采用总分总的结构，前四韵总起，抓住大龙湫奇绝壮美的总体特点，先声夺人；中间五韵分写，抓住景色随观察角度与光线、风力变化而产生的变化，展示了瀑布丰富多彩的一面；最后五韵总收，用反复赞叹和对比突出的笔法，将诗人对大龙湫奇绝的赞美推向高潮。通篇可谓深合“作乐府亦有法，曰凤头、猪肚、豹尾六字是也”[1]。

---

① 陶宗仪《南村辍耕录》，中华书局，2004。

其次，就在于诗人细致的观察、真切的描摹。他写本真山水诗的时候，其观察常常能够细致入微，有一种强烈的写实性，此诗中更表现出多角度观察的特点。细细揣摩，诗人先是坐在瀑布边的忘归亭里，那是固定观瀑的好地方，“一瓯春茗”啜完又行走在瀑布周边，固定与移动结合，看瀑布一时“静注”与阳光融合、一时“飞舞”风中作态、一时又“挥霍”大片迷蒙。多角度的观察，体现出诗人注重描写景物的动态变化，更能表达出对山水的异乎寻常的热爱。在细致观察的基础上，诗人更能鲜明简洁地描写出景物的特征，如总起部分的“眼前无石不卓立，天上有水皆飞空”，不仅写出大龙湫的特点，“且可以概括整个雁荡山的风光，常为人引用”，而且语句又是那么浅显流畅、工整精练，比诗人袁枚的“五丈以上尚是水，十丈以下全为烟。况复百丈至千丈，水云烟雾难分焉”名句更有诗意，可以说是写雁荡山最精准也最精彩的名句。

最后，在于大量使用比喻、拟人、夸张等多种修辞手法，强化了语言描摹山水画面的表现力。诗中，这些修辞句比比皆是，尤其“云烟雨雪银河虹，玉尘冰縠珠帘栊”这一韵，连用八个喻体，像云、像烟、像雨雪、像银河的彩虹，如玉屑、如冰蚕丝绉纱、如窗前珍珠串成的帘子，形成气势如虹的博喻，多方面描摹了大龙湫神采各异的景致，是此诗最为大胆新奇的名句。在比喻、拟人等修辞手法的加持下，“诗笔”较之“画笔”在描摹山水画面方面有着更大的想象空间。

八月望后至海宁州登海塘观潮

题旨

本诗选自《揅经室集》四集诗卷三“丁巳”编年。嘉庆二年（1797），是芸台先生诗歌创作的丰收年。上半年有雁荡组诗，《大龙湫歌》荡气回肠。八月中秋，又有这首观潮诗，描写赞叹海宁潮的壮观景象，颂扬了海塘工程的保障作用，称得上是古今描写钱塘江潮最精彩的篇章之一。

钱塘江潮秋最巨，未抵盐官[1]十之五。我来盐官塘上立，月初生霸日蹉午[2]。江水忽凝不敢东，海口哆张反西吐[3]。潮不推行直上飞，水不平流自僵竖[4]。海若冯陵日再怒，地中回振千雷鼓[5]。马衔高坐蛟鼍舞，拔箭倒发钱王弩[6]。须臾直撼塘根去，摇动千人万人股[7]。如卷黑云旋风雨，如骋阵马斗貔虎[8]。如阴阳炭海底煮，如决瓠子不能御[9]。三千水击徙沧溟，十二城隳倒天柱[10]。气欲平吞于越天，势将一洗余杭土[11]。吁嗟乎，地缺难得娲皇补，大功未毕悲神禹。此是东南不足处，岂为区区文与伍[12]。沧海桑田隔一堤，鱼龙黧首相邻处[13]。我皇功德及环瀛，亲筑长防俾安堵[14]。全用金钱叠作塘，不使苍生沐咸卤[15]。迩来龛赭涨横沙，却指尖山作门户[16]。雁齿长桩十万行，鱼鳞巨石三层础[17]。王充论前有古

迹，枚乘发后无奇语[18]。吁嗟乎，此塘此潮共千古，词人心乐帝心苦。

注释

［1］盐官：原指秦汉时盐政官署，这里指海宁市盐官镇，观海宁潮的最佳地点。［2］塘：堤岸。霸（pò）：同“魄”，月初出的微光。蹉：过。［3］凝：本义结冰，这里意为停止。哆（chǐ）：嘴巴很快地咀嚼，引申为张口貌。［4］直上：向上，向前。平流：平缓地流动。［5］海若：即《庄子·秋水》中所说的北海若，传说中北海的海神。冯（píng）陵：亦作冯凌，进迫、侵凌。日再：一天中再次。雷鼓：一种大鼓，声大如雷。［6］马衔：海中神怪。蛟鼍（tuó）：水中凶猛的鳄类动物。钱王：钱镠（liú），字具美，五代十国时期的吴越国开国国君。传说钱镠在杭州筑钱塘江海堤，命令弓弩手张弓射潮，潮水因此后退，后称为“钱王射潮”“潮头弩”。［7］撼：摇动。股：大腿。［8］阵马：击破敌阵的战马。貔（pí）：貔貅，传说中凶猛的瑞兽。［9］阴阳炭：古人指来自地下自燃的煤层，语出岑参《经火山》。瓠（hù）子：瓠子河，在今河南濮阳西南，汉武帝时黄河在此决口二十余年，见《水经注·瓠子河》。［10］三千水击：拍击水面激起三千里的波涛，语出《庄子·逍遥游》。徙：迁移。沧溟：高远幽深的天空。十二城：泛指天上的楼阁城池。天柱：古代神话中的支天之柱。［11］于越：越国（或越地）的别称。余杭：杭州的旧称。［12］文与伍：文种、伍子胥，越国著名的谋略家和军事家，皆曾助勾践打败吴王夫差，后又皆被勾践赐自尽，《论衡·书虚篇》载伍子胥死后恚恨，驱水为滔，吴人立子胥庙，慰其恨心。［13］黧首：即黎首，黎民百姓，

黧，古同“黎”。相邻：毗连，互相接近。［14］环瀛：宇宙，世界。俾：使，把。安堵：安居。［15］沐：洗头发。苍生：百姓。咸卤：含有盐味的水，即海水。［16］迩来：近来。龛赭（kān zhě）：龛山、赭山，两山古时夹江对峙，现均处钱塘江南岸。横沙：广阔的沙地。［17］雁齿长桩：构筑海塘的方法之一，塘基打桩夯实如雁齿密布。鱼鳞巨石：构筑海塘的方法之一，塘身筑石纵横交错呈鱼鳞状。［18］王充：字仲任，东汉思想家，著有《论衡》，《论衡》是我国古代的一部百科全书，解释世俗之疑，辨照是非之理。枚乘：字叔，西汉辞赋家，著有《七发》，该书是汉大赋的发端之作，是“中国文学史上第一次对潮水所作的最生动的描写”（马积高《赋史》）。

今译

钱塘江中秋的潮水最大，可是抵不上盐官的潮水十分之五。我来到盐官镇站在海塘上，月亮刚刚升起日头才过午。江水忽然停滞不敢向东流，到了入海口反而张开大嘴向西吐。潮水没有外力推动竟然向上直飞，不是平缓流动而是自己僵直竖立。海神再次发怒卷起海潮压迫而来，地下回荡着无数如雷鼓声。就像凶恶的海怪、跳舞的蛟鼍，又像钱王倒着齐射过来的万弩。潮水很快就冲到海塘脚下摇动着大堤，千千万万人的两腿都战栗着。如同旋转的黑云卷起风雨，如同驰骋的战马践踏着貔貅猛虎。如同海底煤田自燃在煮沸着海水，如同瓠子河决口难以阻挡。击水三千里直冲向深远的天空，冲毁天上的城池推倒了天柱。气势像是要一口吞没于越的天，洗尽余杭的土地。啊呀呀，大地如果被冲得残缺，再也不会有女娲来补。治水的大功被破，最悲伤的便是夏代的大禹。这是东南地形的不足引发的海潮，哪里是因为文种和伍子胥冤气难舒。沧海与桑田真是只隔一道大堤，鱼龙与黎民百姓毗连相处。皇帝的功德遍及四海之内，亲自修筑长长的堤防保障百姓安居。海塘工程全是用金钱垒成，只为了不让百姓蒙受海水的灾祸。近来龛山、赭山的沙地淤积越来越严重，海塘要退却依靠尖山作为扼守的门户。密布如雁齿一样的长桩打下十万行，铺成鱼鳞状的巨石筑了三层基础。王充写《论衡》前，就有了这些海塘工程的遗迹。枚乘写过《七发》后，再也写不出那样的妙句奇语。哎呀呀，人工奇迹的海塘，自然奇观海潮，它们都将千秋万代长远存在。词人墨客皆为之快乐，而帝王却因之苦恼不已。

评述

观潮的时间，诗题说是“八月望后”，“望后”即每月农历十五之后，后到什么时间呢？《定香亭笔谈》卷三说：“余尝以八月既望（十六）观潮于海宁。”可是，他在为俞思谦《海潮辑说》所作的序里又说：“八月十八日元至海宁观海塘，且候大潮。”这两说，终有一错。考虑到芸台先生到湖州主持考试的时间是八月二十四，捎带观潮，且观潮当然是十八最好，苏轼就说过“八月十八潮，壮观天下无”，所以序里所说更为合理。

海宁潮的起点在湾镇大尖山附近的江面，到丁桥是“碰头潮”，到盐官是“一线潮”，最后到盐仓是“回头潮”。芸台先生是站在盐官镇的海塘上，观的是盐官镇的“一线潮”。海塘是人工修建的挡潮堤坝，主要分布在江苏、浙江两省，从长江口以南，至甬江口以北的这一段，长约六百公里，是历史上修治的重点，其中以钱塘江口北岸一带的海塘工程最为险要，是中国东南沿海地带的重要屏障。

他特别喜欢用歌行体，描写海涛、江潮、瀑布乃至暴雨这些自然界最富有动态美的景象，多有佳作，而且又各具特色。有的重在写声，如《登州听海涛声》《栝苍山雨歌示诸生端木国瑚等》，再现了大自然自身的声音之美。而本篇与上一篇《大龙湫歌》，是重在写形，同样是重写形，却又有着不同的特色，《大龙湫歌》重在呈现瀑布的不同形态，并以总分总的结构、作乐府的章法，来赞美瀑布的壮美；而本篇重在渲染江潮产生的完整过程，并由潮及塘，以逐层深入递进的结构、汉赋铺陈渲染的写法，气势更为宏大地描写了天下奇观——盐官一线潮的壮观景象。

全诗洋洋二十韵咏叹，结尾最后一韵"此塘此潮共千古"总收全篇，咏"此潮"的是前十二韵，咏"此塘"的是后八韵，最精彩的便是描写"此潮"的部分。诗人先抓住江水忽凝、海口哆张、潮竖直飞、直撼塘根这四个阶段各自不同的特征，绘声绘色地描写了海宁潮的产生、蓄势及最后爆发的过程。诗人的观察真切入微，如"潮不推行""水不平流""须臾直撼"；还善于运用错觉，让观察描写更为逼真，如"江水忽凝"；同时综合运用拟人（拟物）、夸张、比喻修辞手法，如"不敢东""海口哆张""千雷鼓""马衔高坐""蛟鼍舞""钱王弩"等。紧接着，又通过一组博喻"如卷黑云旋风雨，如骋阵马斗貔虎。如阴阳炭海底煮，如决瓠子不能御"，从多方面形容潮水的铺天盖地、凶猛激烈、势不可挡。接下来，铺陈潮水给人带来的强烈震撼之感，"三千水击""十二城隳"，"徙沧溟""倒天柱"，气吞于越、势洗余杭，用神话和想象竭力夸张，可以说已经达到极致。吟咏至此，诗人已经情不自禁，连用两个感叹词"吁嗟乎"抒发感叹，这段描写可以说更让人有荡气回肠之感，完全无愧于古今描写钱塘江潮精彩的篇章之誉。

全诗最大的艺术特色，便是深受楚辞、汉赋之影响，运用大量形象的比喻、巧妙的拟人、奇特的夸张来描写壮观景象。对照《七发》江涛的描写，便可见诗人描写江潮是如何一脉相承："其始起也，洪淋淋焉，若白鹭之下翔。其少进也，浩浩溰溰，如素车白马帷盖之张。其波涌而云乱，扰扰焉如三军之腾装。其旁作而奔起者，飘飘焉如轻车之勒兵。”

嵩山三石阙歌

题旨

本诗选自《揅经室集》四集诗卷八“戊辰”编年。嘉庆十三年（1808），河南大旱，芸台先生身为河南巡抚，“怆然忧旱”，春二月赴嵩山的中岳庙祈泽，此行作了五首嵩山诗，着力挖掘了嵩山的人文价值。这首是其中的代表作，讴歌了“汉三阙”这一国之瑰宝，用诗歌的语言展现了汉代文化及建筑雕刻艺术。

嵩岳三阙同高低，左右离立[1]八尺齐。启母一阙距其北，太室崎东少室西[2]。谁其建者汉朱吕。谁其书者皆堂溪[3]。篆隶诘屈铭句奥，请降云雨生蒸黎[4]。画图月兔木连理，驾车乘马钩象犀[5]。阅魏太武周久视，夏暴烈日冬流澌[6]。二千年来屹相向，厥[7]质粗剥厥色黧。二室神祠始秦汉，产启已说涂山妻[8]。要之阳城本禹地，三涂四载应无迷[9]。此阙灵祇久呵护，欧赵访古何未稽[10]？褚峻缩本我早见，兹来策马寻荒蹊[11]。阙间颇足容二轨，壁垒未可穷攀跻[12]。周鲁雉阙制可见，雉度以綌非以鸡[13]。毡槌拓取墨华黝，宝之无异摹元圭[14]。更洗奉堂额东石[15]，一行刻字名留题。神君兴云阙中起[16]，庙墙汉柏春鸠啼。

自注：

朱吕：朱宠，吕营（按：当为吕常）。堂溪：汉颍川堂溪典。雉度：古城阙之雉，乃度以雉也。“雉”乃“絼”同音假借字，絼，绳也。申生雉经，以絼自经也。自古未见有雉鸟自经者，旧说非。奉堂：即“泰室”之讹。

注释

［1］离立：并立。 ［2］距：踞。峙（zhì）：耸立，屹立。［3］朱：颍川太守朱宠，字仲威，东汉学者，延光二年（123）在启母石前重建启母庙，庙前建启母阙。吕：阳城长吕常，东汉元初五年（118）在中岳庙前新建太室阙，作为汉代太室山庙的神道阙。堂溪：即堂溪（复姓）典，字伯并，汉代颍川人，经学家，历任侍中、五官中郎将等。 ［4］诘（jí）屈：指文辞艰涩难读。奥：深奥。蒸黎：百姓，黎民。 ［5］连理：异根的草木枝干连生，旧以为吉祥之兆。象犀：象和犀，这里指象牙和犀角。 ［6］魏太武：北魏皇帝拓跋焘（tāo），谥号太武，崇信嵩山道士寇谦之，下诏灭佛兴道，建神庙于嵩山，刻《中岳嵩高灵庙之碑》，这是嵩山现存最古老的石刻，也是全国道教立碑之始。久视：本义长生不老，这里指周武则天年号，因洪州僧胡超合长生药使武则天疾小愈，武则天于700年改元久视。暴（pù）：同“曝”，晒。流澌（sī）：江河解冻时流动的冰块。 ［7］厥：石块。 ［8］二室：指嵩山的太室山、少室山。启：禹的儿子，夏朝的第二任君王。涂山妻：大禹的妻子，启的母亲，传说涂山氏化石生启。 ［9］要之：总之。三涂：指嵩县的三涂山，大禹曾在此治水，一说大禹即在此娶涂山女生启。四载：这里指大禹治水的四种乘载工具——水行乘舟，陆行乘车，山行乘檋，泥行乘輴。无迷：没有疑问。 ［10］灵祇（qí）：神明。欧：

宋代文学家、史学家欧阳修，有《集古录》，是现存最早的金石学著作，开我国金石学先河。赵：李清照之夫赵明诚，其《金石录》三十卷，著录所藏金石拓本，和《集古录》齐名，因而后人多称金石学为欧赵之学。访古：查考古籍，探寻古迹。稽（jī）：查核，稽考。［11］褚峻：字千峰，清代版刻工匠，所编《金石经眼录》四卷，即诗中所说“缩本”，为乾隆嘉庆时金石名著，“缩丰碑巨制于尺天寸地中，圭趺花纹，无不历历”。（党晴梵《华云杂记》）兹：现在。蹊：小路。［12］二轨：指两车。壁垒：军营的围墙，工事。穷：穷尽，极尽。跻：登。［13］雉：本义野鸡，芸台先生在自注里考证说，雉阙之制的“雉”乃“絼”同音假借字。絼（zhèn），又作纼，本义为系牛鼻的绳，后假借为雉，成为古代计算城墙面积的单位，长三丈、高一丈为一雉，他举例说申生（晋国太子）雉经，是用“絼”（即绳）上吊自杀的，从古至今没见过谁用雉来自杀。［14］元圭：玄圭，黑色的玉器，元通“玄”，《尚书·禹贡》：“禹锡玄圭，告厥成功。”清代避康熙帝（玄烨）名讳。［15］奉堂：芸台先生在自注中说，奉堂为泰室之讹，泰室即指嵩山。额东石：指太室阙东阙上部的题额，芸台先生当时曾在此刻下“嘉庆十三年，阮元来观阙下”。［16］神君：神灵。兴：升起。

今译

嵩山三阙高低相同，每阙左右并排而立八尺平齐。启母阙雄踞在北边，太室阙耸立于东而少室阙在西。谁建筑了三阙？是东汉的朱宠、吕常。谁书写了这些铭文？三阙都是东汉的经学家堂溪书写的。篆、隶字体的铭文，都是文辞艰涩含义深奥；比如启母阙的《嵩山请雨铭》，写的就是请求降雨救百姓。石阙上画有天上的月亮、地上的连枝，驾车乘马都钩挂着象牙和犀角。经历过魏太武立庙于嵩山、灭佛兴道，经历过武则天金简祈福、改号久视，夏季烈日的暴晒冬天的江河解冻。虽然黧黑的糙石已经剥落，但两千年来依然巍峨相向屹立。两山的山神祠庙，最早建于秦汉；启母阙的铭文，已记载大禹的妻子涂山氏化石生启。总之阳城本就是禹的地域，大禹在三涂山治水，以四物载身而行，这些事迹应该无疑。神明那么长久地庇护保佑这三阙，一直在探寻古迹的欧、赵却为何没有考稽？褚峻的《金石经眼录》，关于三阙的缩本我早已见过，现在策马而来，搜寻荒僻的小蹊。相对的两阙之间，宽度足够两辆马车并行，那些残存的城墙、古寨，难以一一登访。周鲁时期有关城阙的制度规定，现在还能查阅；丈量城墙面积的单位叫雉，用的是系牛鼻子的长绳之义，而不是用雉鸟、野鸡的语义。我用毛毡裹着棒槌拓碑，墨印光华而黑黝；我把它们当成宝贝，如同摹拓到上天赐给大禹的玄圭。再洗太室阙东阙的上额，一行刻字是我的留题。太室神灵在阙中兴起云雾，中岳庙墙里的汉柏春鸠鸣啼。

评述

清代乾嘉时期，在重经史、精考据学风的影响下，出现了大量以经史、金石等为内容的诗，这些诗继承了宋代“以学问为诗”的传统，人称“学问诗”。这些诗人往往是饱学之士，所以又称这一类诗为学人诗。芸台先生也作有很多学问诗，这首诗曾入选徐世昌的《清诗汇》，由此可见此诗较为世人所重，应该是诗人学问诗的代表作之一。

学问诗最大的特点，便是以学问入诗，能见诗人学问的博大精深。《嵩山三石阙歌》歌咏的太室阙、少室阙、启母阙三阙，已有近两千年的历史，是我国现存最古老的庙阙，2010年三阙及其天地之中历史建筑群被列为世界文化遗产。诗的前五韵概括介绍部分，不但介绍了三阙高度、方位、历史由来，还记叙了铭文、描写了画图。三阙皆有铭文，所谓“篆隶诘屈铭句奥”，如太室阙的铭文，为两段隶书，圆润古朴，兼有篆意，是传世西汉碑铭之上乘者，阙的题额，尚存有“中岳太室阳城”六字；再如少室石阙铭文为篆书，篆书题额“少室神道之阙”宽博朴厚、气象恢宏；又如启母庙阙的铭文为篆书，颂扬夏禹治水及启母的事迹，书法古朴，是汉代篆书的名迹，仍存秦篆浑朴茂美之气。铭文下方，便是诗中举例提到的《嵩山请雨铭》。两阙有画图，如太室石阙画像，为五十余幅浅浮雕，有青龙、白虎、朱雀、玄武四灵图一类的动物画像，还有生活、风俗画像，将两千年前的生活场景刻画得栩栩如生，是研究汉代绘画及社会风俗的珍贵实物资料；如少室石阙画像，为六十余幅减地半雕，尚可看出赛马、蹋球、射猎等图案，其中马戏图雕刻，即诗中提到的“驾车乘马钩象犀”，充分表现出奔马如飞的气势和马戏的惊险，是汉代雕刻艺术的代表作之一。诗中六至九韵，对三阙历史追溯的部分，更是要言不烦，精当概括了两室神祠与大禹的渊源关系、三阙两千年的风雨洗礼。除了咏史，这首诗也将考据入诗，“周鲁雉阙制可见，雉度以紖非以鸡”句，考证了雉阙之制的“雉”乃“紖”同音假借字，是系牛鼻子的长绳，是计算城墙面积的单位，表现了诗人严谨治学、诗中有学并直接表达学术见解的特点。

不过，芸台先生的学人诗，与清代很多堆砌学问、缺少性情的学人诗又有很大的不同。他的学人诗，往往饱含情感，意象鲜明。这首诗讴歌国之瑰宝热情洋溢，对古阙两千年风雨洗礼感慨良多，古阙虽石色黧黑、石质剥落，但两千年来巍然屹立的意象令人动容，尤其诗十至十六韵第三部分，诗人策马寻荒蹊、洗石凭吊的深沉情感给人以感染，结尾庙里森森汉柏、悦耳鸠鸣的意境让他终于不再沉浸在古阙粗石的世界，从对古代的人文探究中回到眼前的一片春光之中。春鸠本是诗人常用来表达春意浓郁的意象，王维就有“屋上春鸠鸣，村边杏花白”之句，这里的春鸠啼鸣，更让人有古地新春、古阙新生的一种暗示和回味。

望远镜中望月歌

题旨

本诗选自《揅经室集》四集诗卷十一“庚辰”编年。嘉庆二十五年（1820），芸台先生已经57岁了，虽然年岁渐高、百事缠身，但对新事物、新思想的兴趣与热情丝毫未减。一天晚上，他用西洋的望远镜观察月球，作《望远镜中望月歌》，书写了以“五尺窥天筒”望月的感慨与想象，表现了中国开明的士大夫受“西学东渐”影响后新的思想境界。

天球地球同一圆，风刚气紧成盘旋[1]。阴冰阳火割向背，惟仗日轮相近天[2]。别有一球名曰月，影借日光作盈阙[3]。广寒玉兔尽空谈，搔首问天此何物[4]。吾思此亦地球耳，暗者为山明者水。舟楫应行大海中，人民也在千山里。昼夜当分十五日，我见月食彼日食[5]。若从月里望地球，也成明月金波色。邹衍[6]善谈且勿空，吾有五尺窥天筒。能见月光深浅白，能见日光不射红。见月不似寻常小，平处如波高处岛。许多泡影生魄边，大珠小珠光皎皎[7]。月中人性当清灵，也看恒星同五星[8]。也有畴人[9]好子弟，抽镜窥吾明月形。相窥彼此不相见，同是团圞[10]光一片。彼中镜子若更精，吴刚[11]竟可窥吾面。吾与吴刚隔两洲，海波尽处谁能舟。羲和[12]敲日照双月，分出大小玻璃球。吾从四十万里外，多加明月三分秋。

自注：

吾从四十万里外，多加明月三分秋。地球大于月球四倍，地月相距四十八万余里。

注释

［1］天球：古人把天看作一个巨大的球房子，称之为天球。风刚：即刚风，同“罡（gāng）风”，道家称天空极高处的风为罡风，亦指高天强劲的风。气紧：空气受到几方面的拉力以后所呈现的状态。［2］割：分割、划分。向背：正面和背面。近天：天边，极远之处。［3］盈：月光圆满。阙：同“缺”，月亏缺。［4］广寒：神话传说中嫦娥奔月后所居住的宫殿，也称蟾宫。玉兔：又称月兔，神话传说中的神兽，在月宫里捣药。空谈：不符合客观实际的言论。搔首：以手搔头，焦急或有所思貌。［5］昼夜：白日和黑夜。月食：又称月蚀，《说文解字》云“月食则望”，望日有时月球运行进入地球的阴影时，月相不全或无法看到。日食：又称日蚀，《说文解字》云“日食则朔”，朔日有时月球运行到太阳和地球中间，三者处一条直线，月球便部分或全部挡住太阳射向地球的光。［6］邹衍：战国末期齐国人，阴阳家、五行创始人，著有《邹子》一书，因他“尽言天事”，人称“谈天衍”。［7］泡影：水泡和影子。魄（bà）：同“霸”，月亮出没的微光。皎皎：形容月光白而亮。［8］五星：古人称太白、岁星、辰星、荧惑、镇星为五星，即太阳系中距地球较近的金、木、水、火、土五行星。［9］畴人：古代世代相传的执掌天文历算之学的人。［10］团圞（luán）：亦作团栾，圆貌。［11］吴刚：传说中于月宫伐桂的仙人，见于唐代段成

式《酉阳杂俎·天咫》。［12］羲和：神话传说中本为帝俊的妻子，生有十个太阳；《楚辞·离骚》“吾令羲和弭节兮，望崦嵫而勿迫”句，则说羲和是给太阳驾车的神；李贺《秦王饮酒》“羲和敲日玻璃声，劫灰飞尽古今平”句，想象“羲和敲日”如同敲玻璃。

今译

天球与地球同样都是一个大圆（球），高天强劲的风和紧密的气流让它们不停地转动。背阴结冰向阳燃火，全靠着太阳悬挂在天边。另外还有一球叫月亮，月影借着太阳的反射光而产生圆缺。原来广寒宫、玉兔的故事都不实，搔头请问上天月亮到底是何物。我想这应该又是一个地球，看上去暗黑的地方是山，明亮的地方是水。往来的船只也是航行在大海中，平民百姓也生活在群山里。他们的一昼夜，应是我们地球上的十五天。我在十五前后看到月蚀，正是他们初一见到日蚀的时候。假如从月亮里面望地球，地球也会像月亮一样反射出耀眼的光芒。战国的邹衍再善谈天事也只是凭空，而我们现在却有了五尺长的窥天筒。这个窥天筒能看见月光深浅不同的白，能看见日光没有照射出来的红。看到的月亮不像平常所见的那么小，月亮上平坦的地方如波浪，高起的地方就如岛。月亮边缘上有很多水泡和影子，就像大大小小的玉珠一样光白而亮。月中人的性情也应该清雅美妙，他们看恒星也同样能看到金、木、水、火、土五颗星。像我中华古国一样也有天文历算的畴官子弟，正在抽出望远镜窥探我这边的“月球”形。我们彼此相窥却不能够相见，所见同样都是圆圆的亮光一片。假如对方望远镜更精良，吴刚就能直接看到我的面庞。我与吴刚相隔在两个不同的大陆（星球）上，大海尽头不知我和他谁能荡起飞舟？羲和敲着太阳开道，映照着月亮与地球，分得出哪个是大玻璃球，哪个是小玻璃球？我在四十万里外的大玻璃球上，感受到了比小玻璃球还要多三分的浓郁的秋。

评述

“西学东渐”，指的是明末到近代，西方向中国的学术思想的传播。其中，望远镜的传入尤其关键，英国学者李约瑟在他的《中国科学技术史》里说，“在文化交流史上，看来没有一件事足以和17世纪时耶稣会传教士那样一批欧洲人的入华相比”，“望远镜的传入是这方面的最高峰”。“道”因“器”而变，“望远镜不仅在视野上而且在精神上，已经把清代中国人带进新的境界了”。[①]

广州是西洋望远镜的“西来初地”，当芸台先生真正用这“五尺窥天筒”望月后，自然感慨万千。他看到月亮更为硕大，月光更为明亮而纤细毕现，月中似乎真有水有岛还有人，甚至想象还有主持天文历算的畴官子弟，也正拿着望远镜来“窥地”，甚至想象月中人所用望远镜“若更精”，月中伐桂的吴刚可以看清广州“窥天”的诗人自己的面容。一番“窥天”后，芸台先生激情洋溢，忍不住发出谁能荡起飞舟之问，并畅想自己坐上羲和驾御的太阳神车的情景。

这首诗描写了诗人用西洋望远镜“窥天”的情景，抒发了18世纪的“天问”式感慨，显示出西洋物质文明的传入对中国传统精神文化的影响，因而在中西文化交流史上有其独特的价值。学者王川撰有《西洋望远镜与阮元望月歌》一文，深入阐述了这首诗的文化象征意义，本文受其启迪。需要补充说明的是，这首诗既看出诗人深受“西学东渐”的影响，天文观有了很大的变化，诗中出现了“天球”“地球”“（月）球”“恒星”等名词术语，否定了传统的广寒、玉兔一类的月亮神话，表明了西洋望远镜传入后中国学术界对月球产生了新的认识；又看出当时汉学诸儒西学的局限，诗中的“恒星同五星”，表明他们还不清楚恒星与行星的区

① 蔡鸿生《清代广州的荷兰馆》，《广州与海洋文明》第351页。

别；地球与月球“四十万里”的距离，可能是把华里与公里混淆了。另外，这首诗具体的写作时间，从“吾从四十万里外，多加明月三分秋”诗句来揣度，当在这一年的初秋，而不是有的阮元年谱中所说的作于春天。

《清漓石壁图》歌

府江[1]阳朔大磙汛[2]下二里许有画山，载在《通志》[3]。截壁约高三十丈，宽如之，其西面平直如削，可中[4]悬绳，淡黄色，上有青绿痕，天然如画家皴[5]法，具峦头[6]层叠之形。目不明者见之，以为真山，不知其平直也；明目者见之，以为摩天巨幅之画也。因在画旁书“清漓石壁图”五大字[7]，又写“道光三年阮元题”七字，刻于石，直[8]是上古巨图，今始题款矣。

题旨

本诗选自《揅经室续集》卷五“癸未”编年。九马画山[9]是芸台先生最爱的漓江风光，但他迟至六游漓江、五观画山之后，也就是两广总督任上的第六年，即1823年，才作《〈清漓石壁图〉歌》，显然是沉淀了深厚的情感，倾注了极大心力，因而《〈清漓石壁图〉歌》被后人誉为“在中国古代数千首桂林山水诗歌中独树一帜，耀人眼目”[10]。

天成半壁丹青画，幡然高向青天挂[11]。上古何人善画山，似与关荆斗名派[12]。此派浑同后世皴，造物翻师唐宋人[13]。认作名山反如假，审[14]为古绘竟成真。纵横量去成千尺，五丁直削平无迹[15]。古绢依稀染淡黄，峦头重叠分青碧。清漓一曲[16]绕山流，来往何人不举头？六年久识奇峰面，五度来乘读画舟[17]。石渠宝绘几千卷，天上云烟曾过眼[18]。何幸湘

南[19]见此山，眼福如今还不浅。山旁刻石擘窠书，鉴赏标题始自吾[20]。后人来看道光款，传出《清漓石壁图》。

注释

[1]府江：即漓江的古称。阮福注：“《九域志》：‘苍梧有桂江。’《一统志》云：‘一名府江，即大漓水也。’” [2]汛：古同“讯”，清代兵制凡千总、把总、外委所统率的绿营兵均称“汛”，其驻防巡逻的地区称“汛地”。阮福注：“阳朔，县名。《广西志》：‘大磔汛，上到黄蹄塘十里，下至黄埠塘十里。’” [3]《通志》：指清代谢启昆主修的《嘉庆广西通志》。 [4]可中：正好。 [5]皴（cūn）：中国画的一种技法，用淡干墨涂染以表现山石纹理等。 [6]峦头：山峰。 [7]“因在”句：阮福注“五字长二丈余，舟中视之，犹嫌其小”。 [8]直：只，仅仅。 [9]九马画山：在阳朔县兴坪镇西北四公里的漓江边上，一巨大石壁，平坦如削，五彩斑斓，远望如一幅巨大的画屏，画屏中似有一群骏马奔跑，细数能有九匹之多，是漓江最著名的景观之一。 [10]邓祝仁《阮元和他的几件桂林作品》。 [11]幡然：飘飞、凌空高飘的样子。 [12]关荆：即五代著名画家荆浩、关仝，与董源、巨然并称“四大山水画家”，皆擅画气势雄伟的北方山水。斗：争，比。派：风格。 [13]浑：完全。造物：创造万物。翻：反而，却。师：效法，学习。 [14]审：详究，考察。 [15]纵横：纵向和横向。五丁：传说中蜀地的五个大力士。无迹：没有痕迹。 [16]曲：弯曲的地方。 [17]六年：1817—1823年，阮福注“大人自丁丑冬制两粤，迄今六年矣”。五度：指“丁丑（1817）”“戊寅（1818）”“今年”各一次及“庚辰

（1820）”往回两次的经过。阮福注：“丁丑秋，大人任两湖总督，往湖南阅兵，八月二十八日，衡州途次奉旨调补两广总督，即赴新任，遂取道全州入广西界到广东，路经阳朔一次。戊寅十一月，往广西查办藩司富纶案并阅兵，经过阳朔一次。庚辰七月，往广西查办灌阳会匪案，往回经过阳朔二次。今年九月，往广西阅兵，由平乐到桂林，经过阳朔一次，取道柳州、南宁、浔、梧回广东，前后五度。” [18] 石渠：本指石渠阁，西汉皇家图书的典藏机构，后为皇家藏书之别称。“石渠宝绘”指乾嘉年间清宫编纂的大型著录文献《石渠宝笈》，阮元曾奉敕续编内府储藏书画，选其精华著《石渠随笔》八卷，为著录书中精审之作。云烟：比喻挥洒自如的墨迹或墨宝。阮福注：“乾隆五十六年（1791），大人在南书房修纂内府各书画，为《石渠宝笈》，先后赐赵孟频《无量寿佛图》、元人《戏婴图》、宋人《货郎图》等名迹亦甚多。” [19] 湘南：阮福注“《汉书·地理志》‘零陵’下注云：‘阳海山，湘水所出。’按：漓水亦出零陵，此湘南谓湘水之南，韩昌黎诗‘苍苍森八桂，兹地在湘南’是也。《汉志》：‘长沙国有湘南县，在衡山西北。’与此湘南异”。 [20] 擘窠（bò kē）：大字，又称榜书。标题：标注题款。

今译

天然的半边石壁千古丹青名画，凌空飘向青天。上古是哪个人如此善于画山？似乎要与关仝、荆浩两位大师一较高下。这幅巨画的风格，竟然完全像后世中国画的皴法；创造巨画的人，倒过来效法唐宋的画风技法。将此山认作名山反而疑心为假，端详当作古绘竟然倒像真。纵横估量都有千尺之巨，蜀地的五丁削平得不见任何刀痕。淡黄的颜色模糊得就像古绢，山峦重叠原来是青碧的石纹。一弯清澈漓水绕着画山而流，江上往来的人谁不举头仰望？六年间久已熟悉奇峰的形象，来赏读画山先后已五次乘舟。清宫《石渠宝笈》收的名画几千卷，皇家的藏画墨宝我都曾过目看全。多么幸运能在湘水之南见到此山，如今的眼福真是不浅。九马画山的崖壁刻上大字，我是最早为画山题写鉴赏款识的人。后人来此看到道光三年（1823）我的题款，我写的清漓石壁图和诗歌一同借此留传。

评述

在古代数千首桂林山水诗歌中，芸台先生的《〈清漓石壁图〉歌》独树一帜，光耀夺目。认真揣摩此诗，首先让人倾倒的，便是诗中强烈的激情、酣畅的气韵。这首诗前六韵写景，后六韵是抒情，铺陈描写与直抒胸臆结合。写景部分，描绘奇特壮观的九马画山，开篇便极有气势，一个“挂”字，写得非常灵动，富有激情，而这种激情贯穿了整个写景部分；抒情部分，用自己“六年久识”“五度读画”以及清宫藏画的衬托来强烈表达对画山的无限热爱，奔腾着一泻千里的气势，淋漓尽致地抒发了诗人倾心神醉的情意，这种强烈的激情已经让芸台先生被公认为古代对九马画山最醉心的名人。

其次，这首诗想象学识融合，意境虚实相生。诗人对九马画山的描写歌咏，一方面表现出其博学多识和精通书画的专业素养，运用精深的绘画学识，从皴法到着色等专业角度来称赞画山；另一方面，诗人又巧妙地将过人的学识与丰富的想象融为一体，山当画写，画作山语，或人或神，虚实相生，看似过于精深专业，却又颇有意境与情趣。

最后，形式自由奔放，语言浅显精辟。诗人用的是其最擅长的古风体，押韵自由，六次换韵；语言越发浅显通俗，常以口语入诗，如“眼福如今还不浅”“何人不举头”等；虽然仍偶有用典，但使人不觉艰深，犹如信手拈来，自然畅达；更为可贵的是，语言虽然浅显却更为注重提炼，高度概括，警句叠出，如“认作名山反如假，审为古绘竟成真”“六年久识奇峰面，五度来乘读画舟”等。

当年芸台先生在画山上刻写五个大字“清漓石壁图”、七个小字“道光三年阮元题”，他很陶醉于“鉴赏标题始自吾”，并自信一定会传之后世，“后人来看道光款，传出《清漓石壁图》”。他的刻字题款如今已成为九马画山一个著名的人文盛景，他的诗歌则成了九马画山最宝贵的人文财富之一。

唐荔园

题旨

本诗选自《揅经室续集》卷六“甲申”编年。广州城西，邻近珠江海珠石，有一个著名景区叫荔枝湾。时人只知这里曾为南汉末代国主刘鋹的昌华苑，芸台先生次子阮福经过考证，发现早在昌华苑之前近百年的晚唐，荔枝湾就已是“南国名园”。阮福“惜唐迹之不彰也”，特地更名叫“唐荔园”，撰写《唐荔园记》。芸台先生作此七古二十韵，用诗的语言，演绎了阮福的考证，纵贯古今，深入挖掘荔枝园所蕴含的历史及文化价值。

红尘笑罢宴红云，二百余载荔子繁[1]。十国只知汉花坞，晚唐谁忆咸通园[2]。咸通岭南郑节度，风流曾见诗人言[3]。曹松陪游老文笔，丹砂湿湿霞轩轩[4]。前此英词接扶荔，曲江一赋传开元[5]。荔香曲破妃子去[6]，贡骑不复驰中原。后此年年荔支熟，那堪屈指巢与温[7]。桑田有改荔林在，隐岩得地皆唐恩[8]。茉莉不强牡丹胜，昌华废苑成荒村[9]。方今承平岭海盛，夷賨十倍唐昆仑[10]。贡献屏绝尤物贱，百蛮共仰朝廷尊[11]。节使公余但缓带，荔湾一任开园垣[12]。士民竞赴半塘社，家家画舫倾芳樽[13]。燕脂林外立白鹄，芙蓉塘底飞文鸳[14]。所惜游谈但南汉，何曾买夏唐园论[15]。刘家暂窃枝与叶，岂知本是仙李根[16]？曹诗岿然见文苑，古园不泯因诗存[17]。喜从新构得陈迹，社诗千百题园门[18]。诗人精魄自千古，一亭便可乾与坤[19]。更向梦征追老杜，试擘重碧轻红痕[20]。

注释

[1]红尘：车马奔驰而过时扬起的飞尘。宴红云：即红云宴，指南汉刘张每年于荔枝成熟时设宴款客，“南汉刘张每岁设红云宴，则窗外四壁悉皆荔枝，望之如红云然”（宋代顾文荐《负暄杂录·欐枝》），自此后红云成为荔枝的别名。荔子：荔枝树的果实。[2]花坞：本指中间凹下的种植花木的地方。咸通：唐懿宗李漼的年号，860—874年。[3]郑节度：晚唐岭南的节度使郑从谠，后以使相出镇河东。风流：洒脱放逸，风雅潇洒。阮福注：“《文苑英华》曹松《南海陪郑司空游荔园》诗云：‘荔枝时节出旌斿，南国名园尽兴游。乱结罗纹照襟袖，别含琼露爽咽喉。叶中新火欺寒食，树上丹砂胜锦州。他日为霖不将去，也须图画取风流。’”[4]曹松：唐代晚期诗人，晚年以70多岁高龄中进士，后任秘书省正字，其诗学贾岛刻意铸字炼句，有名句“凭君莫话封侯事，一将功成万骨枯”（《已亥岁二首·僖宗广明元年》）。湿湿：本指浪涛开合貌，这里似形容荔枝鲜艳夺目貌。轩轩：飞动貌，高扬貌。[5]前此：在此以前。英词：美好的文辞，指“曲江一赋”。扶荔：即荔枝。开元：唐玄宗李隆基的年号，713—741年。阮福注：“《张曲江集》有《荔枝赋》。”[6]破：停奏。去：死亡。阮福在《岭南荔支词》中注“荔枝香”说：“《新唐书·乐志》：‘玄宗幸骊

山，杨贵妃生日，命小部张乐长生殿，因奏新曲未有名，会南方进荔枝，因名曰“荔支香”。’” [7]后此：在此以后。屈指：这里指首屈一指，喻特出。阮福注：“巢与温：黄巢、朱温。”[8]得地：得到土地。隐岩：即岩隐，隐居山中。 [9]“茉莉”二句：阮福注：“《清异录》：‘南汉每见北人，盛夸岭海之强。世宗遣使入岭，馆接者遗以茉莉，文其名曰“小南强”。后面缚到洛阳，见牡丹，大骇，有缙绅谓之曰：“此名大北胜。”’” [10]岭海：指两广地区，其地北倚五岭，南临南海，故名。夷賨（cóng）：秦汉代之间今四川湖南一带少数民族缴纳的赋税名称。阮福注：“《旧唐书·林邑传》：‘林邑国在交州南千余里。自林邑以南，皆卷发黑身，通号为昆仑。’《玉海》：‘王方庆都督广州，广州南海旧有昆仑舶，市外区珠琲，秋豪无所索。’” [11]屏绝：摒弃，断绝。尊：尊贵，高贵。 [12]节使：泛指地方长官。但：只管，尽管。缓带：宽束衣带，形容悠闲自在、从容不迫，源自成语“缓带轻裘”。一任：听凭。垣：泛指墙。 [13]半塘：后多称为泮塘，因南汉这一带为江边滩地，多是池塘、洼地。芳樽：精致的酒器，亦借指美酒。阮福注：“广东荔支社以食多者为胜，胜则称荔支状头，少则罚饮酒数大白。” [14]燕脂：即胭脂，一种红色颜料，这里泛指红色。白鹄：又名天鹅，全身羽毛雪白。文鸳：即鸳鸯，其羽毛华美。 [15]买夏唐园论：阮福注，“苏东坡荔支诗云：‘买夏欲论园。’”按：这句诗出自苏轼的《新年五首》其五，“探春先拣树，买夏欲论园。” [16]暂：不久，短时间。仙李根：李唐统治者自言为老子之后，老子以李树为姓，后即指李姓宗族为仙李蟠根。 [17]岿然：本义指高大独立的样子。文苑：即《文苑英华》，为北宋初期的重要官修书籍，是上继《昭明文选》的一部总集，辑集南朝至唐代诗文。 [18]构：架木造屋。陈迹：遗迹。阮福注："近日民间诗社有唐荔园诗，累至千余首。" ［19］精魄：精神气魄。一亭：指唐荔园擘荔亭。 ［20］梦征：曹松，号梦征。擘：分开，剖裂。重碧：深绿色，形容酒色。轻红：淡红，这里因荔枝色淡红而借指荔枝。阮福注："杜工部《宴戎州杨使君东楼诗》云：'重碧拈春酒，轻红擘荔支。'今南海邱氏荔园即唐荔园也，有擘荔亭。"按：黄庭坚《廖致平送绿荔支为戎州第一，王公权荔支绿酒亦为戎州第一》也有"试倾一杯重碧色，快剥千颗轻红肌"句。

今译

唐代一骑红尘妃子笑的故事刚刚落幕，五代十国的南汉刘𬬮又在荔枝湾大开红云宴，这期间的两百多年，唐荔园的荔枝繁茂，果实累累。后人只道十国南汉在此构建的昌华苑，谁能想起晚唐咸通年间的荔枝园？咸通年间的岭南节度郑从谠，风雅潇洒曾经受到诗人曹松的赞扬。曹松陪游荔园的诗篇文笔老成，把荔枝写得如丹砂鲜艳夺目，如飘动的晚霞绚丽。之前张九龄的《荔支赋》引来了岭南的贡荔，开元盛世传诵着曲江公这篇华章。自从新曲《荔支香》停奏、杨贵妃故去，进贡荔枝的驿骑不再驰骋来到中原。此后的荔枝年年成熟，晚唐却禁受不了黄巢与朱温这两个恶人。历经桑田沧海后唐荔园的荔枝林还在，刘汉拥有岭南的土地皆因唐朝的皇恩。南汉自号的"小南强"并不强，牡丹才是"大北胜"；刘𬬮被俘后昌华苑废弃，从此那里变成了荒村。如今天下太平，五岭到南海一片兴盛；四方上缴的赋税，十倍于唐代这里所能收到的珠宝奇珍。再也不需要进贡劳民，过去的珍奇之物现在都便宜得无人问津；南方所有的少数民族，都十分尊敬朝廷。地方长官公务之余，来此悠闲尽情放松；荔枝湾一带，听凭士民新辟园林围墙高耸。百姓人人赶去泮塘，参加荔枝社荔枝状头的争抢；河道上家家游船漂亮，精致的酒器斟满了美酒飘香。一片红云般的荔枝林外，雪白的天鹅伫立相望；荷花盛开的水塘里面，飞出了美丽的鸳鸯。可惜闲谈提到的，只是南汉的昌华苑；何尝在探春买夏之时，想到唐代这儿就是南国的名园。刘𬬮父子只是一时偷得唐代江山的枝叶，哪里知道李家本来是仙人老子的后裔？曹松的诗篇岿然存于北宋的《文苑英华》，古老的唐园因此留下美名佳话。欣慰的是新建的园林里发现了遗迹，民间的诗社存积了千百首描写唐荔园的诗歌。诗人的精神气魄自会永存，一座擘荔亭便可屹立于天地间。随着曹松的诗再向前追溯杜甫的名句，试着剖开淡红荔枝、品尝深绿美酒。

评述

广州城以西郊外，古时是一片汪洋，到了唐代，在珠江泥沙冲积之下，才逐渐成为沼泽地带。有一片被称为“半塘”的区域，广袤三十余里，多湖泊水塘，人们在塘边筑基，在基上种荔枝，逐渐形成了荔枝湾。到了清代，这里已经成为众多园林聚集的地方，“一湾溪水绿，两岸荔枝红”。只是，时人都津津乐道南汉的末代国主刘𬬮，曾在此筑昌华苑、设红云宴，却不知早在百年之前，唐代的岭南节度使郑从谠就已经在此筑郑堤、开荔园。阮福为之鸣不平，作《唐荔园记》以辩之，并将广州绅士清代丘熙所构的“虬珠圃”荔园更名为“唐荔园”。

芸台先生作《唐荔园》诗，表面上也在感慨“十国只知汉花坞，晚唐谁忆咸通园”，对人们在唐荔园历史中只记南汉却忘记了李唐表示了惋惜，对曹松等诗人赋予唐荔园久远的文化价值给予了高度赞扬，但这首诗更深刻的构思，是在荔枝及荔枝园身上打上了兴衰成败的印记。全诗前九韵部分，叙述的是唐荔园作为晚唐时期的南国名园、刘汉时候的昌华苑以及终成荒村的历史；后十一韵部分，描写了道光年间荔枝湾园林兴起的盛况，“方今承平岭海盛”，“家家画舫倾芳樽”，可谓物阜民丰、歌舞升平，借助唐荔园折射出了清朝最后的繁华。因此，诗人有意将一个小小的荔园变成唐末乱世与大清盛世两个不同时代的缩影，构思上的独具匠心，小中见大，察微知著，深入挖掘荔枝园所蕴含的历史及文化价值，是其作诗的一大艺术特色。

以诗谈史，学问入诗，辅以严密考证，将荔枝、唐荔园相关史实厘清辨明，同时集性情与学问于一体，这是本诗的第二个艺术特色。显然，这首诗也是芸台先生学人诗的代表作，“读着似质，却有无限滋味，涵泳愈久，愈觉深长”[①]，看似不经意的一首荔园之咏，显示了诗人深厚的学养。有清一代，诗坛都重视诗人的学养在创作中的重要作用，倡导学人与诗人合一、学问与性情合一。芸台先生此诗应该是这种诗风的一个成功实践，也正是因为其典型的学人之诗的特色，此诗才被收入徐世昌的清诗总集《清诗汇》。

---

① 盛如梓《庶斋老学丛谈 日闻录 霏雪录》，商务印书馆，1939。

乙酉仲冬[1]望日阅碣石镇水陆兵，全海肃清[2]，夜看海月

题旨

本诗选自《揅经室续集》卷六“乙酉”编年。“乙酉仲冬望日”，指的是道光五年（1825）十一月十五日，芸台先生赴惠、潮阅兵，在岭南粤东海防重镇碣石镇[3]的海边，作诗抒发海上看月圆的兴奋之情，表达了永保海疆清平安宁的心愿。

我看月圆几百回，何曾看月海上来。也曾两度涉沧海，月黑水深云不开。碣石南边无石处，再欲南行行不去。楼船直跋岸根来，马足惊溅浪花驻[4]。东海苍茫月已高，西海朦胧日初暮。此时冬半暖如秋，碧海青天汗漫游[5]。万里绝无山碍目，三更况有月当头。当头月照山头碣，海光如镜潮如雪。今夜天空水亦澄，昔年氛恶常侵月[6]。风伯曾令交阯平，水仙终在温州灭[7]。漫言清晏不扬波，一万犀军还荷戈[8]。月当盈处常愁缺，如此沧洲傲若何[9]？

注释

[1] 仲冬：也称中冬，指的是冬季第二个月，对应是农历十一月。 [2] 肃清：形容天气明朗高爽，这里有海匪清除、海上清平的

双关意。 ［3］碣石镇：今处汕尾市陆丰的碣石湾畔，清代属惠州府的陆丰县。自从宋代设防保疆，碣石镇便成为岭南粤东地区的海防重镇、潮惠两州的门户要地。明代为抵御沿海倭寇侵犯，设碣石卫，与天津卫、沈阳卫及威海卫合称中国明清四大卫。 ［4］楼船：古代战船，因船高首宽、外观似楼而得名。跋：踩，践踏。驻：这里指马停步。这两句意为：战船碾浪，径直冲向岸基而来；战马踏水，惊溅起了浪花才停住。 ［5］汗漫：形容漫游之远。 ［6］氛：古时指预示吉凶的云气，多指凶气。这句意为：从前海上充满乌云恶气，常遮住月亮。 ［7］风伯：即风神。交阯：又作交趾，后世称为交州，位于今越南北部红河流域，汉武帝灭南越国，始设交趾郡。这里借指安南总兵伦贵利海盗集团。水仙：东晋孙恩统领五斗米教在海上作乱，失败后赴海自沉，被信徒视为水仙，阮元自1803年作《题陈默斋参军广凝摊书图》诗起，用水仙专借指浙江海盗蔡牵。这二句意为：1800年的海战，风暴曾经相助，荡平了来犯的安南伦贵利海盗；1809年的八月，蔡牵海盗终于被清闽浙水师在温州消灭。 ［8］清晏：清净明朗，清平安宁。犀军：强兵。荷：背，扛。这两句意为：不要说眼前一片清朗明净，风平浪静，和平安宁，我的上万强兵正执戟荷戈，常备不懈，警钟长鸣。 ［9］沧洲：滨水的地方，古时常用以称隐士的居处，这里取李白“诗成笑傲凌沧洲”之意。这两句意为：月圆之时常常想到月缺，抱着这样的心态傲然优游又如何呢？

评述

芸台先生虽此时已六十二岁，但在海上看月圆还是第一回，所以他很兴奋。他在诗中累计“看月圆几百回”，应该是按五十余年、月圆六七百次来计算的，纵然如此之多，“何曾看月海上来”，“何曾”两字可见诗人兴奋的程度。他在诗中又提起曾经“两度涉沧海”，第一次当在乾隆六十年（1795）山东学政任上，三月到莱州湾的渤海边，有诗《莱州蜉蝣岛》“月黑夜珠还”；第二次当指嘉庆二十二年（1817）登沙角炮台阅兵，有巡海诗“瀛帆乘月夜”，逢农历初四，正是“月黑水深”时。这次到碉石镇，芸台先生骑马乘船，向南再南，一直到了碉南半岛的最南端，还“再欲南行”，更可见其兴奋程度。不光他自己兴奋，船也似乎“兴奋”了，“直跋岸根来”；马也兴奋了，“惊溅浪花驻”。开篇四韵，竭力写兴奋而来，为下面的四韵看月渲染气氛，作好了铺垫。以下四韵，写海上看月圆，诗人先宕开一笔，写东边海天苍茫，月刚升高，西边海天朦胧，夕日初落；再写暖冬如秋，天青海碧，进入“汗漫游”的恍惚状态之中，将自己送入若士入云、汗漫九垓的神游状态中。反复铺垫至此，才直接写看海月，然而却只写了短短的两韵，便立即转入感想篇，回忆浙江巡抚时期的海上剿匪，消灭安南总兵伦贵利与福建海盗蔡牵两大海盗集团，引发居安思危、盛极必衰的感慨。由此可见，这首诗最大的特色，是对月景的直接描写很少，主要通过记叙看月前的兴奋与看月后的回忆感慨来表达海上看月的感受，这种方式运用得巧妙，常常能达到不写而写、不写胜写的效果。

这首诗的第二个特色，与《望远镜中望月歌》一样，就在于诗人有意识的“以文为诗”，以口语入诗，并巧妙地穿插对仗严整的偶句，产生了明白如话、流水行云、跌宕跳跃、变化多端的艺术效果。比如，直接描写看海月的两韵，前一韵“万里绝无山碍目，三更况有月当头”，本是极平淡的语气，却又是非常工整的对偶，又妙在“绝无”“况有”的逐层递进，赋平淡予神韵，达到了令人神往的境界；后一韵“当头月照山头碉，海光如镜潮如雪”，又变为古风句式，“当头”前后顶真联珠，两个比喻显得自由随意，奔放流畅。这里可见诗人七古诗语言的一大特点：时常在七古、七律两边跳跃，能严对就严对，还对得妙趣天成；不能成对就不生硬凑对，不受形式束缚。这两韵三句叙述，只有一句是描写，由此还可见芸台先生“以文为诗”的一个特点，那就是叙述多于描写，不多雕饰，质朴本色，颇有浑然天成之感。

重九日登黔西老鹰崖

题旨

本诗选自《揅经室续集》卷七“丙戌”编年。黔西老鹰崖，在贵州的西边普安县白沙乡境内，是白沙夜郎古驿道的起点，是滇黔古驿道最险要的隘口。嘉庆二十三年（1818），林则徐曾经过此“夜郎古驿道”[1]。道光六年（1826）九月初九，即重九日，芸台先生由广州赴任云贵总督，登临老鹰崖，豪情作诗，诗描写了老鹰崖的高耸险峻，显示出诗人虽已六十三岁仍壮心不已的心境与情怀。

朝朝尽绕青山走，已有文书到心手[2]。忽然直上老鹰崖，蓦想今朝是重九。老鹰摩霜下晴空，危巢即在悬崖中[3]。此间只许飞鸟过，何年人迹西南通。百丈一盘，十丈一折。愈折愈高，且盘且歇[4]。负牵双引竹舆竿，石火迸生马蹄铁[5]。衰翁颇羡据鞍人，廿里高崖竟登越[6]。登高难遇重九时，重阳难得登高诗。今朝无意巧相并，作诗应寄家人知。此间峰峦远比岭南大，节候未较江南迟。皇华一洗园圃气[7]，野菊挂崖开瘦枝。

注释

[1] 夜郎古驿道：《林则徐集·日记》记载，林则徐“过老鹰

崖，直上十五里”，曾惊叹，“黔山之峻，无出其右者！” ［2］朝朝：天天，每天。文书：书籍，文章。心手：这里是指用心揣摩并追随仿效的意思。这两句意为：每天都绕着青山走路，看书已经达到了心摹手追的程度。 ［3］摩：摩擦。危：高。这两句意为：老鹰擦着秋霜从晴空直下，高树的鸟巢原来就在悬崖上。 ［4］折：弯曲，回转。盘：盘旋。这两句意为：山道反复回转，越来越高；我们不停地爬着盘山道，时不时地就要休息。 ［5］双引：谓由两人引马。竹舆：竹轿。迸：往外溅散。这两句意为：或背着人，或牵着马，用抬竹轿的竿互相牵引着；马蹄上的铁掌，踏着石头火星迸发。 ［6］衰翁：老翁。据鞍人：指马援，字文渊，东汉初期军事家、开国功臣，累官至伏波将军，世称“马伏波”。晚年遇武陵郡五溪蛮暴动，马援时年六十三岁，请命南征，当刘秀面“据鞍顾眄”，让刘秀叹服“矍铄哉是翁也”！（《后汉书·马援传》）廿里高崖：白沙古驿道北从老鹰崖起，翻卡子上下七十二道坎，西至白沙村止，全长二十里。阮福有注云：“大人自注，‘马伏波据鞍年六十三，余今年六十三，虽不健，然可称翁矣。’”这两句意为：老翁一直羡慕伏波将军，六十三岁还能跨鞍骑马；我现在也是六十三岁，终于将二十里高崖攀登越过。 ［7］皇华：灿烂的花枝，语出《诗经·小雅·皇皇者华》：“皇皇者华，于彼原隰。”这两句意为：灿烂的野菊花，一扫岭南与江南的人工打理的小园子气息。

评述

这首诗的诗眼，不是题目中的“登”，全诗略写了如何登越。直接表现登越的诗句，只有“负牵双引竹舆竿，石火迸生马蹄铁”这一句，写爬山到了最艰难的时候，马已经不能骑了，要牵着马走；竹舆也不能抬了，抬竹舆的竿子已经用来牵引人了；而有的人已经爬不动了，要人背着走。这一韵，更从侧面烘托了老鹰崖的险峻。

这首诗的诗眼，是第二韵“忽然直上老鹰崖，蓦想今朝是重九”，总起全诗。“忽然直上老鹰崖”，透露出诗人面对老鹰崖的险峻而惊叹的心情，引出下文的三至八韵，对老鹰崖险峻的详写，用老鹰摩霜、危巢悬崖、盘旋曲折、“愈折愈高”渲染这里人迹罕至只能过飞鸟。险峻和惊叹，都是为登越之后的自豪作铺垫；“蓦想今朝是重九”，透露出诗人能在重九登高而惊喜的心情，引出九至十二韵，写登越之后喜而作诗，并特写了野菊挂崖开放的一个画面寄给家人，其实都是直接表达了诗人激动自豪的心情。

诗人的这种激动自豪，有两个特殊的缘由。一是，芸台先生一直景仰东汉的马援将军，六十三岁还能跨鞍骑马，如今他自己也在六十三岁登越如此险峻的老鹰崖，岂能不兴奋自豪？二是，他在六十三岁之际，由两广总督迁任云贵总督，多少有一种受冷遇的意味，但“此间峰峦远比岭南大”的万里西陲，显然使得诗人内心的豪气陡增。

这首登高诗在总体上描写了老鹰崖的高耸险峻，抒发了诗人不惧艰险、老当益壮的豪情。艺术上也很有特色，首先是气势奔放豪迈，诗句长短自由，语言酣畅淋漓，保持了诗人一直特别擅长之七言古诗惯有的风格，如“百丈一盘，十丈一折。愈折愈高，且盘且歇”，故意用四字一句，既与盘旋曲折的特点吻合，又形成急促语气，表现登越者紧张的心情。其次，精当的描写结合夹叙夹议，是诗人晚年诗风的一种改变，尤其是最后一部分，既有口语化的叙述“此间峰峦远比岭南大，节候未较江南迟”，也有点评式的议论“登高难遇重九时，重阳难得登高诗”，形式活泼，挥洒自如，这其实也是诗人晚年诗中常见的以文入诗、口语入诗的特色。

南云行

题旨

本诗选自《揅经室续集》卷八“丁亥”编年。道光七年（1827），就任云贵总督的第二年二三月间，芸台先生巡边阅兵，向北到东川府，“穿云跨岭行”。所跨的山岭，当为昆明东北嵩明县、寻甸县一带乌蒙山系的梁王山山脉。诗中描写的对象很单一，就是南飞的云，云在岭上南飞，人在云中北走，场景似真似幻，感觉亦仙亦凡，从中能读到芸台先生的返老还童式的真趣。

仰看云在天，未辨行迟速。今日穿云跨岭行，岂知疾过奔马足。平地风气清，吹云天上行。今日披云[1]动凉气，始知风在云中生。山不见路惟见云，桃花梨花近不分。北云压山鸟欲雨，南云映日红氤氲[2]。下山直自云中落，云中之人轻似鹤。翩然可是隔仙凡，怅望山头挂云脚[3]。我闻仙人乘云兼御风，仙家幻术安能通。不如安坐南云下，笑指此云称老翁。

注释

[1] 披云：拨开云层。 [2] 氤氲：烟云弥漫的样子。[3] “翩然”二句意为：飘飘欲飞，就像从仙境到人间；回望山头上低挂的云彩，留恋而惆怅。

评述

这首诗意象异常单纯，却又特别意趣盎然。前六韵，从空间地点上看，是在岭上，写穿云跨岭御风，可诗人的思绪跳跃不停，忽而在地上，忽而在云中，忽而如奔马，忽而北云乌，忽而南云红。跳跃之中，原来是诗人童心大发，云下仰看，不辨快慢；云中穿行，惊叹如马；平地以为风吹云，上天方知云生风；山上有路看不见，雾中有花分不清；北边乌云却欲雨，南边彩云有红日。诗人一边渲染出了一个奇妙瑰丽的云中仙境，一边展现出活泼纯真的童趣心态。后四韵，空间地点已经是在山下，写下山望云遐想，渲染的是云中而落、翩然似鹤的感觉，展现出那种不屑仙家幻术却自带仙风道骨的风采。芸台先生以六十四岁高龄、处云贵总督之高位，如此翩然于岭上，嬉戏于云中，写出浪漫而童真、洒脱而诙谐的诗篇，可见他有一颗不老的心、有一个超凡脱俗的梦。

七言绝句

题《海滨独立图》[1]

题旨

本诗选自《揅经室集》四集诗卷二“乙卯”编年。乾隆六十年（1795），芸台先生任山东学政。莱州城北数十里便是渤海，“风涛黯淡，一望无际，故余题《海滨独立图》”。这首题画诗，写出了诗人面对苍茫大海的沉醉之深、神思之远。

山根入海海连天，著我临崖思渺然[2]。同是苍茫千古意，不知生后与生前。

注释

[1] 见《小沧浪笔谈》卷四。　[2] 著：写、画或显现、突出。渺然：悠远不明。这句意为：画我伫立在山崖上，遥望大海，思绪万千。

评述

芸台先生一直将自己的“诗笔”当作画笔，用“诗笔”将山水景色描摹成画，这首诗显示了他的“诗笔”胜似画笔。他所题的《海滨独立图》这幅画，能够描绘出“山根入海海连天”的画面，能够画出一个人独立海边山崖孤寂沉思的神态，但画不出人的神思“渺然”。而芸台先生的题画诗，短短两韵，有“思接千载、视通万里”之笔力，无限延伸了画的时空，“画”出了“渺然”恍惚的神思世界。上韵，当视野由近处的“山根入海”拉向远方的“海连天”时，临崖者“视通万里”，不禁神思“渺然”，无限沉吟其中；下韵，当思绪由今生拉向生后、生前时，临崖者“思接千载”，生发了抽象层面的哲理迷惘。至于这“苍茫千古意”究竟为何，诗人留下了无限的想象空间，需要读者去琢磨，去体会——究竟是相对于大海、宇宙的浩瀚，感慨人之渺小；还是感慨人生之短暂，恍惚难分今生或是来生。

卢善庆在《中国近代美学思想史》中这样评价这首诗：“面对大自然的美，不仅时光凝固了，而且生命也凝固了。剩下的只是物我为一、情景交融的审美氛围。”

吴兴[1]杂诗（其四）

题旨

嘉庆二年（1797）八月，芸台先生出试湖州，作湖州风景组诗《吴兴杂诗》五首。不知为何，组诗载于《定香亭笔谈》卷三，《揅经室集》却未收录。2010年安徽高考语文试卷以组诗第四首为作文考题后，此诗因意境优美、寓意深刻而广为传诵。

交流四水抱城斜，散作千溪遍万家[2]。深处种菱浅种稻，不深不浅种荷花。

注释

[1] 吴兴：浙江湖州的古称，其名寓“吴国兴盛”之意，为三国吴主孙皓所改名。　[2] 交流：交错而流。四水：现指东苕溪和西苕溪两溪及支流。抱城斜：绕城斜流。这两句意为：四条河流交错环抱着吴兴城，又绕城四下斜流；分流成众多的小溪，流到了万千人家。

评述

这首诗，上联写的是景，是湖州四水抱城的水乡风景。诗人用绘画中散点透视的视角，凌空鸟瞰，一望收尽吴兴的水乡风光。语言优美而精练，三个数词“四、千、万”连用，四水为主干，千溪为支流，万家为网眼，用诗笔织出了湖州的整张水网；“抱”“遍”两个动词拟人化，形象写出四水对“城”和“万家”的呵护；而“斜”“散”等字，显示了诗人一贯的描写景物细致入微、特征鲜明的特点。

下联写的是生活在水乡的人，写他们如何适应这样的水环境，从中流露出了芸台先生的一种心态，这一点被很多赏读者忽视了，很多赏读者都直接跳去领会其中蕴含的哲理。其实，诗人故意重复，连用三个“种”，不厌其烦地列举“深”“浅”“不深不浅”，写的是水乡农作的特点，写水乡人适应环境、因地制宜的一种生活状态，是湖州人对水、对自然的一种不自觉的“无为而为”。诗人描绘了一幅色彩纷呈的迷人画面，绿的菱叶、黄的稻浪、红的荷花，表达了他的欣赏和肯定，流露出的是诗人自己“无为而为、顺其自然”的人生感悟和心态。

诗人的本意是上联写水对人的善待厚爱，下联写人对水的顺势而为；上联形象展现了庄子“上善若水”、水利万物的道家哲学，下联巧妙揭示了诗人人生如水、随遇而安的心理境界。不过，体会到其中丰富的哲学思想，感悟到要尊重自然规律、严格实事求是，则是这首诗思想境界的进一步升华。或许，诗人本来也寓有此意，因为芸台先生本身就自称“余之说经，推明古训，实事求是而已”，而且他不光在经学研究上倡导实事求是，并扩展到自然科举多方面的实行、实践上；又或许，诗人当时并没有想要寓寄多少哲学思想，形象的客观意义超出了诗人的主观意图，这种现象便是人们常说的形象大于思想。

苏堤春晓

题旨

本诗选自《揅经室集》四集诗卷五“辛酉”编年。芸台先生在浙江十年，写了十余首的西湖诗，这一首最为有名，作于嘉庆六年（1801）春初抚浙江之时，是他诗笔兼画笔的写景名篇。朱东润主编的《中国历代文学作品选》，选录芸台先生两首诗，这是其中的一首，解题中说这首诗“善于捕捉形象，将杭州苏堤破晓时明月西斜、曙光初透的景色，描摹如画”。

北高峰上月轮斜，十里湖光共一涯[1]。破晓春天青白色，东风吹冷碧桃花。

注释

［1］涯：水边，泛指边际。这两句意为：北高峰上的圆月，还斜挂在那里；十里湖水的波光，荡漾到远方的天边。

评述

“善于捕捉形象”，只是用“诗笔”作“画”的第一步；如何将捕捉到的形象进行组织布局，则是用“诗笔”作“画”的关键一步。细读本诗，能够体会到其“构图”十分精巧。诗中首先写纵目远眺，由高到低地展现峰上斜月、十里湖光的全景，再由远及近，给出了青天白色、风吹桃花的特写，主体突出，层次分明，纵深感与韵律感强烈。

揣摩诗中的两个特写，前者“破晓春天青白色”，正是春季破晓之时天空的色彩特征，后者“东风吹冷碧桃花”，正是早春二月晨寒风冷的气候特征，诗人精心捕捉这两个景象，表明了诗人观察景物细致入微，感受自然敏锐异常，捕捉景象善于抓住特征。天色青白与碧桃花红，本是色彩对比鲜明的春晨景象，“东风吹冷”使得这幅画面立刻冷艳无比，西湖早春空灵而冷艳的境界顿出，并将诗人与自然相融，不但人天一体、人湖一涯，而且人花同心。

秋日西湖泛舟

题旨

本诗选自《揅经室集》四集诗卷五“壬戌”编年。作《苏堤春晓》的第二年（1802），芸台先生又泛舟湖上作此诗。这首七绝，看似写湖上风光，其实着力渲染歌吟的是西湖岸上的桂花，用满湖的桂花香作为秋日西湖之魂。

三面青山倚夕阳，桂花天气半温凉。不须泊岸寻花去，湖上秋风镇日香。

评述

夏日的西湖以荷花胜，杨万里的“接天莲叶无穷碧，映日荷花别样红”诗句，古今脍炙人口；到了秋日，最可装点西湖的便是桂花。以往诗人写西湖的桂花，传诵的名句，都是写岸上寺里的桂花，如“桂子月中落，天香云外飘”（宋之问《灵隐寺》），“山寺月中寻桂子，郡亭枕上看潮头”（白居易《忆江南（其二）》）。湖上写桂花的，大概芸台先生是第一人。湖上远不可见，如何笔下生桂花呢?

诗的首句写所见，是全诗唯一的视觉观察，诗人送目四顾，看到了西湖三面环山，草木茂盛，三面青山都斜靠着夕阳。起笔看似平常，其实很是大气，画面既色彩鲜明，又为下面写桂花香飘不散做了铺垫。第二句，由视觉转为肤觉感受，泛舟西湖上，诗人感觉到了半温半凉。这里的“天气”，既可指气候，又可指气味，诗人巧妙地名之曰“桂花天气”，既暗示满天空中流动的都是桂花的气味，为下文风香作铺垫，又切合秋日风凉的感受，为文跌宕多姿，收放巧妙。第三句，诗人既像是自言自语“不须泊岸寻花去”；又似与“山寺月中寻桂子”的白公跨时空对话：不必停船上岸寻花去了。为什么不必去了呢？结尾揭示谜底：“湖上秋风镇日香”——三面青山环抱下的十里湖上，秋风整天都送来桂花香。前三句蓄势，尾句破堤，将西湖的桂花势之盛、香之浓渲染得淋漓尽致，芸台先生笔下的桂花香，几乎是无处不在、无时不有。不同于白公的清淡遥远，要去寺中月下慢慢寻找；也不同于宋公的虚无缥缈，竟然花在月中、香在云外。

短短的四句诗，构思精巧，清新奇妙，层层渲染，跌宕生辉，应该是西湖桂花诗难得的又一名篇。不过，杨万里笔下的西湖荷花千古传诵，芸台先生笔下的西湖桂花却鲜有人知。揣摩比较，可能是两种不同的写法所致，一种是直抒感受（“毕竟西湖六月中，风光不与四时同”）、直接描写（“接天莲叶无穷碧，映日荷花别样红”），让读者感受直观，感染强烈；而另一种是间接描写，迂回渲染，不见其花，只闻其香，含蓄隽永，余味暗藏。

听福、祜、孔厚诸儿夜读

题旨

本诗选自《揅经室集》四集诗卷九“辛未”编年。嘉庆十四年（1809），芸台先生被罢浙江巡抚，回到京城的翰林院，从二十年前的起点重新干起。两年后的初秋，他租下了内城西边的一个小园，接来了妻儿老小，作此诗为诸儿刻苦读书而欣慰，教育后辈要坚定苦读意志。

秋斋展卷一灯青，儿辈须教得此情[1]。且向今宵探消息，东窗西户读书声[2]。

注释

[1] 灯青：灯光青荧，化用“青灯黄卷”（比喻清苦的攻读生活）一词。情：情理，道理。这两句意为：深夜秋斋展卷，青荧的灯焰摇曳；孩子们必须懂得这个道理，读书就必须要这样能吃苦。

[2] 宵：入夜时段。消息：虚实，底细。这两句意为：今夜先去打探一下虚实，东边窗子西边的门口都传来琅琅的读书声。

评述

一家团聚，三个儿子难得地都来到了身边，芸台先生此时能够亲自关心诸儿的教育了。他是如何教育的呢？此诗记载了芸台先生家教的一个片段，后成为家风的好教材。

诸儿中，阮福此时十一岁，其母为谢雪；阮祜八岁，其母为刘文如；阮孔厚七岁，其母为孔夫人。三位母亲皆工画能诗，经常在一起题画唱和。三儿在一起，第一要务便是读书，诗的首句正是描写孩子们读书时的情景，深夜秋斋展卷，灯焰青荧摇曳。孩子们正在苦读，但芸台先生还不太放心，他一方面继续谆谆教诲孩子们，要懂得读书必须要吃得苦的道理，要诸儿坚定苦读意志；另一方面亲自去检查，半夜打探，诸儿没有上床睡觉，东边西边都传来琅琅的读书声，打探的结果应该让他很是欣慰了。

确实，诸儿长大后都没有让芸台先生失望。阮福虽官仅至甘肃平凉知府，但他精通经学，尤好金石考据，所著十卷《孝经义疏补》，博纳广采，补阙备异，精于校勘，是《孝经注疏》流传史上的又一里程碑，具有重要的研究价值和文献学意义；阮祜官至四川潼川知府，署四川永宁道，协助父亲品鉴云南大理石，撰写著名的《石画记》；阮孔厚为特用员外郎，与阮福、阮祜合撰《雷塘庵主弟子记》。三儿之外，更有长子阮常生，最让父亲感到骄傲与自豪，官至清河道、直隶按察使，平生好学深思。精研经术，能嗣家学，精金石，工书法，著有《后汉洛阳宫室图考》《团云书屋诗钞》。

冬日昭通道中

题旨

本诗选自《揅经室续集》卷十一“甲午”编年。云南的昭通，是云南、贵州、四川三省的接合处，千年的乌蒙土府所在，直到雍正年间改土归流，才改乌蒙府为昭通府。道光十四年（1834）冬日，芸台先生走在昭通的金沙江边，因看到麦苗尖小而焦心，一个小小的细节，透露出芸台先生关注民生的拳拳之心。

一年农事最关心，较雨量晴[1]直到今。今日金沙江上路，麦苗尖小似秧针。

注释

［1］较雨量晴：估量晴雨的变化。语本出南宋罗大经的《山静日长》：“出步溪边，邂逅园翁溪叟，问桑麻，说粳稻，量晴校雨，探节数时，相与剧谈一晌。”（《鹤林玉露》）因罗大经的“山静日长”语袭用北宋诗人唐庚的《醉眠》“山静似太古，日长如小年”，后人误将“较雨量晴”视作语出唐庚，如扬州小金山有一联云“洗桐拭竹倪元镇，较雨量晴唐子西”（《扬州画舫录》）。

评述

这首诗的妙绝之处，就在于其从小处落笔，于大处着眼，空间上大与小奇妙组合，时间上大半生与一瞬间电石般碰撞。上联的叙述，空间上横跨今昔，总结自己大半生以来，最关心的是农事，每年都特别重视去比较估量晴雨的变化，朴实的叙述已经把自己关注民生、牵挂百姓的人文情怀与拳拳之心表达得真切动人。下联的描写，空间上回到眼下，时间上聚焦一瞬间，眼前金沙江一路风光无限，而诗人的目光聚焦到那一叶麦苗——尖似秧针、生长不良，无须说明是干旱还是其他原因，诗人的焦灼急迫跃然纸上，以至于金沙江一路的风光都视而不见了。后联真切的描写，把前联的那种关注民生的拳拳之心更加强烈地烘托出来了。

寥寥几句，构思上举重若轻，描写上似小实大，通过一个细节描写，将芸台先生大半生的重大关注、热切情怀表达得让人印象深刻、动容难忘。

夕阳楼

老桑东，小楼一间，西向可望远林，二仆舁[1]椅登之，余题此名。

题旨

本诗选自《揅经室再续集》卷五“辛丑”编年。芸台先生辞官回到扬州，又在扬州北边的公道桥镇老家买了一个小别业，起名叫桑榆别业。道光二十二年（1842）正月的下旬，芸台先生七十九岁生日茶隐于此。这天，老人登上别业小楼，眺望夕阳，题小楼名“夕阳楼”并作此诗，用四个“耐”字写尽一生的感慨。

多年耐暑复耐[2]寒，三十蒙恩亦耐官[3]。今日夕阳楼上望，迟迟耐倚此阑干[4]。

后记：余自二十三岁（乾隆五十一年丙午）入都，三十二岁（六十年乙卯）官内阁学士，历兵、礼、户部侍郎，总裁己未会试。三十四岁巡抚浙江，安南夷寇荡平。四十二岁（嘉庆十年乙丑）丁艰，服未满起复福建巡抚，告病。服满，复任河南、浙江巡抚，蔡逆及群盗灭。四十六岁（十四年己巳）为失察刘凤诰科举舞弊案落职。此二三十年似人生仕已之速一世也。四十六岁复入翰林，居蝶梦园。四十八岁官内阁学士、侍郎，出督漕运，任两湖、两广、云贵总督。道光十三年癸巳正月，七十岁，在贵州途次（三月初入觐，恩赏御书“福”“寿”字、御书“亮功锡祜”匾、涂金寿佛、玉罗汉、竹根麻姑仙象诸物，贺者盈门，不能不待之以酒，不能茶隐矣），旋总裁会试。七十三岁拜大学士入都，七十五岁因足不能行，予告致仕归田，居别业。此又似人生仕宦之速又一世也。昔三四十岁时，同年友曾曰：“云台如此速迁，以后无官可做。”彼时自惧不寿。后复入翰林，如两世人，耐官耐老。嘉庆中蒙“清俭持躬、有守有为、显亲扬名”之谕，京察议叙；道光十八年，蒙“扬历中外宣力五十年，清慎持躬，克尽职守”之谕。前后未尝少改素操，题《夕阳楼》句成，略识于后。

自注：

耐：平读，同能。耐官：向敏中事。

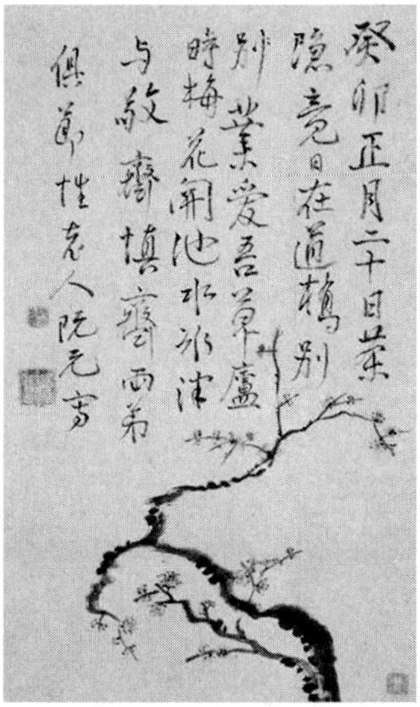

阮元八十岁生日，茶隐于故里公道桥桑榆别业爱吾草楼所画

注释

［1］舁（yú）：共同用手抬。［2］耐：作者于此自注“平读，同能”，即音néng，同“能”，能够。这句意为：多少年来，既受得住酷暑，又受得住寒冷。［3］耐官：指不为宠辱所动，堪任要职。典出《宋史·向敏中传》：“向敏中被任命为右仆射即宰相职，不为所动，闭门谢客，宋真宗因而叹曰：‘敏中大耐官职！’”这句意为：从三十岁开始幸蒙圣恩就做官，做到七八十岁，我也是宠辱不惊，做什么官都还算得上称职。［4］迟迟：迟缓、缓慢，长久地。这句意为：久久地倚在栏杆上挨延。

评述

这首诗很特别，前有序，后有记，尤其是后记特别长，可见诗中的感慨之深。诗的前两句以赋开头，铺陈直叙，先用三个“耐”字概括总结了一生，看似平淡，其实饶有深意，人生多少艰难挫折，诗人只用

“暑”“寒”两字象征包括；宦海多少风浪沉浮，诗人只用“耐官”点到为止。结合后记来看，诗人这里自称“耐官”，除了胜任之意，更多的应该是感慨加自嘲。

第三句“今日夕阳楼上望”，结合诗序所记，这个场景描写很是让人无限感慨：一个年近八十的老人，由两个仆人抬上桑榆别业老桑树东边的夕阳楼，倚着栏杆，面朝“可望远林”的西面，久久地凝望着夕阳，凝望着夕阳下的西边远林。诗人望的不是夕阳、远林，而是在回望他的一生，他的五十年宦海人生。再对照后记，诗人从二十三岁入都到七十五岁归田，经历了两个宦海轮回，前一个轮回，早达顺畅，同年友怕的是他“如此速迁，以后无官可做”，而他担心的是自己“不寿”；后一个轮回，竟然回到起点，复入翰林，九省颠簸，久淹地方，而嘉庆、道光两朝曹振镛、穆彰阿把持朝政，颇多昏暗。现在多以为芸台先生一生仕途顺达，其实只说对了前半生，而后半生蹉跎边疆，回京殊难，看来“耐官”不光带有自嘲，对当时朝政也不无讽意。结尾久久倚着栏杆，这个无声的细节写出了老人心中波涛的翻滚，可谓此时无声胜有声。

诗的构思用一个“耐”字，联起首两句与末两句，联起现在、过去，很有巧妙之处。而诗与记，一个平淡含蓄，一个强烈直率，本身就形成了鲜明的对比，结合起来成为诗人五十年仕宦人生的一个自我评价与总结，更是他难得的一次心迹流露和感慨抒发。芸台先生一生作诗一千多首，向以含蓄内敛为要，像这样直抒胸臆回顾一生的后记还是头一次。扬州双博馆曾于芸台先生250周年诞辰前后展出了新近发现的一幅书法手卷，是诗人八十三岁对此诗及序记的再次手书，可见诗人自己也对此诗及序记颇为心系。撇开其弥足珍贵的史料价值，此七绝也是诗人晚年角度独特、意蕴深长的上乘之作。

七言律诗

登蓬莱阁

题旨

本诗选自《揅经室集》四集卷二“乙卯”编年。乾隆六十年（1795）三月，芸台先生出试山东登州，邀二叔阮鸿、姊兄焦循等幕友同登蓬莱阁，诗咏壮观。《小沧浪笔谈》中记载了作诗的背景。

下见沧溟上绛霄，城头一阁独超超[1]。天能包括鲸波静，日有光华蜃气销[2]。岛外帆移千里目，坐中人壮午时潮。曾游山海东经内，郦注江河总寂寥[3]。

注释

[1] 沧溟：大海。绛（jiàng）霄：天空极高处。古代五方对应五色，绛为深红色，为南方之色，因古人观天象以北极为基准，仰首所见天空皆在北极之南，故借南方之色以喻天空。超超：高高在上貌。 [2] 鲸波：惊涛骇浪。蜃（shèn）气：大气折射形成的虚像，古人误以为是一种海怪蜃吐气而成。此联可译为：天能包罗大海，再大的惊涛骇浪也会平静下来；日有万丈光华，再怪异的海市蜃楼也会被消解。 [3] 山海东经：即《山海经·海外东经》，先秦古籍《山海经》是一部神话传说形式的最古老的地理书，其《海外东经》描写

的地理走向与鲁东南沿海一带的地理走向一致。寂寥：沉寂空廓。此联可译为：曾经游览过《山海经·海外东经》所说的沿海，看到郦道元的《水经注》记载的江河总是那么空廓恢宏。

评述

这是一首很有气魄的登高诗，此时是正值壮年的芸台先生鲲化为鹏怒而飞的时候，昂扬登上这样一座俯收大海、仰达苍穹的“城头一阁”，起句便有气势磅礴达天之感，以下颔联、颈联，句句气势如虹，动感强烈，从天能包罗大海，到日有万丈光华，再到座中人目光千里、气壮大潮，越读越能感受到扬帆弄潮的无限豪气、吞云收海的博大胸怀。芸台先生在山东、浙江多写有这样气魄宏大的诗句，如《天台山纪游》的“挥手一抹群峰平，彩云填满千盘路”、《壬戌孟夏由灵隐徒步过韬光庵直上北高峰顶癸亥夏日又至韬光留题韬光观海画卷中》的“胸前泉石千层起，眼底江湖一望通”，还有下面将要选读的《题西湖第一楼》《过桃花岭》等几首七言律诗。

过去论诗的，多从其胸襟、气度极廓大恢宏者的角度去赞誉，正如清代康发祥的《伯山诗话》“此等吐属，非负九霄骨、披一品衣者，何能有此”所说，很少有人从芸台先生诗的风格角度去论述。其实，芸台先生的诗总体“真厚和雅”，又兼有清丽、冲淡、豪放等多样化的风格。他的豪放诗风，更多地激荡在他的七言古诗或歌行体中，正如清朱庭珍在《筱园诗话》所说“七古似苏陆”——有苏轼、陆游豪放之风，也有很多近体诗“天风浪浪，海山苍苍”等也很是气势宏大、境界壮阔，本篇便是豪放诗风的代表作，颔联“天能包括鲸波静，日有光华蜃气销”也是最能体现诗人气概、胸襟的代表性名句。

温州江中孤屿[1]谒文丞相祠

题旨

本诗选自《揅经室集》四集诗卷四“戊午”编年。芸台先生的这首咏史诗，通过对文天祥悲壮命运的深刻描写高度概括了南宋灭亡的历史，令人震撼难忘，以至有人将其与文天祥的《正气歌》相提并论，并列为文天祥祠内让人印象最深刻的两首诗。

独向江心挽倒流，忠臣投死入东瓯[2]。侧身天地成孤注[3]，满目河山寄一舟。朱鸟西台人尽哭，红羊南海劫初收[4]。可怜此屿无多土，曾抵杭州与汴州[5]。

注释

[1] 江中孤屿：指的是孤立瓯江之中的一个小岛，现在人称江心屿，最早因南朝大诗人谢灵运登屿作《登江中孤屿》诗而闻名。南宋高宗赵构和末代的赵昰、赵昺，先后三位皇帝都曾逃难至此；文天祥逃出元营，追寻皇帝也曾来到江心屿徘徊一月，所以江心屿在南宋的历史舞台上很为人所瞩目。明代江心屿上始建文丞相祠，今祠为晚清建筑，祠内有众多历代名人的诗文碑刻。 [2] 倒流：水从下游流向上游。投死：效死，舍命报效。 [3] 侧身：即厕身，置身。孤注：本义指将所有的钱并作一次赌注，比喻仅存的可资凭借的事物，典出

《宋史·寇准传》。 ［4］西台：在今桐庐县南富春山，南宋诗人谢翱曾在此为文天祥恸哭招魂。红羊：红羊劫，古代的谶纬之说，古人以为丙午、丁未是国家发生灾祸的年份，每六十年便会出现一次“丙午丁未之厄”，因天干“丙”“丁”和地支“午”在阴阳五行里都属火，为红色，而“未”地支生肖为羊，此厄便被称为“红羊劫”，这里代指国难。南海：1279年三月崖门一战后，南宋末帝赵昺，与十万军民集体跳入南海自尽，南宋灭亡。此联可译为：人们都像谢翱西台痛哭一样，为文天祥化为朱鸟而恸哭招魂；南宋的国难，一直到十万军民跳入南海方才结束。 ［5］可怜：怜惜。抵：代替。

评述

此诗所作时间，按《弟子记》“三月初，出试处州。由处州至永嘉，游江中孤屿，谒文丞相祠”的记载，可定为嘉庆三年（1798）三月间。可是，芸台先生这年又有诗《春尽日阻风青田，和张子白同年（若采）见投诗韵》，“春尽日”是三月的最后一日，此时芸台先生还被大风阻在青田县，自然不可能到温州江中屿谒文天祥祠。所以，此诗应作于嘉庆三年四月间。

这首咏史诗不以识见为长，而以其强烈的艺术震撼力感人。全诗倾注了诗人的满腔热情，讴歌了千古忠臣文天祥投死为国的凛然正气和赤胆忠心，其艺术震撼力主要来自三个方面。

其一，是高度的艺术概括，芸台先生的不少咏史诗，都擅长通过人物描写，来概括一段历史事件，反映一个时代。这首诗以文天祥入东瓯开篇，用独挽倒流、天地孤注、河山孤舟、孤屿无土等意象，用西台恸哭、南海投海等事件，写出文天祥在大厦将倾明知不可为而为之的悲壮，写出忠臣“投死为国，以义灭身，足垂于后”的气概，写出忠臣见危竭诚、临难效死的壮烈。通过对文天祥悲壮命运的深刻描写，进而高度概括了南宋灭亡的历史；通过对文天祥壮烈殉国的形象塑造，反映了南宋末年抗元的悲剧事件，具有小中见大、一斑全貌的艺术魅力。

其二，是强烈的对比运用。诗人特别善于选择极其悬殊的两者进行对比，如开篇的入东瓯奔波救亡与独向江心挽倒流的对比，强烈渲染其悲剧色彩；天地之大、河山之重，与“侧身”之孤、“满目”之悲、“孤注”之危、“一舟”之轻的强烈对比，淋漓尽致地烘托出忠臣临难效死的大无畏精神；还有“无多土”的“此屿”，与曾是南宋都城歌舞繁华的杭州之强烈对比，暗寓空前浩劫的根本原因，讽刺了这些“直把杭州作汴州”的祸国殃民者。这些对比，都无限放大了诗人沉痛与悲壮的感情，产生了惊心动魄的冲击力。值得一提的是，此诗还有一个内在的强烈对比，那就是诗人内心热烈的感情与诗歌冷隽内敛的语言之间的反差对比，使此诗产生了内在的张力，内心感情越强烈而外在语言表现越冷隽，这种张力就越发强大。

其三，是奇异的意象翻新。先生的诗，常常将很多传统意象，引入诗中的特定意境，使传统意象翻出新意，如朱鸟与西台并用，成了忠臣魂灵的形象；红羊与南海相联，成了人间惨烈的意象。尤其，“朱”“红”二色，都给人以鲜血淋漓之暗示，让人想象出那一幅海上皆浮尸、山野尽哭声的惨痛画面，想象出最后的浩劫如何触目惊心，为之殉国的忠臣如何赤胆忠心、可歌可泣。再如，“侧身”“一舟”这些意象无不带有时代之特定背景，就连最常用的“天地”“河山”之意象也无不带有特定之含义，这儿的“天地”是风雨飘摇的天地之意象，这儿的“河山”是满目疮痍的河山之意象。传统的意象经诗人注入全新的意蕴，有了新的拓展，就使此诗具有异样之感染力量、不朽之创新价值。

晚清的学者林昌彝，曾在其《射鹰楼诗话》中，对芸台先生的另一首咏史诗《拜岳鄂王庙》“不战即当死，君亡臣敢存。犹怜驴背者，未逐马蹄魂。独洗两宫辱，莫言三字冤。投戈相殉耳，余事总休论”，高度称赞道：“包扫一切，可称空前绝后，不可有二，此诗凡高宗之不孝、秦相之奸险、诸将之庸懦，都于言外见之，绝作也。”其实，要论其艺术震撼力，此诗更是芸台先生咏史诗中的“绝作”，未能广为传诵，确为一憾事。

题西湖第一楼

题旨

本诗选自《揅经室集》四集诗卷五“庚申”编年。“西湖第一楼”，就在芸台先生创立的诂经精舍前面，所以后人又称为诂经精舍[1]第一楼。嘉庆五年（1800）五月，芸台先生率众奉拜郑玄、许慎木主，招师友同登第一楼，并赋诗咏赞第一楼的壮美风光，颂扬汉学圣贤，激励弟子勤学争先。

高楼何处卧元龙，独倚孤山百尺松[2]。人与峰峦争气象[3]，窗收湖海入心胸。经神谁擅无双誉，阑影当凭第一重[4]。却笑扶风空好士，登梯始见郑司农[5]。

注释

［1］诂经精舍：嘉庆年间最为著名的书院，因其开启了清代书院培养真才实学之士的风气，被认为是清代书院发展史上的转折点和里程碑，“堪谓为我国教育史上极光荣之一页”（张崟《诂经精舍志初稿》，《文澜学报》，1936年第二卷第一期。）［2］元龙：东汉末年广陵太守陈登，字元龙，《三国志》载有“元龙高卧”的故事，刘备盛赞其“文武胆志”，芸台先生也慕其湖海豪气，诗中多次提到高楼卧元龙。孤山：西湖里湖与外湖之间的一个岛屿，是西湖中

最大的岛，唐代诗人白居易有“孤山寺北贾亭西，水面初平云脚低”之句。［3］争：较量。气象：此处指气概、气势。［4］经神：东汉经学大师郑玄，以毕生精力注释儒家经典，为汉代经学的集大成者，当时人称“经神”。无双：东汉经学家、文字学家许慎，著中国首部字典《说文解字》，精通《五经》，时人有“无双”之赞。此联可译为：汉代是谁被称为经神？又是谁被誉为无双？高楼凭栏当凭最高的栏杆，我们学习就应该以他们为榜样。［5］扶风：这里借指古文经学大师马融，扶风茂陵（今陕西兴平）人。郑司农：汉献帝曾征郑玄为大司农，故人称郑司农。这里说的是《后汉书·郑玄传》所记载的故事，郑玄求学马融，“融素骄贵，玄在门下，三年不得见”，后来马融演算浑天遇到难题，听说郑玄善算，才召见郑玄上楼，感慨自己学问不如郑玄。

评述

这首诗重点讴歌了汉代经学的两位先贤郑玄与许慎。许慎因为《说文解字》，“其有功于经尤重”，此次是首次与郑玄并祀于学舍。而郑玄作为汉学的集大成者，一直受到人们敬仰，芸台先生在山东任学政的时候就修其墓，重建其故乡高密县的通德门。在诗里，重提他的“经神”之誉，重温了郑玄求学马融的故事，用马融召见郑玄上楼的这个场景特写，渲染烘托了郑玄的刻苦坚韧与博学精深，显然，芸台先生在这里既由衷地表达了对汉学先贤的崇敬与追慕，也为学舍师生树立了标杆与榜样。

这首诗还写出了另外两个形象。一个是第一楼的形象，起笔就用倒装句式，以“高楼”开头，用设问引起对高楼的聚焦关注——元龙高卧的第一楼在哪儿？接着自问自答，又将高楼拟人化——高楼独自斜靠着孤山的参天古松，回答了方位的同时，赋予高楼独特的形象与不俗的气质，颔联接着赋予高楼“窗收湖海”的气势。诗人明写第一楼背山倚松、窗收湖海的形象，其实是为暗写登楼之人作烘托与铺垫。颔联“人与峰峦争气象，窗收湖海入心胸”，既是对登楼所见阔大壮观的画面描写，更是对诗人气势能盖山峰、心胸能收湖海的形象展示，正如刘靖渊《阮元论》里所评论的“此诗高瞻远瞩，尤其第二联，非胸襟、气度极廓大恢弘者不能道”。诗明地里题赞了第一楼，却于不经意地展示了年轻大吏的博大胸襟和非凡气概。

过桃花岭

题旨

本诗选自《揅经室集》四集诗卷七“甲子”编年。六年前，芸台先生冒雨走过桃花岭，写了五言古诗《冒雨由缙云趋丽水，道出桃花、交青、黄龙诸岭，云气万状，胜于晴时》，第一次描写了桃花岭的云海美景；嘉庆九年（1804），芸台先生升任浙江巡抚赴温州阅兵，再过桃花岭作七言律诗，写出桃花岭壮观的景色，更写出过岭者踏峰凌云、指挥若定的不凡气魄。

白云横绝万峰齐[1]，更踏东峰向岭西。掉臂[2]已过白云上，回头尽见万峰低。何年道士栽桃树，终古征人散马蹄[3]。我向东瓯催战舰，封关那用一丸泥[4]。

注释

[1] 横绝：横越，横度。绝，越。 [2] 掉臂：本义为甩动胳膊走开，这里形容自在行游貌。 [3] 终古：往昔，自古以来；散马蹄，散开马蹄，驱马奔跑。这两句意为：不知是何年道士岭上栽桃而得名桃花岭？自古以来这里就是出征的军人放马驰骋的“括苍古道”。 [4] 东瓯：即古王国东越或瓯越，借指温州。丸泥：本指一粒泥丸，后用于比喻以极少的力量，可以防守险要的关隘，典出《东

观汉记·隗嚣载记》："西汉末年，隗嚣起兵割据陇右，'元（隗嚣部将王元）请以一丸泥为大王东封函谷关，此万世一时也'。"这两句意为：我催促着战舰向温州海上进发，坚守海上边防哪须凭借什么险要地势？

评述

这首诗最令人震撼的，就是年轻大吏的宏大的气魄。前两联，描写白云横越万峰、万峰齐平白云的壮观画面，表现的是一边踏遍峰岭自由行走，一边吟唱"万峰低"的诗人豪迈气魄；后两联，追溯历史，叠放道士当年岭上栽桃和自古出征军人在此古道放马驰骋的画面，显示了另一种指挥若定、胜利在握的儒雅的统帅气魄。有人曾这样分析过，芸台先生非凡的气魄，既来自先天的豪迈个性，也来自后天养成的不凡胸襟和抱负：圣贤经学的熏陶让他有所内敛但也让他更有内涵，大吏的地位让他面对俗气的侵蚀同样更有底气。扬州阮氏本是武举世家，只是从芸台先生才开始弃武从文，所以他一直自称"半为将种半书生"。（《诗卷》卷六《题陈默斋参军广凝摊书图》）这般家世，加之才识胆力，使得他远比一般台阁大员更为文韬武略，气势更为深沉豪迈。这首诗就是对阮巡抚宏大气魄的形象注脚。

这首诗表现宏大气魄的手法多样。首先，正面描写与侧面烘托相结合。正面，有踏峰、掉臂、回头尽见、催舰等动作描写，有万峰低的感觉、道士与征人的追忆、哪用丸泥的信心等心理描写，正面表现了诗人踏遍东峰西岭的不凡气概和将军从容不迫的必胜心理；侧面描写上，用白云横越、万峰其低的壮观画面，为写人烘托背景，烘托出诗人踏峰踩云、凌空万峰的不凡气概。其次，大胆运用反复，形成叠唱咏叹效果。格律诗本忌词句重复，但却一反常态，前两联两次重复"白云""万峰"，两次重复又有从下到上、由齐到低的空间变化，反复之中既强化印象，形成咏叹叠唱，又将他形象不断丰满高大，强化了他气盖东海、傲视万峰的形象。最后，重叠古今场景，丰富了历史意蕴。在描写脚踏白云万峰的壮观画面同时，追溯了桃花岭的历史，叠放了道士岭上栽桃、征人放马的画面，不但增添了深厚的历史底蕴，也使踏峰者气势更为深沉而坚实，为尾联“我向东瓯催战舰，封关那用一丸泥”作了有力铺垫。

大风霾登吹台[1]

题旨

本诗选自《揅经室集》四集诗卷八"戊辰"编年。嘉庆十三年（1808）的年初，芸台先生暂署河南巡抚期间，忧虑黄河流域的干旱与沙霾，登吹台作此诗。

清角腾喧上吹台，怆然忧旱复忧霾[2]。风沙卷地来河朔，春气随云去汴淮[3]。岂有邹枚闲赋雪[4]，更无李杜共登阶。步兵不念蓬池近，西望苏门自咏怀[5]。

自注：

李杜共登阶：李太白、杜子美、高达夫曾共登吹台，台有三贤祠。

注释

[1] 吹台：河南开封城东南方的一个土台，相传晋国有一个盲人音乐家师旷，曾于此吹奏古乐，故名吹台。唐代，李白、杜甫、高适三位大诗人曾于此台相会；明代于土台禹庙的东边，建三贤祠以为纪念。 [2] 清角：清越的号角声，或指雅曲名，相传是黄帝在泰山会合天下鬼神时所作乐曲，师旷曾被晋平公所逼弹奏过，后晋国大旱，赤地三年。腾喧：喧腾。怆然：悲伤的样子。霾：大风扬起沙尘。 [3] 河朔：古代泛指黄河以北的地区。春气：春季的阳和之

气。汴（biàn）：古水名，属淮河水系，自隋炀帝开通济渠，汴水始与淮水相通，古代通常将汴淮作为南北的分界线。［4］邹枚：西汉文学家邹阳、枚乘。赋雪：南朝文学家谢惠连（谢灵运族弟）所作汉赋《雪赋》，假设梁王与司马相如、邹阳、枚乘主客问答的形式，铺陈描写了一幅色彩明媚的白雪图。［5］步兵：阮籍，字嗣宗，陈留尉氏（今河南开封市）人，三国时期魏国诗人，竹林七贤之一，累迁步兵校尉，世称阮步兵，爱饮酒，能长啸，善弹琴，代表作五言《咏怀》八十二首，对当时黑暗现实多有讥刺。蓬池：古湖泽名，在今开封东南，阮籍咏怀诗有“徘徊蓬池上，还顾望大梁”“驾言发魏都，南向望吹台”句。苏门：山名，在河南辉县西北，阮籍寻访隐居在此的孙登，两人同作苏门长啸，典出《晋书·阮籍传》。尾联可译为：三国的阮籍没有想到他曾徘徊的蓬池，已经靠近大梁吹台，哀伤这“旷野莽茫茫”的景象，西望苏门山作诗《咏怀》。

评述

北方的干旱沙霾之忧由来已久。芸台先生署理河南巡抚的嘉庆十三年（1808），开春便是大旱，旱情严重到要向嘉庆帝上奏，请求赴嵩岳祈泽，也就是去嵩山求雨。现在人会觉得求雨有点可笑，但古人对此却是十分虔诚，在当时的人看来似乎也十分灵验，“顿起蛰龙三日雨，交驰惊电百声雷”（《嵩岳归步祷春泽，复大风霾，继之以雪以雨以霹雳，各郡沾足，志喜一首》），二月下旬祈泽后没五天，“得雪得雨，复大雷雨”。登吹台作诗，是在赴嵩岳祈泽前，因而诗的基调同陈子昂《登幽州台歌》一样，是“怆然”；与姜夔的《扬州慢》不仅同样“予怀怆然”，连听到的声音也一样，“清角吹寒”。但他们“怆然”的原因却大不相同，芸台先生的“怆然”是忧旱忧霾、忧国忧民。登台所见，风沙卷地，寒逼北方，颔联对黄淮大地广角式的描写，从空间上进一步拓展，加强诗人怆然忧虑的程度。后两联，诗人把与吹台相关的古人们都拉来，陪他一起怆然，一改以前登台吊古思贤的老套，从时间上进一步拓展，强化了怆然忧虑的纵深感。

“怆然”是诗家永恒的主题，但“怆然”的原因，决定了“怆然”诗的不同境界。陈子昂的“怆然”是为怀才不遇，姜夔的“怆然”是为黍离之悲；阮元的“怆然”诗，前两联忧今，后两联思古，由今及古，由古伤今，表达了诗人对数千年黄河流域旱霾灾害的担忧，显示了他忧国忧民的人文情怀。

小园杂诗（其二）

题旨

本诗选自《揅经室集》四集诗卷九“壬申”编年。嘉庆十七年（1812），春明三月，芸台先生作《小园杂诗》组诗六首，展现小园春末夏初迷人的风景，抒发甘于清寂、乐在其中的恬静情怀。这里所选的第二首，描写晓看好花的片段，既表现出诗人对于小园自在生活的陶醉，又流露出对宦海沉浮的心有余悸。

好花宜趁晓来看，起向花前拥盥盘[1]。霞色忽惊随水动，露华[2]犹觉著衣寒。折枝邀蝶真成画，嚼蕊听蜂每忘餐。记否空林春未到，回风飞雪扑阑干。

注释

［1］拥：抱持，执持。盥盘：洗手器皿。 ［2］露华：露气。

评述

被罢了巡抚官职，芸台先生回到京城的翰林院，修史著书之余，有很多时间陶醉于“小园树石之趣”，有时一天能游园好几回，用他自己的话来说就是“此间风月真清暇，竟日能来几度游”。正是由于有闲暇，《小园杂诗》是诗人描写小园最细致、最肆意的诗篇，观察细致、描写别致成为其主要艺术特色，可以说观察能够见人之所未见，描写能够语人之所未语。

所选的这一首，写“晓看好花”，诗人看花前，盥盘净手，看到霞色惊水，感到露华衣寒，细腻地展示了其看花前的虔诚心态；看花时，折枝、邀蝶，诗人与花一同入画；嚼蕊，听蜂，诗人迷花忘记用餐，表现了诗人如痴如醉的神态，这时已经不仅是在看花，而且是已经与花融为一体。细致的观察显示诗人独具慧眼，别致的描写体现诗句独特新奇，尤其颔联、颈联这两联的用词，对仗精巧，语言精练，表现出诗人极深的撰联功力。

这首诗的结尾，诗人突然穿越时空，由“看”转为“忆”，由春穿越到冬，将冬天的风雪空林与现在的花香蜂飞形成对比，用“回风飞雪”对比衬托眼前百花齐放的春景。这样的陡转，显然别有所指，暗合诗人被罢官，刚到北京时戴罪之身凄凄惶惶，到去年底又授内阁学士兼礼部侍郎，似有强烈的感慨寄寓其中。

送春日去[1]桂林

题旨

本诗选自《揅经室集》四集诗卷十一“己卯”编年。嘉庆二十四年（1819）立夏日，是三月二十九，这一天芸台先生动身赴柳州阅兵，离开待了近四个月的桂林，内心既不舍秀峰美景，更不舍春光即逝，因作此诗。

人在天涯送远春，远春还送欲归人。风光渐扫缠绵雨，云水原随淡宕身[2]。玉笋峰多通桂驿，木兰舟小望榕津[3]。只怜花事成狼籍，那有残红上绣茵[4]。

注释

[1]去：离开。送春日即立夏日。　[2]云水：云与水，行云流水。淡宕：同淡荡，散淡，悠闲自在。这两句意为：晚春的光景，渐渐了结了连绵不断的春雨，一路上漂浮的云和流动的水，原本就一直伴随着自在散淡的我。　[3]玉笋：本指洁白的笋芽，这里比喻秀丽耸立的山峰。桂驿：这里是指从桂林到柳州的驿道。榕津：当指桂林的渡口，桂林别称为榕城。另，漓江支流榕津河边有榕津古镇，但与阮元所走的古桂柳运河相距有百里之遥。木兰舟：用木兰树造的船，常作船的美称。这两句意为：从漓江到桂柳运河的这一路上，耸立着很

多洁白笋芽般的秀丽山峰；我站在小小的木兰香舟上，还是忍不住回望桂林的渡口。 ［4］花事：种花、赏花等事。残红：落花。绣茵：绣垫褥。这两句意为：只怜惜晚春百花零落，已经一片狼藉；哪里能有落花，飘到我的香舟绣垫之上。

评述

送春之日，自古惜春的诗人总要伤感一番。唐代白居易有《送春归（元和十一年三月三十日作）》“今年杜鹃花落子规啼，送春何处西江西”，清代龚自珍也有《西郊落花歌》“先生探春人不觉，先生送春人又嗤”，北宋的王令更用“子规夜半犹啼血，不信东风唤不回”（《送春》）来表达想要竭尽全力留住春光的心情。

芸台先生的这首惜春诗，特别之处在于，将“送春日”的惜春情绪与“去桂林”的不舍心情交织在一起。起句“人在天涯送远春，远春还送欲归人”，就将自己的离开与春天的离去扭在一起，既运用回环修辞——人送远春、春送归人，循环往复，缠绵不断；又运用层递手法，“人在天涯”本就思乡，春将逝去又有惜春伤春之感，偏偏此时又将离别桂林，反过来还劳“远春”送别诗人，真是层层递进深入，百般感受交织。

首联情感强烈，颔联便有意和缓，诗人自我安慰恼人的绵绵“冷雨”已经结束，走就走吧，反正“我”是一直如行云流水一样的漂泊不定。颈联别开一境，描写沿途水路的秀丽景色，本想放松心情，没想到还是忍不住不舍之情，又回望了刚刚离开的桂林渡口。尾联诗人的情感有所跳跃，他知道无论怎样依依不舍地“望榕津”，终要离开桂林；无论如何百般相惜，暮春也要逝去，他最后将两种不舍之情集中寄托在一点上，希望能找寻到一两瓣桂林的残红作为慰藉，然而连这点小小的希望也落空，结尾呼应了开头，将诗人不舍离去与伤春离逝的强烈情感推向高潮。

由此可见，这首诗最值得称道的特色，就是章法上跌宕生姿，波澜起伏，诗以回环方式渲染强烈的情感开头，以带走残红的夸张想法达到情感高潮作为结尾，颔联承转和缓，颈联欲缓却急，全诗显得张弛有度，颇有一波三折、一唱三叹之妙。另外，这首诗的对仗极其工巧，颔、颈联分别从时间、空间角度撰对，大大提升了情感的时空境界，尤其是颈联分别嵌入四种植物，“笋”对“兰”，各形容峰与舟；“桂”对“榕”，皆指代桂林，巧妙工整而又顺畅自然。徐世昌编选的《清诗汇》，显然将此诗视为诗人七言律诗中的上乘之作，把它收录集中。

题海印阁

诚斋榷使[1]新构高阁，正当海印石之北，可以远眺，因名之曰“海印阁”，书其扁[2]。

题旨

本诗选自《揅经室续集》卷五“癸未”编年。道光三年（1823）秋天，粤海关监督达三，在他的官署内新建高阁。芸台先生欣然应邀登阁，看到新阁正对海印石，便借用明代所建“海印阁”之名，为新楼题匾，同时作诗抒发了登阁的快意感觉。

珠江雨后复炎蒸[3]，杰阁[4]初成快[5]共登。窗纳白云山[6]一角，帆收黄浦[7]浪千层。顿除豪气[8]凉停扇，为看禅光[9]暮却灯[10]。高倚阑干提[11]海印，莲花池外问南能[12]。

阮福注：

海印阁：《广东通志》“海印阁在城东南沙洲，明万历中建”。今之新阁盖沿旧名之也。诚斋榷使：达三。海印石：《粤中见闻》：“海印，潜石也，半出波际，上有京观楼，雉堞四周，与海珠[13]、浮邱相望，隐隐若三台象焉。”

注释

[1] 榷使：征税的官员。 [2] 扁：同“匾”，匾额。 [3] 炎蒸：亦作炎烝，暑热熏蒸。 [4] 杰阁：高阁。 [5] 快：

愉快，高兴。 ［6］白云山：南粤名山，广东最高峰九连山的支脉。 ［7］黄浦：指广州黄埔港，古称黄木之湾，后黄木讹成黄埔。 ［8］豪气：暑气，燥气。 ［9］禅光：佛光。 ［10］却灯：拒绝掌灯。 ［11］提：说起，提及。 ［12］南能：即唐代禅宗南宗创始人慧能。 ［13］海珠：海珠石。

评述

古时珠江的广州河段上，从西向东，有三块巨型礁石，分别叫海珠石、浮丘石、海印石，即有名的羊城三石。海珠石形如珍珠，珠江的名称即由此而来。海印石，顾名思义，形似印章，是旧珠江河道东濠口东侧的巨型礁石。粤海关监督达三的官署，正对着海印石之北，登上新阁，可以远眺，别看现在这一带高楼林立，一两百年前这里还是一片旷野，大潮涌至，天水一色，海印巨石在水中若隐若现。

芸台先生登上新阁，颇为愉快，正如诗的首联所说“快共登”，即便珠江雨后，天气又变得暑热熏蒸，他还是感到快意舒畅，尤其登阁见白云山一角、黄埔浪千层，燥气顿消，凉意顿生。颔联景象壮观，对仗工整，色彩上一白一黄，韵律上一动一静，山纳一角，浪收千层，尤其“帆收”既与“窗纳”极富动感与想象；又在视觉形象上突出了江上之帆，切合孤帆远影的视觉感受。总之，芸台先生在表达自己的快意时淋漓尽致、笔墨酣畅。

不过，结尾却颇为含蓄，有点惜墨如金。只说为看佛光，入暮不愿掌灯；倚栏长谈海印石，莲花池外问慧能。原来，高阁的西边有光孝寺，唐代叫法性寺，禅宗南宗的创始人慧能受戒的地方，有名的“风吹幡动”的禅宗公案就发生在这里，诗人的“问南能”，是不是就想问“不是风动，亦非幡动，仁者心动”的彻悟？诗中，只把江上的礁石、池中的莲花、高倚阑干的人这些意象组合在一起，给人留下遐想回味的空间。海印江上为石，千年无语；莲花池中伴佛，年年开放。南能曾说过：“但信佛无言，莲花从口发。”所谓一切皆从心起，一切只要内心清静，可是如何心不起不动、清净平静呢？这或许大概就是诗人要问南能的主要内容吧。

修广州城及城北五层楼工成

题旨

本诗选自《揅经室续集》卷六“甲申”编年。“城北五层楼”，即广州的标志性建筑“镇海楼”，因楼高五层，所以民间一直俗称“五层楼”。现在通常都以为此楼先后“五毁五建”，而芸台先生于道光四年（1824）重修广州城及五层楼，并不在“五建之中”，似被遗忘，幸得此诗，记载了这件功德盛事。

山如海上驾金鳌，跋浪腾云势太豪[1]。霸气欲销千里远，神楼须压五层高[2]。古人颇尽经营力，来者何辞匠作劳[3]。圣代年逾周代久，此城永不有陀嚣[4]。

注释

[1] 金鳌（áo）：神话中海上金色的巨龟。跋（bá）浪：破浪、踏浪。豪：气势大。　[2] 霸气：这里指王气。销：溶化，威服。压：镇压，压在下面。　[3] 经营：筹划营造。来者：后辈。辞：推托。匠作：工匠。　[4] 圣代：旧时对于当代的谀称。周：全，所有。陀：即赵陀，今作赵佗，原为秦朝将领，随任嚣率军统一岭南。秦末，任嚣病死，赵佗接任，割据岭南，建立南越国。嚣：任嚣，秦朝将领，与赵佗率军统一岭南，首任南海郡尉，以番禺为郡治，筑番

禺城，史称“任嚣城”，为广州建城之始。阮福有注云：“楼明初建，云以厌霸气者。”尾联可译为：当代的盛世超过以往的各朝各代，广州城再也不会出现像赵佗、任嚣一样的割据者。

评述

明代广州的北城墙，扩建到越秀山上，便在山上筑楼以壮观瞻。修筑之时，珠海河道甚宽，所以称为“望海”；后来改名为“镇海楼”，有雄镇海疆之意。芸台先生这首诗，显然没有将镇海楼的“镇”看作镇守海疆，而是看作镇压“霸气”，这里的“霸气”指的是封建帝王最忌惮的王气。最早，传说秦始皇就知道南海有王者之气，紫云成盖，便派千人凿北山之冈，然而最终未能凿破“王气”，他派过去的将军赵佗，后来自封为南越王。到了明代，朱元璋也听人说广东有王气，派人一查，原来王者之气就出现在越秀山上，于是命令镇守广州的永嘉侯朱亮祖，在山上建此镇压之楼。阮福的注，也说“楼明初建，云以厌霸气者”，佐证了这种传说在当时很盛行。

该诗立意围绕“镇压”二字，诗眼就在“压”字，赞扬“神楼”能将“霸气”镇压在下面。前两联，看似描写了越秀山“跋浪腾云”的非凡气势，其实是烘托反衬五层“神楼”的镇压之功。后两联，称赞古人修城筑楼颇费筹划，表明自己修城筑楼不辞辛劳，目的就是镇住王气，让广州永不再出任嚣、赵佗这样图谋称王的人，让所谓的当代“盛世”长治永在。可见，这首诗强烈表现了芸台先生作为专制维护者的一种自觉意识。

秋　园

题旨

本诗选自《揅经室续集》卷九“己丑”编年。秋园，即宜园，也就是云贵总督署的东园。芸台先生在云南政简意闲，自云耽于宜园之乐。道光八年（1828）秋作此诗，让我们看到了其宜园之乐，原来是亲近自然、融入自然的快乐，表现了芸台先生心灵自我澄静、自我净化的追求。

秋园策杖绕山行，更比春园气候清。到处闲花皆有色，许多幽鸟不知名。白梨红柿攀枝摘，甜菜香茶共灶烹。案牍判完还把卷，夕阳澹似老人情[1]。

注释

[1] 案牍：公事文书。把卷：持卷、展卷。澹：本义是指水波摇动的样子，引为恬静、安然的样子。这两句意为：办完公务回到宜园再展书卷，那种心情就像夕阳一样恬静、安然。

评述

读这首诗，不要去看芸台先生怎么描写宜园的秋景，因为他策杖秋园、绕山而行，对秋景一看而过，只简略地说了一句“更比春园气候清”，余下的诗人都不怎么在意了，只是模糊地说“到处闲花皆有色，许多幽鸟不知名”，诗人享受的是秋收劳作的快乐，白梨、红柿攀枝去摘，甜菜、香茶共灶而烹。

读这首诗，就要去品芸台先生的一种精神状态，此诗如话家常，完全口语化，浅显朴实之中，要品出他脱口而出的随意，无所用心的轻松，大智若愚的含混，大巧若拙的满足，诗结尾点出诗眼，那就是“夕阳澹似老人情”的“澹”，那种心情就像夕阳一样恬静、安然。一个“澹”字，画龙点睛，点出了此时诗人的精神状态，那就是如夕阳一样恬静、安然——没有“夕阳无限好，只是近黄昏”的凄凉，有的只是夕阳冉冉落下的一种澹定、一种静美、一种超凡。

附录

阮元编年事略

清乾隆二十九年（1764） 一岁

正月二十日，阮元生于扬州郡城西门白瓦巷旧第的南宅，后南宅改为海岱庵，今经考定为扬州大学附属中学内。父阮承信，字得中，号湘圃。母林氏。

乾隆三十三年（1768） 五岁

举家再迁新城花园巷，母林氏始教识字。

乾隆三十四年（1769） 六岁

始从三姑父贾载清（字天凝）就学。

乾隆三十六年（1771） 八岁

从名儒胡西棽（字廷森）学《昭明文选》，初能诗，作“雾重疑山远，潮平觉岸低”句受激赏。

乾隆三十七年（1772） 九岁

移居扬州弥陀寺巷，从乔书酉学，并聘歙县江元韬第四女江氏为妇。

乾隆四十三年（1778） 十五岁

始应童子试。是年，每回故里公道桥，与焦循以文为会。族伯阮承勋（字庚尧）为焦循岳父，得读阮元文，大呼曰：“此子必昌吾宗。”

乾隆四十五年（1780） 十七岁

从师李晴山（字道南），寓其家。

乾隆四十六年（1781）　十八岁

移居扬州古家巷，母林氏卒（1735年生，终年45岁）。

乾隆四十七年（1782）　十九岁

始专心研究经学。

乾隆四十八年（1783）　二十岁

迁居扬州罗湾，娶妻江氏。江氏为阮元祖母乃弟江洪孙女，阮元祖母为扬州盐商商总江春从姐。

乾隆四十九年（1784）　二十一岁

岁试取入仪征县学第四名。

乾隆五十年（1785）　二十二岁

科试一等第一名（中秀才），补廪膳生员。江苏学政谢墉拔其为解经第一人，诗文冠一邑，惊赏曰："余前任在江苏得汪中，此次得阮某矣。"

乾隆五十一年（1786）　二十三岁

应江南乡试，中式第八名（中举人），为考官礼部侍郎朱珪所奇赏。

乾隆五十二年（1787）　二十四岁

会试下第，留馆京师。著《考工记车制图解》成。

乾隆五十四年（1789）　二十六岁

会试中式第二十八名（中进士）。殿试二甲第三名，赐进士出身。朝考钦取第九名，改翰林院庶吉士，庶吉士大教习为大学士和珅、吏部尚书彭文勤。充万寿盛典纂修官、国史馆武英殿纂修官。

乾隆五十五年（1790）　二十七岁

散馆考试，钦取一等第一名，授翰林院编修。

乾隆五十六年（1791） 二十八岁

大考翰詹，乾隆亲擢一等第一名，称赞其诗文俱佳，“是能做古文者”。升少詹事，奉旨南书房行走。

乾隆五十七年（1792） 二十九岁

妻江氏卒于京。翌年，族子阮常生入继为长子成服，三年后（1795）江夫人葬入故里公道桥陈桥祖墓。

乾隆五十八年（1793） 三十岁

出任山东学政。

乾隆五十九年（1794） 三十一岁

始修《山左金石志》，出试途中作《同人登岱至对松山，日暮而返》《早行》等诗。先生乔书酉在山东青州病卒，亲为之伐古木为棺，归葬扬州，并与卒于1787年的先生李道南（号晴山）合为一传，作《李晴山乔书酉二先生合传》。

乾隆六十年（1795） 三十二岁

出试登州、莱州，在渤海边作《登蓬莱阁》《莱州蜉蝣岛》《题〈海滨独立图〉》诗。八月奉旨调任浙江学政，九月升授内阁学士兼礼部侍郎。毕沅为媒，聘衍圣公孔宪增长女孔璐华为阮元继室。十月赴任浙江路过扬州，会族人分修阮氏家谱，遍祭先茔。

嘉庆元年（1796） 三十三岁

撰第一部纪游式的诗歌散文集《小沧浪笔谈》，随笔《小沧浪》即出自卷一的篇首语。刻成《山左金石志》。

嘉庆二年（1797） 三十四岁

三月出试温州，途中作《大龙湫歌》。八月赴海宁，作长篇七古

《八月望后至海宁州登海塘观潮》；出试湖州，作《〈兰亭秋禊诗〉序》《吴兴杂诗》。摹刻天一阁拓北宋《石鼓文》，嵌于杭州府学明伦堂壁间。

嘉庆三年（1798）　三十五岁

三月出试处州，作《冒雨由缙云趋丽水，道出桃花、交青、黄龙诸岭，云气万状，胜于晴时》《温州江中孤屿谒文丞相祠》等诗。八月，升兵部右侍郎，调补礼部右侍郎。九月，浙江学政任满入都。撰成经学重要著作《曾子十篇注释》。

嘉庆四年（1799）　三十六岁

嘉庆皇帝亲政，命调补户部左侍郎，兼署礼部、兵部侍郎，充经筵讲官、己未科会试副考官。受主考官朱珪所属一人批阅文策，是科号称得士"空前绝后""一时名流搜拔殆尽"。十月，奉署浙江巡抚。是年，编成中国第一部科技史《畴人传》，刻成《经籍籑诂》。

嘉庆五年（1800）　三十七岁

正月奉谕实授浙江巡抚。五月，与师友同登诂经精舍第一楼，作《题西湖第一楼》诗。六月，剿灭海匪取得松门大捷，擒安南匪首伦贵利。第二部纪游式的诗歌散文集《定香亭笔谈》刻成。十一月，立阮氏宗祠于扬州公道桥旧里，亲书扬州阮氏字辈楹联两副，一为"文秉枢衡；武承嗣荫"，二为"恩传三锡；家衍千名"。

嘉庆六年（1801）　三十八岁

正月立诂经精舍，延请王昶、孙星衍主讲。春作《苏堤春晓》诗。

嘉庆七年（1802）　三十九岁

秋作《秋日西湖泛舟》诗。八月赴乍浦，作《自乍浦彩旗门观海至秦驻山》诗。

嘉庆八年（1803） 四十岁

年底赴宁波指挥剿匪，作《甬江夜泊》。

嘉庆九年（1804） 四十一岁

刻成《积古斋钟鼎彝器款识》，并作序。建阮氏家庙于扬州旧城文选楼北，书《扬州阮氏家庙碑》。

嘉庆十年（1805） 四十二岁

父阮承信卒于浙江官署（1734年生，72岁），丁忧回扬州雷塘祖墓，建墓庐守制，翌年自号“雷塘庵主”。孔夫人生子阮祜，后改名孔厚。隋文选楼在扬州家庙西落成，作《扬州隋文选楼记》。冬，被延请办理春夏间海宁赈灾的海宁人马钰，画《硖川煮赈图》寄扬州，为之作《〈硖川煮赈图〉后跋》。

嘉庆十一年（1806） 四十三岁

《十三经校勘记》刻成。

嘉庆十二年（1807） 四十四岁

又刻天一阁拓北宋《石鼓文》，嵌于扬州府学明伦堂壁间，作《杭州—扬州重摹天一阁北宋石鼓文跋》。十月服阕入都，十二月暂署河南巡抚。老友黄文旸妻张因病卒，作《净因道人传》。

嘉庆十三年（1808） 四十五岁

年初，忧虑黄河流域的干旱沙霾，作《大风霾登吹台》诗。二月赴嵩山，作《嵩山三石阙歌》。三月抵杭州，再任浙江巡抚，撰成经学名篇《〈论语〉论仁论》。

嘉庆十四年（1809） 四十六岁

受浙江学政刘凤诰科场舞弊案牵连，发部议革职，复授编修。是年，属长州吴雪锋摹刻《西岳华山碑》四明本、《泰山刻石》及《天发神谶碑》于扬州北湖祠塾。同时将欧阳修书《华山碑跋》补刻于四明本所缺百字空处。

嘉庆十五年（1810）　四十七岁

奉旨补授翰林院侍讲，充署日讲起居注官，兼国史馆总辑，辑《儒林传》。1795年始撰的《畴人传》，1799年李锐（字尚之）入幕助编，至此方写定。

嘉庆十六年（1811）　四十八岁

奉旨补授詹事府少詹事、内阁学士兼礼部侍郎。撰成书论代表作《南北书派论》。

秋在小园，作《听福、祜、孔厚诸儿夜读》诗。

嘉庆十七年（1812）　四十九岁

三月，甘于小园清寂，作《小园杂诗》六首。五月补授工部右侍郎，八月补授漕运总督。《儒林传》稿本付国史馆。

嘉庆十八年（1813）　五十岁

春忆起京都小园芳丛，作《蝶梦园记》及诗。夏督运漕粮，遇数万饥民，采取以纤代赈的方法，化解了一场民变危机，作叙事长诗《纤代赈》。九月，将其文笔说的重要论文《文言说》函寄著名经学家郝懿行，这是最早提及《文言说》的记载。

嘉庆十九年（1814）　五十一岁

八月调任江西巡抚，十月赏加太子少保衔。

嘉庆二十一年（1816）　五十三岁

春天，在南昌作《春雨》诗。八月，任河南巡抚，《宋本十三经注疏》并附录《校勘记》刊成。十一月，补授湖广总督。

嘉庆二十二年（1817）　五十四岁

正月至汉阳，接任湖广总督，作“简兵之行”，作《蔷薇赋》《赤壁赋》及《荆襄杂诗九首》等诗。十月至广州，接任两广总督。十二月，作诗《登沙角炮台阅水师毕，即乘水师提督之兵船过零丁外洋，看大崳山、望老万山，回澳门阅香山兵，因题船额曰“瀛舟”》。

嘉庆二十三年（1818）　五十五岁

建成大黄滘、大虎山两炮台，作《广州大虎山新建炮台碑铭》。得李锐病故讯，应其子继淑请，作《李尚之传》。

嘉庆二十四年（1819）　五十六岁

春作《八念》组诗，之三为《珠湖草堂》。立夏日，离开桂林，作《送春日去桂林》。七月入京祝嘏，途中作《清远峡记》及诗。冬返，沿途作《舟中望庐山》《度梅岭用前韵》诗。

嘉庆二十五年（1820）　五十七岁

春，创办学海堂于城西文澜书院，作《望远镜中望月歌》。七月，嘉庆帝崩。冬，阅兵途经化州，作《化州橘记》。

道光元年（1821）　五十八岁

上年南海县桑园石堤建成，请旨建“乐善好施”坊，作《新建南海县桑园围石工碑记》。为洋商稽查鸦片不力，奏《洋商伍敦元徇隐夷船夹带鸦片，请摘去所得顶戴并责令严禁杜绝折》。

道光二年（1822）　五十九岁

始修于1818年的《广东通志》书成，亲作《〈重修广东通志〉序》。撰成性命之学的最重要论文《性命古训》。

道光三年（1823）　六十岁

去年始编的《揅经室集》四十卷刻成，作《〈揅经室集〉自序》。

秋，作诗《题海印阁》。阅兵途经阳朔，在漓江九马画山上刻《清漓石壁图》，作《〈清漓石壁图〉歌》。

道光四年（1824） 六十一岁

修广州城及城北五层楼工成，并作诗纪其事。子阮福考证荔枝湾的历史，作《唐荔园记》，为之作长诗《唐荔园》。年底，学海堂粤秀山新址成，《学海堂集》编成，为之作骈体序，并书丹刻石，嵌于学海堂壁。

道光五年（1825） 六十二岁

春夏间，作诗《乙酉春夏间屡登粤秀山憩坐学海堂因题》。秋，始辑刻《皇清经解》。年底赴惠、潮阅兵，作长诗《乙酉仲冬望日阅碣石镇水陆兵，全海肃清，夜看海月》。重建肇庆总督行台成，续刻总督题名碑，并为之作记。

道光六年（1826） 六十三岁

六月赴任云贵总督前，颁布《学海堂章程》，编成《皇清经解》千卷，将临行所得馈赠全部留作学海堂及添刻《皇清经解》的经费。秋，修成英德清远纤道，作《英清峡凿路造桥记》。经滇黔古驿道入贵州，作《重九日登黔西老鹰崖》诗。

道光七年（1827） 六十四岁

二三月间东川阅兵，作《南云行》。

道光八年（1828） 六十五岁

春入云贵总督署东园割蜜，作《梅花蜜》诗；秋策杖绕山而行，作《秋园》诗。

道光九年（1829） 六十六岁

《皇清经解》1400卷在粤东刻成。

道光十年（1830） 六十七岁

始编刻《揅经室续集》，收道光三年至道光十年（1823—1830）的诗文，仍按经史子集分为四集。

道光十二年（1832） 六十九岁

升协办大学士，仍留云贵总督任。

道光十三年（1833） 七十岁

三月，充会试副考官，与正考官曹振镛“共事意不合”，“前次得人之盛不可复继”（《清史稿·阮元传》）。四月出闱日，得悉继室孔夫人去年底卒于云南督署、长子阮常生今年三月病故，作诗《悲长子常生》，注云：“余兼二丧，三年不与丝竹之宴。”

道光十四年（1834） 七十一岁

又赴昭通，作《冬日昭通道中》诗。《石画记》四卷撰成。

道光十五年（1835） 七十二岁

著充体仁阁大学士，管理兵部，八月入都。《云南通志稿》修成刊行。

道光十八年（1838） 七十五岁

两次上奏因病休致折，上谕允以大学士致仕。八月，奏请回籍，晋加太子太保衔。十月，归扬州，回大东门福寿庭宅。

道光十九年（1839） 七十六岁

春，在北湖边原珠湖草堂旧地筑太平圩，修成南万柳堂。刊《揅经室续集》十一卷成，自序之。

道光二十一年（1841） 七十八岁

张鉴等著《雷塘庵主弟子记》七卷本刊成。

道光二十二年（1842） 七十九岁

正月，生日茶隐于公道镇新置桑榆别业，作《夕阳楼》诗。命阮亨汇刻《文选楼丛书》。

道光二十三年（1843）　八十岁

三月初三，携子福赴公道桥扫墓，是夜扬州福寿庭宅毁于火，后迁居徐凝门康山新第。

道光二十六年（1846）　八十三岁

乡试周甲之年，晋加太傅衔。重赴鹿鸣宴。

道光二十九年（1849）　八十六岁

十月十三日逝世，十一月谥“文达”。

延伸阅读推荐书目

1. 阮元撰、邓经元点校《揅经室集》，中华书局，1993年版。

2. 阮元撰、沈莹莹点校《揅经室集》，北京大学出版社，2016年版。

3. 阮元撰、张鑫龙点校《揅经室集》，广陵书社，2024年版。

4. 阮元等撰、阮亨辑《文选楼丛书》，广陵书社，2011年版。

5. 张鉴等撰、黄爱平点校《阮元年谱》，中华书局，1982年版。

6. 王章涛撰《阮元年谱》，黄山书社，2003年版。

7. 梁启超撰《清代学术概论》，上海古籍出版社，1998年版。

8. 徐世昌等编《晚晴簃诗汇》，中华书局，1990年版。

9. 钱仲联撰《梦苕盦诗话》，齐鲁书社，1986年版。

10. 钱仲联主编《清诗纪事》，江苏古籍出版社，1998年版。

11. 钱穆撰《中国近三百年学术史》新校本，九州出版社，2011年版。

12. 张舜徽撰《张舜徽集清代扬州学记顾亭林学记》，华中师范大学出版社，2005年版。

13. 赵昌智撰《扬州学派人物评传》，广陵书社，2007年版。

14. 赵航撰《扬州学派概论》，广陵书社，2003年版。

15. 王章涛撰《阮元传》，黄山书社，1994年版。

16. 王章涛《阮元评传》，广陵书社，2004年版。

17. 郭明道撰《阮元评传》，社会科学文献出版社，2005年版。

18. 陈居渊撰《大家精要：阮元》，陕西师范大学出版社，2017年版。

19. 陈居渊撰《焦循阮元评传》，南京大学出版社，2011年版。

20. 李成良撰《阮元思想研究》，四川人民出版社，1997年版。

21. 钟玉发撰《阮元学术思想研究》，中国社会科学出版社，2013年版。

22. 陈泽泓撰《阮元》，广东人民出版社，2008年版。

23. 周文林撰《名儒总督阮元》，云南人民出版社，2016年版。

24. ［美］麦哲维撰《学海堂与晚清岭南学术文化》，广东人民出版社，2018年版。

25. ［美］魏白蒂撰，朱巳泰、朱茜等译《清中叶学者大臣阮元生平与时代》，广陵书社，2017年版。

26. 陈东辉撰《阮元与小学》，中国文联出版社，1999年版。

27. 金丹撰《阮元书学研究》，荣宝斋出版社，2012年版。

28. 阮衍喜撰《阮元山水诗赏读集》（上、下），广陵书社，2018年版。

29. 扬州博物馆编《阮元研究国际学术研讨会论文集》，文物出版社，2016年版。

30. 阮锡安、姚正根主编《阮元研究论文选》，广陵书社，2014年版。